高等院校"十三五"规划教材——经济管理系列

成本会计学

袁堂梅　主　编
王小燕　宋秀超　副主编

清华大学出版社
北　京

内容简介

成本会计学主要阐述企业成本费用核算管理的基本理论、基本技能和基本方法。目的在于使学生了解成本预测、决策、计划、核算、控制、分析和考核的基本理论与方法，为今后从事经济管理工作奠定必要的理论与实务基础。本书将案例引入、知识链接等与成本会计理论知识和技能相融合，以生产过程最为典型的制造类企业为基础，同时对其他主要行业成本核算的特点进行概括阐述，形成了一个较为独立和完整的成本会计学体系。

本书结构新颖，突出实用性和针对性，有利于学生分析问题、解决问题和实务操作能力的培养，可作为普通高等教育、校企合作会计学专业及其他财务管理、审计类专业的专业课教材，也可供经济管理人员、财会人员等实务工作者学习参考。

本书封面贴有清华大学出版社防伪标签，无标签者不得销售。
版权所有，侵权必究。举报：010-62782989，beiqinquan@tup.tsinghua.edu.cn。

图书在版编目(CIP)数据

成本会计学/袁堂梅主编. —北京：清华大学出版社，2019（2021.8重印）
(高等院校"十三五"规划教材——经济管理系列)
ISBN 978-7-302-52107-5

Ⅰ.①成⋯ Ⅱ.①袁⋯ Ⅲ.①成本会计—高等学校—教材 Ⅳ.①F234.2

中国版本图书馆 CIP 数据核字(2019)第 009978 号

责任编辑：汤涌涛
装帧设计：刘孝琼
责任校对：李玉茹
责任印制：丛怀宇

出版发行：清华大学出版社
    网　　址：http://www.tup.com.cn, http://www.wqbook.com
    地　　址：北京清华大学学研大厦 A 座　　邮　　编：100084
    社 总 机：010-62770175　　邮　　购：010-62786544
    投稿与读者服务：010-62776969, c-service@tup.tsinghua.edu.cn
    质量反馈：010-62772015, zhiliang@tup.tsinghua.edu.cn
    课件下载：http://www.tup.com.cn, 010-62791865

印 装 者：三河市科茂嘉荣印务有限公司
经　　销：全国新华书店
开　　本：185mm×260mm　　印　张：14.25　　字　数：343 千字
版　　次：2019 年 3 月第 1 版　　印　次：2021 年 8 月第 3 次印刷
定　　价：39.80 元

产品编号：081140-01

总　　序

　　教材是教师执教的依据，也是学生学习的范本，因此教材是教学质量的基本要素，而教材建设是高等学校教学质量提升工程的重要组成部分。会计学本科专业要培养具有会计专长，服务于企业、政府机关、事业单位及其他非营利组织的应用型、复合型、创新型会计人才。作为规范教学内容的教材，必须充分体现这一培养目标的要求，力求实现会计学学科基本理论、基本方法和基本技能的有机统一。然而，由于人才需求类型的日益多元化，教材建设也面临理论、方法与技能等如何有机结合的困惑，教学中所使用的教材仍存在目标定位不够清晰，理论与方法、理论与技能关系处理不恰当等问题。这在一定程度上对教学过程和教学效果，以至于对人才培养质量和人才培养目标的实现产生了不利的影响。因此，如何根据会计学科理论和实践的发展，编写更加体现培养目标要求的高质量教材是摆在会计教育界的一项重要课题。

　　呈现在大家面前的这套会计学系列教材，正是基于会计学专业培养目标的内在要求，紧密结合会计理论和会计实践的最新发展编写而成。该系列教材涵盖"基础会计学""财务会计学""管理会计""成本会计学""企业财务管理""会计信息系统""银行会计""税务会计""审计学"等会计类专业核心课程。该系列教材由双元教育集团和清华大学出版社共同发起组织，由山东科技大学、齐鲁工业大学、烟台大学、临沂大学、山东交通学院等与"双元教育"合作培养会计学本科生的高校教师携手合作完成。参加该套教材编写的教师皆是长期从事会计学研究和教学的一线教师，他们对会计学科发展趋势和学术前沿具有良好的把握，尤其是具有丰富的教学经验和较强的实践能力，熟知高等院校会计类课程的实践要求和特点。

　　纵观整套教材，感觉有以下几个明显特点：

　　(1) 体系完整，突破传统。该系列教材体系完整，内容全面，突出重点，针对性强。在编写体例上突破了传统做法，灵活、适用是这套教材的最大特色。该系列教材在教学内容、形式、结构、表述等方面以"案例"形式编写，凸显了"应用性"，而这种"应用性"正是会计学本科专业应用型人才培养目标的内在要求。

　　(2) 注重各科教材的统筹与协同。如何处理好各相关课程之间内容上的协调，是教材编写中常常遇到的一个难题。该系列教材对此作了良好协调与分工，最大限度地减少了教材之间内容的重复，同时在教材编写体例和格式、专业用语等方面作了统一规范。这样便实现了系列教材所特有的整体协同优势。

　　(3) 教材使用对象定位清晰。该系列教材以会计学本科专业知识传授与技能培养为目标定位，具有教师好教、学生好学的特点，能很好地满足高等院校本科会计类专业的教学需求。在写作上，文字精炼，通俗易懂，避免了空话、套话的冗长表达；在内容安排上，循序渐进，由浅入深；在编写体例上，针对会计学本科专业的特点，章节内容前设置有"导入案例""本章知识点"，章节内容后设置有"思考题"和"练习题"等导学督学性"项目"；在阐释基本内容时，对于重要的知识点或法规，通过设置"阅读材料"的方式提示学生的特别留意。通过这些做法对提高学生学习能力和效率会有积极帮助。

(4) 紧扣最新会计、审计及财务法规，突出与理论发展和实践发展的良好对接。该系列教材围绕最新修订的会计、审计及财务法规和实务进展而编写，以尽量降低课本知识与理论和实践相脱节的程度。

教学质量的提升是一个永续的过程，好的教材是教学质量提升的基础环节，而一套好的教材，需要经过教学实践的反复检验和编写者的不断修改才能趋向完美。希望该系列教材的使用者对教材的完善多提宝贵意见，也希望教材的编写者能够根据使用者的意见和理论与实践的发展及时对这套教材予以修订完善。

山东财经大学副校长
中国会计学会常务理事 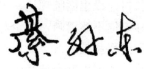
山东省会计学会会长
2019 年 3 月

前　　言

成本会计学是财务会计、审计、会电等专业学生的必修课程。它主要阐述企业成本核算和分析的理论与方法，是一门专业性和技术性很强的课程，通过学习不仅要深入理解成本会计的理论，而且要能熟练地操作成本、费用核算方法，培养成本会计实际工作能力。同时它也是学习管理会计和财务管理等课程的基础。在现代社会，不懂成本知识、不善于利用成本会计信息的人，是很难从事经济管理工作的。

本书在阐述成本核算原理的基础上，以制造业企业为例，系统介绍了成本核算的理论、方法和技能。本书主要内容安排如下。

第一章　总论。介绍什么是成本，成本的经济实质，理论成本和实际工作中所应用到的成本概念的联系与区别；成本会计的对象、成本会计的职能和任务；成本会计工作组织；成本会计的形成与发展历程。

第二章　企业成本核算的要求与一般程序。介绍成本核算的要求和成本核算的一般程序，以及成本核算中新涉及的会计科目。

第三章　生产费用的归集和分配。介绍分配间接费用的标准、方法、计算公式；要素费用分配表的编制和会计分录的编写；什么是辅助生产费用；分配辅助生产费用的直接分配法、顺序分配法、交互分配法、计划成本分配法和代数分配法五种方法的具体的概念、特点、计算方法以及相应分配表的编制和会计分录的编写；各种分配方法的优缺点和适用范围；废品损失和停工损失的核算内容及其核算方法。

第四章　生产费用在完工产品与在产品之间的分配。介绍什么是在产品，在产品数量的核算；全面讲解先计算在产品成本再计算完工产品成本的五种方法及其各自的特点和使用范围；重点讲解同时计算在产品成本和完工产品成本的两种方法及其各自的特点和使用范围。

第五章　产品成本计算方法概述。介绍生产特点和管理要求对产品成本计算的影响；阐述选择产品成本计算方法的依据，以及产品成本计算的基本方法和辅助方法。

第六章　产品成本计算的基本方法。详细讲解产品成本计算的三种基本方法：品种法、分步法、分批法，尤其重点阐述了产品成本计算分步法中的综合结转分步法、分项结转分步法和平行结转分步法的概念、特点、计算程序和核算的具体方法、成本还原方法以及各种方法的优缺点及适用范围。

第七章　产品成本计算的辅助方法。介绍分类法的特点和适用范围及计算程序；分类法在产品成本计算中的应用；副产品的概念、计算特点、成本计算方法。讲解定额法的特点和适用范围及计算程序，定额法在产品成本计算中的应用。

第八章　其他行业成本核算。介绍商品流通企业、物流企业、施工企业、旅游、饮食服务企业和农业企业等的成本核算。

第九章　作业成本法和标准成本法。介绍作业成本法和标准成本法的概念、原理与具体方法。

第十章　成本报表与成本分析。介绍成本报表的概念、作用、种类、特点，成本报表的意义与编制要求，成本报表分析的程序和方法。

本书具有如下特点。

(1) 宽广性。涵盖了成本会计的绝大部分领域，既注重理论性，又注意操作性，以及实例的运用和知识的更新，内容丰富，结构合理，逻辑性强。

(2) 易懂性。注重成本会计知识内容方法技能的渐进式设计，使其更加有利于学习、更加人性化。例如，增加章前引导案例，即用故事或事件来引入基本概念与原理的介绍，帮助学习者形成清晰的学习思路；对于重点、难点问题设置学习要点及目标等引起学习者的重视。

(3) 实践性。为了加强学习者对成本会计基本理论、基本方法和基本技能的掌握，增强其感性认识，本教材设置了自测题，以帮助学习者全面系统地理解成本会计的基本知识，提高其分析问题和解决问题的能力。

本书各章内容由王小燕、宋秀超和袁堂梅分别撰写，全书由袁堂梅统稿。本书在编写过程中得到清华大学出版社、临沂大学、齐鲁工业大学(山东省科学院)、山东科技大学和烟台大学等学校领导和老师的大力支持和帮助，在编写过程中参考或借鉴了众多业内专家学者的书籍和网络等资料，在此对以上单位和个人的帮助和支持、书籍的作者、资料提供者等，一并表示衷心的感谢！

本书在内容和体例上做了新的尝试，但由于作者水平有限和编写时间仓促，书中难免存在疏漏之处，敬请广大读者批评指正。

编　者

目　录

第一章　总论 ... 1

第一节　成本的含义与作用 ... 2
一、产品成本的经济内涵 ... 2
二、成本的作用 ... 3
三、降低成本的途径 ... 4

第二节　成本会计的产生和发展 ... 5
一、成本会计的产生 ... 5
二、成本会计的发展 ... 5

第三节　成本会计的对象 ... 10
一、制造业成本会计的对象 ... 10
二、商品流通企业成本会计的对象 ... 10
三、其他行业企业成本会计的对象 ... 10

第四节　成本会计的职能和任务 ... 11
一、成本会计的职能 ... 11
二、成本会计的任务 ... 12

第五节　成本会计工作组织 ... 12
自测题 ... 14

第二章　企业成本核算的要求与一般程序 ... 17

第一节　成本核算的要求 ... 18
一、做到算管结合，算为管用 ... 18
二、做好成本核算的基础工作 ... 18
三、严格执行国家规定的成本开支范围和费用开支标准 ... 19
四、正确划分各种费用支出的界限 ... 20
五、选择适当的成本计算方法 ... 21

第二节　费用的分类 ... 21
一、费用按照经济内容分类 ... 21
二、费用按照经济用途分类 ... 22
三、费用的其他分类 ... 23

第三节　成本核算的基本程序 ... 24
一、费用支出的审核 ... 24
二、确定成本计算对象和成本项目，开设产品成本明细账 ... 24
三、进行生产费用的归集和分配 ... 24
四、确定成本核算方法：进行完工产品成本与在产品成本的划分 ... 25
五、计算产品的总成本和单位成本 ... 25

第四节　成本核算的账户设置和账务处理程序 ... 26
一、产品成本核算的账户设置 ... 26
二、产品成本核算的账务处理程序 ... 28
自测题 ... 31

第三章　生产费用的归集和分配 ... 33

第一节　要素费用的归集和分配 ... 34
一、材料费用的归集和分配 ... 34
二、动力费用的归集和分配 ... 39
三、薪酬费用的核算 ... 41
四、折旧费用的核算 ... 48
五、固定资产修理费用的核算 ... 49
六、利息费用的核算 ... 50
七、税金的核算 ... 50
八、其他要素费用的归集与分配 ... 51

第二节　辅助生产费用的归集和分配 ... 51
一、辅助生产费用的归集 ... 51
二、辅助生产费用的分配 ... 53

第三节　制造费用的归集和分配 ... 62
一、制造费用的归集 ... 62
二、制造费用的分配 ... 63

第四节　废品损失和停工损失的核算 ... 67
一、废品损失的核算 ... 67
二、停工损失的核算 ... 71
自测题 ... 74

第四章　生产费用在完工产品与在产品之间的分配 ... 79

第一节　在产品数量的核算 ... 80
一、在产品的含义 ... 80
二、在产品数量的确定 ... 80
三、在产品清查结果的处理 ... 80

第二节　生产费用在完工产品和在产品
　　　　之间的分配方法 81
　　一、约当产量法 81
　　二、定额比例分配法 85
　　三、按定额耗用量比例直接分配
　　　　费用 86
　　四、定额成本计算法 87
　　五、按所耗直接材料费用计算法 88
第三节　完工产品成本的结转 88
自测题 89

第五章　产品成本计算方法概述 91

第一节　企业生产类型的分类 92
　　一、按照生产工艺过程的特点分类 ... 92
　　二、按照生产组织的特点分类 93
第二节　生产特点和管理要求对产品
　　　　成本计算的影响 93
　　一、对成本计算对象的影响 93
　　二、对成本计算期的影响 94
　　三、对成本计价的影响 95
第三节　产品成本计算的基本方法和
　　　　辅助方法 95
自测题 96

第六章　产品成本计算的基本方法 97

第一节　产品成本计算的品种法 98
　　一、品种法的定义、适用范围及
　　　　特点 98
　　二、品种法的计算程序 99
　　三、品种法举例 100
第二节　产品成本计算的分批法 106
　　一、分批法的定义、适用范围及
　　　　特点 106
　　二、分批法的计算程序 108
　　三、分批法举例 109
　　四、简化分批法 111
第三节　产品成本计算的分步法 113
　　一、分步法的特点及适用范围 113
　　二、逐步结转分步法 114
　　三、平行结转分步法 122
自测题 127

第七章　产品成本计算的辅助方法 133

第一节　产品成本计算的分类法 134
　　一、系数法 134
　　二、定额比例法 137
　　三、联产品、副产品、等级品的
　　　　成本计算 137
第二节　产品成本计算的定额法 139
　　一、直接材料定额差异的核算 139
　　二、工资定额差异的核算 140
　　三、制造费用定额差异的核算 141
　　四、定额差异的处理 141
　　五、定额变动差异的计算 141
自测题 149

第八章　其他行业成本核算 151

第一节　商品流通企业成本核算 152
　　一、商品流通企业的成本构成 152
　　二、商品批发企业的成本核算 154
　　三、商品零售企业成本核算 156
第二节　物流企业成本核算 157
　　一、物流企业成本核算的特点 157
　　二、物流企业营运成本的构成
　　　　内容 158
　　三、物流企业营运成本的账户
　　　　设置 158
第三节　施工企业成本核算 161
　　一、施工企业成本核算对象 161
　　二、施工企业成本的构成内容 162
　　三、施工企业成本的账户设置 162
　　四、工程成本核算的基本程序 165
第四节　旅游、饮食服务企业成本核算 ... 166
　　一、旅游、饮食服务企业成本
　　　　核算的特点 166
　　二、旅游、饮食服务企业成本
　　　　核算的内容 166
第五节　农业企业成本核算 168
　　一、农业企业成本核算的特点 169
　　二、农业企业生产成本的构成内容及
　　　　会计科目的设置 170
自测题 172

第九章 作业成本法和标准成本法 173

第一节 作业成本法概述 174
一、作业成本法的定义 174
二、作业成本法的产生 174
三、作业成本法的理论基础 175
四、作业成本法涉及的基本概念 175
五、作业成本法的计算程序 176
六、作业成本法与传统成本法的比较 179

第二节 标准成本法 180
一、标准成本法的特点 180
二、标准成本的种类 180
三、标准成本的制定 181
四、标准成本差异分析 183
五、标准成本法的会计核算及账务处理 185

自测题 188

第十章 成本报表与成本分析 191

第一节 成本报表概述 192
一、成本报表的概念 192
二、成本报表的作用 192
三、成本报表的种类 193

第二节 成本报表的编制 194
一、成本报表的编制要求 194
二、成本报表的编制方法 195

第三节 成本分析 202
一、成本分析的一般程序 202
二、成本分析方法 203
三、产品成本分析 207

自测题 215

参考文献 217

第一章

总论

【学习要点及目标】

- 理解成本及成本会计的概念,成本会计的对象、任务及职能;
- 掌握成本的经济实质,了解理论成本和实际工作中的成本概念的联系与区别;
- 了解制造成本法的特点以及成本会计工作的组织;
- 了解成本会计的形成与发展历程。

【核心概念】

成本　成本会计　成本的经济实质　制造成本法　会计工作组织

【引导案例】

王利和刘明大学毕业后自己创业，合伙开办了一家服装厂。他们聘请了 10 名技术工人和 5 名管理人员。经过 6 个月的筹建，服装开始投产，进行生产经营。其中，筹建期内发生员工薪酬 5 万元、办公费 2 万元、差旅费 1 万元、业务招待费 2 万元，购入了一批新型的生产设备 100 万元(可用 10 年)、办公设备 12 万元(可用 5 年)，支付借款利息 3 万元、注册登记费 0.5 万元；当年生产经营 6 个月，发生服装生产用材料费 60 万元，支付服装设计费 3 万元，职工薪酬 30 万元(其中行政管理人员薪酬 10 万元)，产品广告费 3 万元，产品销售收入 230 万元。

思考：如果你是该厂一名成本会计管理人员，你认为应该如何设置成本核算岗位？如何制定企业内部的成本核算制度？该厂服装的成本应该包括哪些内容？如何区分该厂的支出、费用和成本？该厂投产后半年利润是多少？该厂服装应该如何定价？

第一节　成本的含义与作用

一、产品成本的经济内涵

(一)产品成本的含义

企业在生产过程中生产各种工业产品(包括产成品、自制半成品、工业性劳务等)、自制材料、自制工具、自制设备以及供应非工业性劳务要发生各种耗费，这些耗费称为生产费用。为生产一定种类和数量的产品所发生的全部生产费用，称为产品成本。

成本由以下三个部分组成：

(1) 产品生产中所耗用的物化劳动的价值(即已耗费的生产资料转移价值)。

(2) 劳动者为自己劳动所创造的价值(即归个人支配的部分，主要是以工资形式支付给劳动者的劳动报酬)。

(3) 劳动者剩余劳动所创造的价值(即归社会支配的部分，包括税金和利润)。

产品价值的前两部分是形成产品成本的基础，是成本包括内容的客观依据。所以，产品成本就其实质来说，是产品价值中的物化劳动的转移价值和劳动者为自己劳动所创造的价值。

(二)期间成本的含义

期间成本也称期间费用，又称为非产品成本或非制造成本，是与产品生产活动没有直接联系的成本。它不计入成本，而是直接归入当期损益的本期费用。期间成本包括销售费用、管理费用和财务费用三项。

(三)成本的一般含义

会计学中成本的一般含义是特定的会计主体为了达到一定的目的而发生的可以用货币计量的代价。具体来说包括如下几层含义：

(1) 成本必须发生于某一特定的会计主体，以符合会计主体假设。

(2) 成本的发生是为了达到一定的目的。生产是人类有目的的活动，如果成本的发生没有明确的目的，则只能算是一种浪费。

(3) 成本必须是可以用货币计量的，否则就无法进行成本的核算。同时，成本会计亦属于会计，因此应符合会计的货币计量假设。

二、成本的作用

(一)成本是制订和选择决策方案的重要依据

在市场经济条件下，市场竞争日益激烈。企业要在激烈的市场竞争中取胜，就要面向市场，对生产计划的安排、工艺方案的选择、新产品的开发等，都采用现代化管理科学的手段进行经营预测，从而做出正确的决策。同时，为了更好地对企业的生产经营活动进行管理和控制，还必须定期与不定期地对企业的生产经营情况进行分析，从而采取有效措施，促使企业完成各项计划任务。只有及时提供准确的成本资料，才能使预测、决策和分析等活动建立在可靠的基础之上。所以，成本指标就成为进行经营预测、决策和分析的重要数据资料。

(二)成本是业绩评价的重要依据

由于成本是生产耗费的综合反映，所以，产品设计的好坏，生产工艺是否合理，企业劳动生产率的高低，固定资产利用的好坏，原材料费用的利用程度，费用开支的节约和浪费，产品质量的好坏，管理工作和生产组织的水平，以及供产销环节是否衔接协调等，也就是说企业全部工作的好坏，最终都会在成本指标的高低上反映出来。因此，成本是衡量企业生产经营活动质量的综合指标。由于成本的高低会涉及企业所有部门和全体员工，是一项综合性的经济指标，因此，需要所有部门和全体职工的共同努力，才能使成本水平不断下降。

(三)成本是制定价格的依据

产品的价格是产品价值的货币表现。产品价格的制定，固然要考虑价格政策和市场供求关系，以制定具有竞争力的价格，但也必须考虑企业的实际承受能力，即产品实际成本水平。因为成本是产品价格制定的最低经济界限。如果商品的价格低于它的成本价出售，企业生产经营费用就不能全部从商品销售收入中补偿。因此，成本就成为制定产品价格的一个重要依据。

(四)成本是生产耗费的补偿尺度

为保证企业再生产的正常运行，企业生产中的耗费必须从商品销售收入中得到补偿。整个补偿数额的多少，是以成本作为衡量尺度的。只有按成本数额得到足额补偿，才能保证再生产的正常运行，否则，企业正常生产就会受到威胁，另外，企业除了用收入补偿耗费外，还必须有盈余，这样才能满足企业简单再生产和扩大再生产的需要，进而满足社会的需要。企业盈余的多少，主要取决于成本的高低。在产品销售价格不变的情况下，降低成本，就会使企业的盈利水平上升。因此，成本作为补偿尺度对确定企业经营损益，正确处理企业与国家之间的分配关系,也具有重要意义。

三、降低成本的途径

(一)提高劳动生产率

提高劳动生产率是降低产品成本的主要途径。劳动生产率提高了,单位产品中的劳动消耗量就减少了,可以使单位产品成本中的工资等费用降低。要提高劳动生产率,就必须采用新技术、新设备,并对生产职工进行必要的培训,提高企业职工的素质。

(二)节约材料的消耗

降低产品成本中材料的成本,也是降低产品成本的重要途径。因为在产品成本中,通常材料成本占有很大的比重,特别是在一些加工行业更是如此。由于材料的消耗量较大,因此,降低材料消耗的潜力很大。应采取有效的措施,诸如制定各种消耗定额,实行限额发料制度,对材料数量差异进行分批核算等,使材料的消耗不断降低。

(三)控制生产损失的发生

在产品生产过程中,必然要发生一些损失,如废品损失、停工损失等。对于大部分损失,都是列入产品成本的,因而,减少生产损失是降低产品成本的重要途径。应针对企业的具体情况,采取一系列行之有效的措施来控制生产损失的发生,如实施全面质量管理,控制废品损失的发生等。

(四)控制制造费用

制造费用也是产品成本的重要组成部分,制造费用的项目较多,应对每项费用采用不同的控制方法,如对低值易耗品、办公费等,应制定相应的费用定额和开支标准,促其不断降低。为了控制制造费用,应尽可能将生产过程中发生的费用划归为直接费用,减少在不同产品当中分配的比例,可使成本计算更加准确,更有利于制造费用的控制。

(五)采用高新技术

随着科学技术的不断发展,新技术、新设备不断涌现。这些新技术、新设备的使用,极大地提高了企业的劳动生产率,降低了单位产品的成本。同时,减少了废品损失、生产事故等的发生,从另一个角度相对降低了成本。在这里,应当特别强调使用企业自己拥有知识产权的专业技术,可以节省大量的转让费用。在采用高新技术的初期,可能会使企业的成本上升,但随着时间的推移,会在较长的一段时间里使企业的成本下降。

(六)优化企业价值链,实现集团优势

企业应从战略成本管理的角度出发,分析企业价值链中企业所处的优势和劣势,组建企业集团,实行企业分工,从而降低企业整体的成本水平。在组建企业集团时,应特别强调集团化后的管理问题,不能因为组建了企业集团而增加管理成本。

第二节　成本会计的产生和发展

一、成本会计的产生

　　成本会计最早起源于英国，它是由成本计算与复式簿记相结合而产生的。当复式簿记随着资本主义生产方式由商业领域渗透到工业领域时，工业簿记中的简单成本计算就预示着成本会计的萌芽。这时的成本会计还只是非常粗简的成本核算，当时，折旧还不是一个普遍使用的概念，也无直接费用和间接费用的划分，虽然有些家族企业在成本计算技术中引进了复式记账法，设置了一些成本明细账，但并没有形成一套较为成熟的成本计算理论和体系，它仍是财务会计的一个组成部分。

二、成本会计的发展

(一)早期成本会计阶段(1880—1920)

　　成本会计起源于英国，后来传入美国及其他国家。19世纪30年代末，英国首先完成了产业革命，当时英国是资本主义最发达的国家。随后，西方其他各国也先后完成了产业革命。产业革命既是生产技术的巨大革命，也是社会生产关系的大变革，它促进了资本主义生产力的迅速发展。随着产业革命的完成，用机器劳动代替了手工劳动，用工厂制代替了手工工场；企业规模逐渐扩大，出现了竞争，生产成本得到企业主的普遍重视。英国会计人员为了满足企业管理上的需要，对成本会计进行研究，起初是在会计账簿以外，用统计方法来计算成本。为了提高成本计算的精确性，适应企业外部审计人员的要求，将成本计算同复式簿记结合起来，这样，利用账户对应关系反映材料和人工消耗，及其相对应的价值转移和增值的全过程，并借助借贷平衡原理，稽核会计业务记录的正确性，从而形成了成本会计。这个时期是成本会计的初创阶段，由于当时的成本会计仅限于对生产过程中的生产消耗进行系统的归集和计算，用来确定产品生产成本和销售成本，所以称之为记录型成本会计。

　　在早期成本会计阶段，成本会计取得了以下进展。

　　(1) 建立材料核算和管理办法。如设立材料账户和材料卡片，并在卡片上标明"最高存量"和"最低存量"，以确保材料既能保证生产需要，又可以节约使用资金；建立材料管理的"永续盘存制"，采取领料单制度(当时称为领料许可证)控制材料耗用量，按先进先出法计算材料耗用成本。

　　(2) 建立工时记录和人工成本计算方法。其主要做法是对工人使用时间卡片，登记工作时间和完成产量；将工人成本先按部门归集，再分配给各种产品，以便控制和正确计算人工成本。

　　(3) 确立了间接制造费用的分配方法。随着工厂制度的建立，企业生产设备大量增加，间接制造费用增长很快，成本会计改变了过去那种只将直接材料和直接人工列入成本，却将间接制造费用作为生产损失的做法，而是将间接制造费用也计入生产成本。于是，对间接制造费用的分配进行了研究,在实践中先后提出了按实际数进行分配和间接费用正常分配理论。

(4) 制造业根据生产特点,采用分批成本计算法或分步成本计算法计算产品成本。1750年,英国的 J.多德森(J.Dodson)在《会计人员或簿记方法》一书中介绍了分批成本计算方法。1777年,英国的 W.汤姆逊(W.Thompson)以亚麻制袜为例,从亚麻存货账户开始,记录了不同步骤的消耗,最后算出每双袜子的成本,可以说是分步成本法的萌芽。

(5) 在理论研究方面,出版了许多成本会计著作。随着理论研究的不断深入,成本会计著作纷纷出版。被称为第一本成本会计著作的是 1885 年出版的、由 H.梅特尔夫(H.Metcalfe)著的《制造成本》一书;英国电力工程师 E.加克(E.Garcke)和会计师 J.M.费尔斯(J.M.Fells)合著的《工厂会计》于 1887 年问世,该书提出了在总账中设立"生产""产成品""营业"等账户来结转产品成本,最后通过"营业"账户借贷双方余额的结算,确定营业毛利。成本会计记录与财务会计记录的结合,可以从会计上加强对材料和人工的管理。《工厂会计》一书对于成本会计的建立,具有极为重要的意义,在会计发展史上被认为是 19 世纪最著名、最有影响的成本会计专著。

(6) 建立了成本会计组织。在组织方面,美国于 1919 年成立了全国成本会计师联合会;同年,英国成立了成本和管理会计师协会。这些成本会计组织成立后,开展了一系列的成本会计研究,为成本会计的理论和方法基础的奠定做出了贡献。

早期研究成本会计的会计专家 W.B.劳伦斯(W.B.Lawrence)对成本会计做过如下定义:"成本会计就是应用普通会计的原理、原则,系统地记录某一工厂生产和销售产品时所发生的一切费用,并确定各种产品或服务的单位成本和总成本,以供工厂管理当局决定经济的、有效的和有利的产销政策时参考。"

(二)近代成本会计阶段(1921—1945)

1. 标准成本制度的产生

19 世纪末 20 世纪初,资本主义社会从自由竞争阶段向垄断阶段过渡,重工业和化学工业大大发展,企业规模更大,分工协作更细,生产开始走向机械化和自动化。由于竞争激烈,企业迫切需要一些科学管理方法。1880 年以后,泰勒在钢铁公司进行试验,系统研究与分析工人操作方法和劳动时间,逐步形成了科学管理理论和方法,被后人称为"科学管理之父"。泰勒科学管理制度的主要内容是研究操作合理化,把各人的合理操作归结为某一种标准操作法,再要求一般工人普遍实施;同时,制定劳动定额,实行差别工资制。

泰勒的科学管理制度,"一方面是资产阶级剥削的最巧妙的残酷手段,另一方面是一系列最丰富的科学成就"。这种管理方法可以提高生产效率,可以为资本家牟取高额利润,所以得到资本家的普遍重视,在美国得到广泛推行,以后又传播到世界各地工业发达国家。泰勒的科学管理方法,也给成本会计研究者提供了启示。19 世纪末,英国的 E.加克和 J.M.费尔斯提出了标准成本的观念;之后,美国工程师 H.埃默森倡导了标准成本的应用,为生产过程成本控制提供了条件。在此之前,成本没有控制,发生多少算多少,生产中浪费了,只有事后计算实际成本才知道。实行标准成本制度后,成本会计不只是事后计算产品的生产成本和销售成本,还要事先制定成本标准,并据以控制日常的生产消耗和定期分析成本。这样,成本会计的职能扩大了,发展成为管理成本和降低成本的手段,使成本会计的理论和方法有了进一步完善和发展,形成了成本会计的雏形,它标志着成本会计已经进入一个新的阶段。

2. 预算控制方法的完善

西方国家普遍认为控制成本最有效的方法除了制定标准成本外,还有预算控制,标准成本制度和预算控制是成本控制的两大支柱。1921 年,美国国会公布了《预算会计法案》,对民间企业实行预算控制产生了很大影响。1922 年,芝加哥大学 J.O.麦金赛(J.O.Mckinsey)出版了《预算控制》一书,对预算控制的发展产生了重大影响,被誉为预算控制研究的第一部专著。同年,美国全国成本会计师协会第三次会议以"预算编制和使用"为专题展开研究。但是,当时的预算都是单项预算,如销售预算、现金预算等,各自独立,没有结合在一起,后来才发展成为全面预算,即以利润为目标,把各个单项预算密切联系在一起。预算控制的初始,是采用固定预算(也称静态预算)方法,即根据预算期间某一业务量(如产量)计划水平来确定其相应的预算数。但是,由于产量变动使间接费用预算数和实际数无法比较,影响了预算控制的实际效果。1928 年,美国西屋公司的一些会计师和工程师根据成本和产量的关系,设计了一种弹性预算方法,分别编制弹性预算和固定预算。这样,不仅可使间接费用实际发生数与预算数更具有可比性,而且可使企业预算合理地控制不同属性的费用支出,有利于有效控制成本,正确考核经营者的工作业绩。所以,弹性预算是 20 世纪 30 年代成本会计的重大进步,也是节约间接费用的最好办法。

3. 成本会计的应用范围更加广泛

在这一时期,成本会计的应用范围从原来的工业企业扩大到各种行业,并由企业的制造部门深入应用到企业内部的各个主要部门,特别是应用到企业的经营销售方面。

4. 形成了完全独立的成本会计学科

在近代成本会计的后期,出版了不少成本会计名著。例如,美国的 J.L.尼科尔森(J.L.Nicholson)和 F.D.罗尔巴克(F.D.Rohrback)合著的《成本会计》一书,以及 J.L.陀耳(J.L.Dohr)所著的《成本会计原理和实务》等,使成本会计具有了完整的理论和方法,形成了完全独立的学科。

这一时期成本会计的定义,可引用英国会计专家杰·贝蒂(J.Batty)的表述:"成本会计是用来详细描述企业在预算和控制它的资源(指资产、设备、人员及所消耗的各种材料和劳动)利用情况方面的原理、惯例、技术和制度的一种综合术语。"

(三)现代成本会计阶段(1945 年以后)

第二次世界大战后,科学技术迅速发展,生产自动化程度大大提高,产品更新换代很快,企业规模越来越大,跨国公司大量出现,市场竞争十分激烈。为了适应社会经济出现的新情况,考虑现代化大生产的客观要求,管理也要加速现代化,要把现代自然科学、技术科学和社会科学的一系列成就综合应用到企业管理上来。随着管理现代化,运筹学、系统工程和电子计算机等各种科学技术成就在成本会计中得到了广泛应用,从而使成本会计发展到一个新的阶段,即成本会计发展重点已经由如何事中控制成本、事后计算和分析成本转移到如何预测、决策和规划成本,形成了新型的着重管理的经营型成本会计。其主要内容有以下几个方面。

1. 开展成本的预测和决策

为了主动控制成本，现代成本会计逐步转向把成本的预测和决策放在重要地位。运用预测理论和方法，建立起数量化的管理技术，对未来成本发展趋势做出科学的估计和预算；运用决策理论和方法，依据各种成本数据，按照成本最优化的要求，研究各种方案的可行性，选取最优方案，谋取企业的最佳效益，从而使成本会计向预防性管理方向发展。

2. 实行目标成本计算

目标管理由美国管理学家彼得·德鲁克(P.Druker)在 20 世纪 50 年代所著的《目标管理》一书中进行了全面论述。随着目标管理理论的应用，成本会计有了新的发展。在产品设计之前，按照客户所能接受的价格确定产品售价和目标利润，然后确定目标成本；用目标成本控制产品设计，使产品设计方案达到技术上适用、经济上合理的要求。日本成本管理的代表模式——成本企划，体现的就是这种思想。日本成本企划委员会对成本企划所下的定义是："成本企划是指在产品的策划、开发中，根据顾客需求设定相应的目标，希冀同时达到这些目标的综合性管理活动。"成本企划对成本会计的影响，就是要求成本管理的重点由生产制造阶段转向产品开发设计阶段，体现了"源流管理"的本质属性。其基本思路是从市场需求出发，在产品策划、开发和设计时，设定出符合顾客需求的产品。根据目标售价及目标利润倒推目标成本，通过源流管理，达成各部门、各环节乃至与供应商合作，共同实现成本优化及成本降低目标。这种成本管理方法的应用，突破了单纯经济方法，使成本会计与工程技术、组织措施有机结合起来，有助于企业形成产品品质优化、功能优化和低成本的竞争优势。这样，成本会计扩展到技术领域，从经济着眼，从技术着手，把技术和经济结合起来，能有效地促使成本的降低。

3. 实施责任成本计算

第二次世界大战后，随着美国企业规模的日益扩大和管理的日趋复杂，管理由集权制转为分权制。为了加强对企业内部各级单位的业绩考核，1952 年，美国会计学家 J.A.希琴斯(J.A.Higgins)倡导了责任会计，提出了建立成本中心、利润中心和投资中心相结合的会计制度，将成本目标进一步分解为各级责任单位的责任成本，进行责任成本核算，使成本控制更为有效。

4. 实行变动成本计算法

在变动成本计算模式下，只把变动成本计入产品成本，而把当期固定费用从销售收入中扣除，免去固定成本的分配计算程序。变动成本计算法是在 1936 年由美国会计师乔纳森·N.哈里斯提出的。由于这种方法没有将固定生产费用计入产品成本，不符合公认会计原则，因而没有得到广泛认可。从 20 世纪 50 年代开始，美国会计界对于变动成本法的研究逐渐增多，在实际成本制度和标准成本制度下都可应用这种方法。这种方法既减少了成本计算工作量，还为企业进行预测和决策创造了便利条件，是企业进行经营管理的重要方法之一。应该说，变动成本法优点多于缺点。虽然变动成本法不符合公认会计原则要求，但是，只要企业在对外提供财务会计资料时，将变动成本法的存货成本调整为全部成本法下的成本，即可认为是遵照了会计原则的要求。因此，变动成本法完全可以在企业内部使用。

5. 推行质量成本核算

随着工业生产的发展，企业对质量管理日益重视。美国质量管理专家朱兰等对此进行了系统研究，出版了大量著作。从20世纪20年代至60年代，质量管理几经变革，从质量检查阶段，经过统计质量管理阶段，形成了全面质量管理。20世纪60年代，质量成本概念基本形成，并确定了质量成本项目以及质量成本的计算和分析方法。质量成本是企业为保证和提高产品质量而支出的一切费用，以及因未达到质量水平而造成的一切损失之和。质量成本一般包括预防成本、鉴定成本、内部损失成本和外部损失成本。质量成本的分析方法有多种，包括定性分析法(如调查分析法和经验分析法)和定量分析法(如排列图分析法和指标分析法等)。质量成本核算的推行，扩大了成本会计的研究领域。

综上所述，成本会计的方法和理论体系，随着发展阶段的不同而有所区别。从成本会计的方式来看，在早期成本会计阶段，主要是采用分批或分步成本会计方法计算产品成本，以确定存货成本及销售成本；在近代成本会计阶段，主要是采用标准成本制度和成本预算制度，为生产过程的成本控制提供了条件；在现代成本会计阶段，加强事前成本控制，广泛应用管理科学的成果，其发展重点趋向预测、规划及决策，实施最优化控制。从成本会计的理论体系来看，开始属于财务会计体系，主要从财务会计理论来研究成本计算，并纳入会计账簿体系；到了近代成本会计阶段，成本会计具备了完整的理论和方法，形成了独立的学科；随着经营管理的发展，成本概念十分广泛，成本会计范围更加开阔，逐步向经营型成本会计发展，形成了企业会计中财务会计、成本会计和管理会计的三分局面。

(四)成本会计的新发展

当代成本会计正经历着前所未有的变化，这种变化主要体现在以下两方面：一是成本会计技术手段与方法不断更新，会计信息化正在取代手工记账，网络技术的飞速发展，使得实时报告系统(real-time reporting system)成为可能。会计信息化不仅使成本计算更准确，而且能进行手工记账所不能做的业务，增强了业务处理能力，从而为适应当代管理发展对成本会计更高的要求提供了有利条件，充分发挥了成本会计的作用。二是成本会计的应用范围不断拓展，传统会计中对成本控制并不关注的行业如医院、计算机生产商、航空公司等，都对成本控制越来越重视。成本会计的这种变化，源于企业制造环境的变化及管理理论与方法的创新，而后两者的变化又起因于外部环境的变化。企业外部环境的变化主要体现在以下四个方面。

(1) 大多数产品供过于求，使市场竞争日趋激烈。
(2) 产品需求多样化，而且顾客对产品质量要求也更高。
(3) 国际化潮流势不可当，国际分工合作日益密切，国际的竞争也日趋残酷激烈。
(4) 为取得竞争优势，新技术、新工艺的创新蔚然成风。企业外部环境的这些变化，既要求企业的制造环境有别于往昔，也要求企业对管理理论与方法进行创新。

第三节　成本会计的对象

　　成本会计的对象是指成本会计所要反映和监督的内容。明确成本会计的对象，对于确定成本会计的任务、研究和运用成本会计的方法、更好地发挥成本会计在经济管理中的作用，有着非常重要的意义。成本会计的对象是各行业企业生产经营业务的成本和经营管理费用。由于各行业涉及成本费用的业务活动内容不同，生产经营管理的过程、方式和内容不同，所以成本会计的对象也不同。

一、制造业成本会计的对象

　　制造业的主要经营活动是材料物资采购、产品制造和产品销售三个环节。因此，制造业成本会计的对象是材料物资采购成本、产品制造成本、产品销售成本，以及各项经营管理费用。产品制造成本是成本会计的主要内容，包括对制造产品消耗的各种材料费、人工费和制造费用等的核算和监督。各种产品单位制造成本的核算是否准确，直接关系到当期已销产品销售成本的计算，从而影响到当期损益的核算。材料物资的耗费在产品制造成本中占较大比重，为了正确核算产品的制造成本，还必须正确核算各种材料物资的采购成本。企业在对供、产、销各环节进行经营管理的过程中发生的管理费用、财务费用和销售费用，将直接影响当期损益核算，这也是成本会计的重要内容。

二、商品流通企业成本会计的对象

　　商品流通企业的主要经营活动是商品的采购、存储和销售。因此，商品流通企业的成本会计对象是商品采购成本和商品销售成本，以及各项商品流通费用。为了简化核算，商品的采购成本和销售成本均直接按进价确定，不包括相关费用。商品流通费用是商品流通企业的经营管理费用，包括为采购、存储、销售商品发生的营业费用，以及在经营管理中发生的管理费用和财务费用。这些费用虽不计入采购成本和销售成本，但将直接影响当期损益的核算，也应当作为成本会计的对象。

三、其他行业企业成本会计的对象

　　其他行业企业成本会计的对象，总的来说是成本和不计入成本的相关费用，但不同行业的生产经营特点不同，其核算和管理的内容也各不相同。
　　施工企业的基本经济活动是进行建筑工程的施工，其成本会计的对象是工程成本，以及不计入工程成本的管理费用、财务费用。交通运输企业主要从事公路、铁路、航空和水上运输，其成本会计的对象是各种运输成本，以及不计入运输成本的管理费用、财务费用。旅游、饮食服务业主要是为人们提供旅游观光、临时食宿和其他生活服务，其成本会计的对象是营业成本，以及不计入营业成本的营业费用、管理费用和财务费用。

综上所述，按照现行工业企业会计制度的有关规定，工业企业成本会计的对象可以概括为工业企业生产经营过程中发生的产品生产成本和期间费用。

商品流通企业、交通运输企业、施工企业等其他行业企业的生产经营过程虽然各有其特点，但从总体上看，它们在生产经营过程中所发生的各种费用，同样是一部分作为企业的生产经营业务成本，一部分作为期间费用直接计入当期损益。

因此，按照现行企业会计制度的有关规定，成本会计的对象可以概括为企业生产经营过程中发生的生产经营业务成本和期间费用。

第四节 成本会计的职能和任务

一、成本会计的职能

成本会计的职能是指成本会计所具有的功能。成本会计最初的职能是成本核算，以确定产品商品的价格和经营盈亏。随着社会经济发展和管理水平的提高，现代成本会计的职能至少包括成本预测、成本决策、成本计划、成本控制、成本核算、成本考核和成本分析等七个方面。

(1) 成本核算是根据一定的成本计算对象，采用适当的成本计算方法，按规定的成本项目，通过各成本项目的归集和分配，计算出各成本计算对象的总成本和单位成本。通过成本核算可以反映成本计划完成情况，并为进行成本预测、编制下期成本计划提供可靠的资料，同时也为以后的成本分析和成本考核提供必要的依据。

(2) 成本分析是利用成本核算等资料与本期计划成本、上年同期实际成本、本企业历史先进成本以及国内外同类产品先进成本进行比较，用以揭示产品成本差异并分析产生差异的原因，以便采取相应措施，改进管理，降低耗费，提高经济效益。

(3) 成本预测是指根据成本的有关数据，以及可能发生的企业内外环境变化和可能采取的各项措施，运用一定的技术方法对未来的成本水平及其发展趋势所做出的科学估计。

(4) 成本决策是在成本预测的基础上，根据其他有关资料，在若干个与生产经营和成本有关的方案中，选择最优方案以确定目标成本。

(5) 成本计划是根据成本决策所确定的目标成本，具体规定出在计划期内为完成规定的任务所应达到的水平，并提出为达到规定的成本水平所应采取的各项措施。成本计划是进行成本控制、成本分析和成本考核的依据。

(6) 成本控制是根据成本计划，对成本发生和形成过程以及影响成本的各种因素进行限制与监督，使之能按预定的计划进行的一种管理活动。通过成本控制可以保证成本目标的实现。成本控制包括事前控制和事中、事后控制。

(7) 成本考核是定期对成本计划及其有关指标实际完成情况进行总结和评价，以监督和促使企业加强成本管理责任制，履行经济责任，提高成本管理水平。

成本会计的各项职能是相互联系、相互依存的。成本预测是成本决策的前提，成本决策是成本预测的结果；成本计划是成本决策所确定目标的具体化；成本控制是对成本计划实施进行的监督；成本核算是对成本计划是否完成的检验；成本分析是对计划完成与否的原因进行的检查；成本考核则是实现成本计划的重要手段。在以上这七项职能中，成本核算是基础，没有成本核算，其他各项职能都无法进行。

二、成本会计的任务

(一)正确计算产成品成本，及时提供成本信息

计算产成品成本是成本管理最基本的任务，它是完成成本管理其他任务的前提条件。没有产成品成本资料，就无法进行成本管理的其他方面的工作。所以，成本管理的首要任务就是要计算出产成品的成本，向有关方面提供有关成本的信息。在进行成本计算工作中，应根据国家的有关规定、制度进行，按照规定的方法计算，使成本资料真实、可靠。

(二)加强成本预测，优化成本决策

成本预测和成本决策是成本管理的重要职能。成本决策应建立在可靠的成本预测的基础之上。只有成本预测准确，成本决策才能实现优化。所以，成本预测与优化成本决策是密切相连的，它们相互联系地在成本管理中发挥着作用。把两者有机地结合起来，可以为企业挖掘降低成本的潜力、提高经济效益服务。

(三)制定目标成本，加强成本控制

目标成本是指企业在一定时期内为保证目标利润的实现而制定的成本控制指标。目标成本一般包括计划成本、定额成本和标准成本三类。制定目标成本的目的是进行有效的成本控制。因此，目标成本制定的准确与否，直接关系到成本控制能否达到目的。所以，制定目标成本应根据其特点，采用科学的方法、可靠的数据计算，使制定的目标成本先进合理，切实可行，经过努力能够达到。

(四)建立成本责任制，加强成本控制

成本责任制是对企业内部各部门和人员在成本方面的责权利所做的规定。在建立成本责任制时，应在划清各部门、各位职工职责的前提下，将成本责任指标按一定的方式进行分解，并具体落实到相关的部门和每位职工。建立成本责任制的核心是要将责权利结合起来，以增强各单位、人员降低成本的责任心和积极性，从而增强企业的活力。

第五节　成本会计工作组织

为了有效地进行成本会计工作，充分发挥其应有的作用，必须加强成本会计工作的组织，也就是要建立健全成本会计机构，配备必要的成本会计人员，制定和推行合理的成本会计制度。产成品成本水平高低受到企业各部门和全体职工工作的影响，因此，需要把企业各部门很好地组织起来，分解成本指标，具体落实成本责任，充分调动职工积极性，使所有部门单位和人员都重视成本，才能达到提高经济效益的目的。

建立成本会计的组织机构，必须要与企业的体制、企业组织结构和会计工作组织形式

相适应；必须与业务特点和规模相协调；必须体现精简高效的原则；要适应成本会计工作的内容和目的，贯彻落实经济责任制，做到经济与技术相结合，有利于群众性成本工作的开展。成本会计的组织机构一般如图1-1所示。

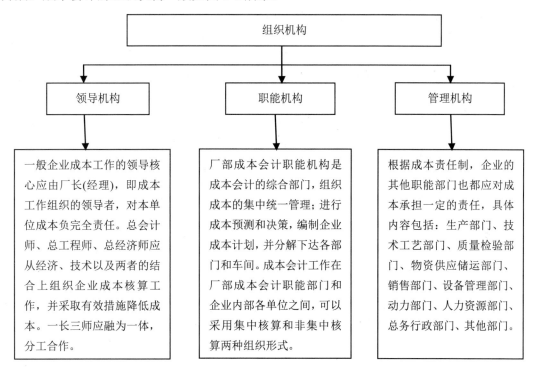

图1-1 成本会计组织机构

成本会计机构的设置，应遵循会计机构设置的一般原则：
(1) 要与企业的规模和管理体制相适应。
(2) 要符合精简、效能的原则。
(3) 机构内部的分工要明确、具体。
(4) 成本会计机构内部各岗位之间，以及成本会计与其他会计岗位之间的分工，应遵守内部牵制原则。

成本会计机构内部可以按成本会计的职能分工，例如，将厂部成本会计科分为成本预测决策组、成本计划控制组、成本核算组、成本分析考核组等；也可以按成本会计的对象分工，例如分为产品成本组、经营管理费用组和专项成本组。为了科学地组织成本会计工作，企业还应在分工的基础上建立岗位责任制，使每一个成本会计人员都明确自己的职责，每一项成本会计工作都有人负责。

【知识链接】

链接1

某酒店是一家四星级综合酒店，为加强财务管理，要对会计各岗位人员的任职条件进行规范。请制订该酒店成本会计负责人任职条件。

解析：成本会计负责人任职条件如下。

(1) 认同企业理念，坚持原则，廉洁奉公；
(2) 财会专业(或相关专业)，中专以上学历，具有会计从业资格证书；
(3) 具有会计师以上职称或三年以上工作经验；
(4) 熟悉国家财经法律、法规、方针、政策和制度，掌握与企业有关的知识；
(5) 具有有关财务分析各项指标的运算能力，并具备用计算机操作和调用各项数据的能力；
(6) 身体健康，能胜任本职工作。

链接2

联想集团一直以来都在利用贴近市场的优势，采取低价格优势来占领市场，联想前总裁说过："'降低成本'这四个字是我们竞争的诀窍。"联想一贯坚持在企业内部培养成本管理意识和能力，并建立了一种成本管理模式，力求使企业每个员工都知道多花一分钱就减少一份竞争力和一分利润。因此，每个职工每花一分钱，都要考虑究竟能给企业或一种产品带来多少价值。联想认为，不仅要控制成本，而且要充分利用成本的运作，才是取得竞争优势的利器。联想人认为，每个公司都要做好两件事：一是提高产品对用户的价值；二是降低产品的成本。公司的规模、流程、人员、岗位职责以及制定各种制度的出发点就是这两点。应该说，每做一件事就要映射到、折射到增加价值和降低成本。

问题：降低成本是企业提高经济效益的必经之路吗？

理解要点：由联想集团的例子可以看出，在企业内部，完善成本核算体系，充分发挥成本会计职能，完成成本会计任务，严格控制产品成本，是提高企业核心竞争力、达到企业发展和获利目标的根本途径之一。

自 测 题

一、问答题

1. 为什么说成本会计已发展成为成本管理？
2. 指出下列各项活动分别是成本会计的哪个职能？
(1) 为通用汽车公司的产品设计者分析一下采用新型灯头对产品成本的影响。
(2) 为联合利华公司的不同分支机构记录其成本费用开支。
(3) 解释克莱斯勒一家分公司的生产经理的业绩报告。
(4) 为福特汽车公司了解原油价格的变动对汽车需求量的影响并提供相关资料。
(5) 帮助三菱公司下属的一个制造部门决定是从韩国购买部件还是从中国购买。
(6) 为丰田公司下的一个分厂编制一份预算。

二、案例分析题

1. 苹果公司在供应链上的成本控制。

在2011年7月7日，智能手机和平板电脑领域的领军企业苹果公司的股价首次突破400美元，市值高达3740亿美元。而10年前，苹果公司的股价仅为5.48美元，徘徊在破产的边缘。从濒临破产到独步江湖，苹果公司用了10年的时间。据CNZZ数据中心的统计，中国平板电脑市场上iPad的占有率高达95%以上。在竞争十分激烈的IT市场，黑莓、惠普、摩托罗拉、戴尔等大厂商的产品品质均可与iPad一较高下，可为什么苹果公司的iPad的位置这样牢固？2011年3月iPad2上市后，美国权威市场调研机构iSupply曾对其成本进行了详细分析，结论是一部售价为729美元的3G+WiFi/32GB版的iPad2零部件成本仅为326.6美元。这是所有竞争对手都无法达到的低成本。随着产销量的进一步扩大，其单位产品成本还会大幅度降低。

在2011年苹果公司第三季度报表中，苹果公司现金储备已高达762亿美元。依靠雄厚的现金储备，苹果公司可以牢牢掌控供应链环节。2005年，苹果公司推出名为Nano的新款iPad，在该产品中首次使用快闪存储器。苹果公司准确估计到市场对这一存储器的巨大需求，果断向供应商三星集团和海力士公司预付了12.5亿美元，垄断了2010年之前这一特定存储器的市场。此外，苹果公司还向三星集团大批量采购图形处理器，向中国台湾寰鸿公司和胜华公司大量采购电容式触摸屏。

思考：
(1) 谈谈你对苹果公司对零部件供应商预付货款的看法。
(2) 说明成本控制在材料采购、产品设计开发和销售领域的意义。

2. 宏远公司2016年12月发生下列业务：
(1) 购买一套生产设备，专用发票列示价款400 000元，增值税税额68 000元，以银行存款支付；
(2) 生产产品领用材料50 000元；
(3) 支付生产工人工资240 000元，管理人员工资60 000元；
(4) 向灾区人民捐款50 000元；
(5) 本月生产厂房及设备计提折旧30 000元；
(6) 以现金支付维修厂房费用18 000元；
(7) 支付本季度短期借款利息28 900元；
(8) 支付生产车间水电费16 000元，支付管理部门水电费9 000元；
(9) 按本月支付工资的15%计提职工福利费；
(10) 支付下年度设备的租金24 000元；
(11) 本月发生废品损失1 500元；
(12) 支付职工生活困难补助2 000元；
(13) 支付广告费4 500元。

要求：根据资料确定各费用要素和各成本项目的金额。

第二章

企业成本核算的要求与一般程序

【学习要点及目标】

- 理解并掌握成本核算的原则和要求；
- 了解费用的分类；
- 理解成本核算的一般程序；
- 掌握成本核算的主要会计科目。

【核心概念】

成本核算原则　费用分类　成本核算一般程序

【引导案例】

某公司是著名的制药企业，注册资本2 000万元。所有产品均按GMP标准和要求组织生产。公司已先后通过了片剂、胶囊剂、口服原料药、冻干粉针剂、口服液、颗粒剂的国家药品GMP认证。公司建立了以杭州营销总部为中心的全国性的营销网络，在国内一些大中城市建立了销售片区，形成了全国性的营销网络，负责公司生产的制剂类药品的销售。企业取得自营进出口权，出口销售额达亿元。公司原产品成本的核算方式下原始数据的收集困难，而且准确性和及时性不易保证，产品成本的计算，大量的数据来自物流部门，部门间的协调和沟通，在任何企业里都是一个难题，原始数据的质量直接影响到产品成本信息的质量。产品成本的核算虽然可以核算出产品的生产成本，但是对于成本的波动无法提供有力的解释，无法量化各种因素对产品成本的影响，这些因素包括材料价格变化、材料使用效率、开工率变化、工厂作业效率变化、制造费用变化等，企业无法制定具有针对性的解决方案。产品成本的核算由于在较高的层次上就使用了分摊的方法，而不是认定的方法，使得数据只具有总量上的意义，而缺乏明细分析的意义，比如在产品多、规模大的企业中，无法提供各种产品、各个生产批次的准确成本。

思考：如果你是该厂的成本核算员，你认为上述产品成本的核算问题应该如何解决？

第一节 成本核算的要求

成本核算是成本会计最基本的职能，是对产品生产过程中发生的各项费用进行归集、分配和核算的会计处理过程，是企业其他职能得以顺利开展的基础。要加强成本核算，及时、完整并准确地核算和监督生产经营过程中的各种耗费，应从以下几个方面完善成本核算的基础工作。

一、做到算管结合，算为管用

成本核算应该从满足加强企业管理的要求出发，做到成本核算与加强企业管理相结合，为企业管理和企业决策所用。算管结合、算为管用就是指成本核算应当与加强企业经营管理相结合，所提供的成本信息应当满足企业经营管理和决策的需要。在满足管理要求的前提下，按照重要性原则，分清主次，区别对待，主要从细、次要从简，正确地分配和归集生产费用，计算产品成本。

二、做好成本核算的基础工作

要确保成本核算及监督工作顺利开展，就必须重视成本核算的基础工作。

(一)建立健全成本核算所需的原始记录

原始记录是通过一定的表格形式，对企业各项生产活动和业务活动所做的最初的数字或文字的记载。它是企业各项经济活动的客观反映，是未经过加工整理的第一手资料，是提供成本数据的主要方式。原始记录准确、完整、及时，是进行成本核算工作的首要条件。

加强原始记录工作，健全原始记录制度，应统一规定原始记录的格式、内容和填写方法，做到既符合管理需要的要求又符合成本核算的要求，企业应当建立健全的原始记录主要包括以下几类。

(1) 原材料方面的原始记录，包括原材料验收入库，生产和管理领用，原材料退库、报废，原材料销售以及原材料盘盈盘亏等方面的原始记录。

(2) 产品生产方面的原始记录，包括各种产品的生产计划、生产进度、工时消耗、物料消耗、产量、品种、质量等方面的原始记录。

(3) 产成品方面的原始记录，包括产成品验收入库，产成品销售、退回以及产成品盘盈盘亏等方面的原始记录。

(4) 固定资产方面的原始记录，包括固定资产转移单、报废清理单、固定资产卡片、使用情况记录单以及工程竣工单等方面的原始记录。

(5) 人力方面的原始记录，包括职工录用离职表、内部调动表、职务变更表、考勤登记表、工资结算汇总表、职级工资表等方面的原始记录。

(二)制定必要的消耗定额，建立健全定额管理制度

定额是企业对生产经营过程中消耗的人力、物力和财力的配备标准，即所规定应遵守和达到的数量标准。定额既要先进，又要切合实际，同时还要随着生产技术水平的变化和管理水平的变化而定期修改，使其能充分发挥作用。但是，应保持定额的相对稳定性，不宜经常变动，经常变动的定额水平有碍于调动职工完成定额的积极性。

(三)建立健全材料物资的计量、验收、入库、发出和盘存等制度

实物计量是成本核算的基础，企业要严格执行对各种财产物资的计量制度，认真计量材料物资及产品的收发领退，填制必要的凭证，办理必要的手续。同时，定期盘点在产品和产成品，以保证账实相符；出现盘点盈亏时，正确分析盈亏原因并计价入账。这些工作保证了企业能够正确地进行成本核算并有效地进行成本管理。

(四)建立健全内部结算制度

为明确企业内部各责任单位的经济责任，正确进行成本核算，企业应采用内部结算制度，对原材料、半成品、辅助材料以及劳务工作等制定合理的内部结算价格。内部结算价格一经确定，应保持其相对稳定性，以保证其可比性，便于考核厂内各部门的成本预算的完成情况。但是，同时也要注意，如果企业所处的环境发生变化，或者企业的管理要求水平提高，就要及时修改内部结算价格，以保证内部结算价格的科学合理。

三、严格执行国家规定的成本开支范围和费用开支标准

成本开支范围是根据企业在生产过程中的生产费用的不同性质，根据成本的内容以及加强经济核算的要求，由国家统一制定的。企业要根据国家有关的法规和制度，结合企业自身的成本计划和消耗定额，审核企业的各项费用开支，确定开支是否必要，是否应计入产品成本。例如，企业为生产产品所发生的各项支出应当列入产品成本；企业构建固定资

产支出等不能列入企业产品成本。企业应当严格执行国家规定的成本开支范围和费用开支标准，保证产品成本的真实可靠，使得企业的产品成本具有可比性，进而正确计算企业利润，进行分配。

四、正确划分各种费用支出的界限

产品成本的计算过程，实际上就是费用界限的划分过程。正确地划分各种费用支出的界限，才能正确地核算产品成本，保证成本真实可靠，更好地为企业经营管理服务。

(一)正确划分资本性支出与收益性支出的费用界限

企业的经济活动多种多样，发生的支出也多种多样，有多方面的用途。企业的支出主要区分为两个方面：资本性支出和收益性支出。资本性支出的特点在于支出的受益期长于一个会计期间，即支出的效益及于多个会计年度，如固定资产的购置支出、无形资产的购入支出等。资本化支出在发生时先列入资产，以后再按各期受益程度按期逐月摊入成本、费用。收益性支出的特点在于支出的受益期不超过一个会计期间，即支出只及于本年度，如生产过程中原材料的消耗、直接工资、制造费用以及期间费用等。收益性支出在发生时应计入产品成本或者作为期间费用单独核算。财务制度明确规定了资本性支出和收益性支出各自的范围，要求企业严格遵照执行，正确划分资本性支出和收益性支出的界限，正确计算资产的价值以及各期的产品成本和损益，客观反映企业的成本信息及资产信息，坚决抵制成本乱摊行为和随意变更成本开支范围的行为。

(二)正确划分产品的成本费用和期间费用的界限

企业日常生产经营过程中发生的各种费用，应当要划分清楚哪些支出应计入产品成本，即划分为成本费用，哪些支出不应计入产品成本，而计入期间费用。一方面，企业为生产产品而在生产过程中消耗的直接材料、直接人工以及用于产品生产的其他间接费用，应当计入企业的产品成本，作为成本费用核算。另一方面，企业会发生一些与产品生产无直接关系的支出，如为管理和组织企业生产经营活动而发生的管理费用、为销售产品而发生的销售费用以及在筹资过程中发生的财务费用，这些费用在发生时直接计入当期损益，作为期间费用处理。

因此，要正确计算产品成本和期间费用，就必须正确划分产品成本费用和期间费用的界限。

(三)正确划分各个会计期间的费用界限

企业应按月计算和考核盈亏。企业发生的收益性支出，应当按照权责发生制的要求，正确划分各个会计期间的费用界限。本月发生的生产费用都应在本月全部入账，不能将其一部分延至下月入账，也不应未到月末就提前结账，变相地将本月生产费用的一部分作为下月费用处理。本月份支付但属于本月及以后各月受益的费用，应作为待摊费用，分摊计入以后若干月份的产品成本及期间费用。应由本月负担但是尚未支出的费用，如预先提取的保险费、借款利息、租金、修理费等，应作为预提费用计入本期的成本或费用，在企业实际支付时，不再计入成本、费用。企业只有正确划分各个会计期间的费用界限，严格掌握待摊费用和预提费用的分配,才能如实反映各个会计期间的成本费用水平,正确计算各种产品的成本和损益。

(四)正确划分各种产品成本的费用界限

为了分析和考核各种产品的成本计划或成本定额的执行情况,应该分别计算各种产品的成本。因此,应该计入本月产品成本的生产费用还应在各种产品之间进行划分。属于某种产品单独发生,能够直接计入该种产品成本的生产费用,应该直接计入该种产品的成本;属于几种产品共同发生,不能直接计入某种产品成本的生产费用,则应采用适当的分配方法,分配计入这几种产品的成本。应该特别注意"盈利产品与亏损产品""可比产品与不可比产品"之间的费用界限的划分。应该防止在盈利产品与亏损产品之间,以及可比产品与不可比产品之间任意增减生产费用,以盈补亏,掩盖超支,或虚报产品成本,掩盖利润的错误做法。

(五)正确划分完工产品与在产品的费用界限

月末计算产品成本时,如果某种产品一部分已经完工,另一部分尚未完工,这种产品的各项生产费用还应采用适当的分配方法在完工产品与月末在产品之间进行分配,分别计算完工产品成本和月末在产品成本。产品成本在产成品和在产品之间的划分问题,是成本计算的一个主要问题,由于在产品成本、产成品成本是此消彼长的关系,要防止企业利用在产品成本调节产品成本和利润。

五、选择适当的成本计算方法

产品成本是在生产过程中形成的,由于产品的生产工艺过程和生产组织以及管理的要求不同,应选择不同的成本计算方法。企业在进行成本核算时,应根据本企业的具体情况,同时考虑企业生产类型的特点和企业管理的要求,选择适合企业特点的成本计算方法。在同一企业里,可以选择采用一种成本计算方法,也可以选择采用多种成本计算方法,即多种成本计算方法同时使用或多种成本计算方法结合使用。成本计算方法应当相对稳定,一经选定,不得随意变更。

第二节　费用的分类

工业企业生产经营过程中的耗费是多种多样的,要正确计算产品成本和期间费用,进行科学的成本管理,就需要对种类繁多的费用进行合理的分类。费用可以按照不同的标准进行分类,其中最基本的是按照费用的经济内容和经济用途分类。

一、费用按照经济内容分类

费用按经济内容进行分类,可分为劳动对象方面的费用、劳动手段方面的费用和活劳动方面的费用三大类。这在会计上称为生产费用要素,一般由以下九个项目组成。

1. 外购材料

外购材料是指企业为进行生产经营而耗用的一切从外单位购入的原材料及主要材料、半成品、辅助材料、包装物、修理用备件和低值易耗品等。

2. 外购燃料

外购燃料是指企业为进行生产经营而耗用的一切从外单位购入的各种燃料，包括固体燃料、液体燃料和气体燃料。

3. 外购动力

外购动力是指企业为进行生产经营而耗用的一切从外单位购入的各种动力，包括热力、电力和蒸汽等。

4. 工资

工资是指企业所有应计入生产费用的职工工资。

5. 计提的职工福利费

计提的职工福利费是指企业按照工资总额的一定比例计提并计入费用的职工福利费。

6. 折旧费用

折旧费用是指企业所拥有或控制的固定资产按照使用情况计提的折旧费。

7. 利息支出

利息支出是指企业计入期间费用等的负债利息净支出，即利息支出减去利息收入后的余额。

8. 税金

税金是指计入企业经营管理费用的各种税金支出，包括印花税、房产税、车船使用税和土地使用税等。

9. 其他费用

其他费用是指不属于以上各费用要素的费用，如职工的差旅费、租赁费、保险费以及外部加工费用等。

费用按照经济内容进行分类，可以反映企业在一定时期内发生了哪些生产费用，金额各是多少，以便于分析企业各个时期各种费用占整个费用的比重，进而分析企业各个时期各种要素费用支出的水平，有利于考核费用计划的执行情况。

二、费用按照经济用途分类

费用按照经济用途进行分类，首先要将企业发生的费用划分为应计入产品成本、劳务成本的费用和不应计入产品成本、劳务成本的费用两大类。

1. 应计入产品成本、劳务成本的费用

对于应计入产品成本、劳务成本的费用再继续划分为：直接费用和间接费用。其中，

直接费用包括直接材料、直接人工；间接费用指制造费用。

(1) 直接材料。直接材料属于直接费用，指企业在生产产品和提供劳务过程中所消耗的，直接用于产品生产，构成产品实体的原料及主要材料、外购半成品(外购件)、修理用备件(备品配件)、包装物、有助于产品形成的辅助材料以及其他直接材料。

(2) 直接人工。直接人工费是指支付给直接参与产品生产的生产工人工资以及按规定的比例提取的职工福利费。由于生产工人直接从事产品生产，人工费用的发生能够判明应由哪种产品负担，因此，这些费用发生后直接归集到各产品成本中。

直接费用应当根据实际发生数进行核算，并按照成本计算对象进行归集，直接计入产品的生产成本。

(3) 制造费用。制造费用是指企业各生产单位为生产产品和提供劳务而发生的各项间接费用，是生产中所发生的除了直接材料和直接人工以外的各种费用，具体包括工资和按规定计提的福利费、职工教育经费、工会经费等工资性支出，折旧费、修理费、水电费、办公费、劳动保护费、机物料消耗、季节性和修理期间的停工损失等。但不包括企业行政管理部门为组织和管理生产经营活动而发生的管理费用。

间接费用一般在发生时先进行归集，期末再采用一定的分配方法将其分配到各种产品的成本中。

2. 不应计入产品成本、劳务成本的费用

对于不应计入产品成本和劳务成本的费用，称为期间费用，是指企业当期发生的必须从当期收入得到补偿的费用。由于它仅与当期实现的收入相关，必须计入当期损益，所以称其为期间费用。期间费用再继续划分为管理费用、销售费用和财务费用。

(1) 管理费用。管理费用是指企业为组织和管理企业生产经营所发生的各项费用，包括企业筹建期间发生的开办费、董事会和行政管理部门在企业的经营管理中发生的或者应由企业统一负担的公司经费、工会经费、董事会费、诉讼费、业务招待费、房产税、车船税、土地使用税、印花税、技术转让费等。

(2) 销售费用。销售费用是指企业在销售商品和材料、提供劳务的过程中发生的各种费用。

(3) 财务费用。财务费用是指企业为筹集生产经营所需资金等而发生的筹资费用，包括利息支出(减利息收入)、汇兑差额以及相关的手续费、企业发生的现金折扣或收到的现金折扣、未确认融资费用摊销、分期收款销售方式下"未实现融资收益"的摊销等。

费用按经济用途进行分类，能够明确地反映出直接用于产品生产上的材料费用是多少、工人工资是多少、耗用于组织和管理生产经营活动上的各项支出是多少。从而有助于企业了解费用计划、定额、预算等的执行情况，控制成本费用支出，加强成本管理和成本分析。

三、费用的其他分类

1. 变动成本和固定成本

费用按照与产量有无关系，可以划分为变动成本和固定成本两类。变动成本是指那些成本的总发生额在相关范围内随着业务量的变动而呈线性变动的成本。直接人工、直接材

料都是典型的变动成本，在一定期间内它们的发生总额随着业务量的增减而成正比例变动，但单位产品的耗费则保持不变。固定成本是指成本总额在一定时期和一定业务量范围内，不受业务量增减变动影响而能保持不变的成本。

2. 相关成本和非相关成本

费用按照与决策方案有无关系，可以划分为相关成本和非相关成本两类。相关成本是指对企业经营管理有影响或在经营管理决策分析时必须加以考虑的各种形式的成本。非相关成本是指过去已经发生的，与某一特定决策方案没有直接联系的成本，指不适宜用于决策分析的成本。不可避免成本、沉落成本等均属于非相关成本。

3. 可控成本和不可控成本

费用按照能否由一个责任部门控制其发生，可以分为可控成本和不可控成本。可控成本是指能为某个责任单位或个人的行为所制约的成本。不可控成本是指不能为某个责任单位或个人的行为所制约的成本。区分可控成本和不可控成本，是企业确定部门的成本责任、进行部门成本考核的必要前提，可以调动部门积极性，有助于建立成本岗位责任制，并据以确定相应的奖惩制度。

第三节 成本核算的基本程序

一、费用支出的审核

企业对发生的各项生产费用支出，应根据国家、上级主管部门和本企业的有关制度、规定进行严格审核，以便对不符合制度和规定的费用，以及各种浪费、损失等加以制止或追究经济责任。

二、确定成本计算对象和成本项目，开设产品成本明细账

成本计算对象是生产费用的归集对象和生产耗费的承担者。企业的生产类型不同，对成本管理的要求不同，成本计算对象和成本项目也就有所不同，企业要根据自身生产类型的特点和对成本管理的要求，选择合适的产品成本计算对象，并在确定直接材料、直接人工和制造费用的基础上，将成本项目进行必要调整，开设适合自身的产品成本明细账。

三、进行生产费用的归集和分配

将计入本月成本的生产费用在各种产品之间进行分配和归集，凡是能区分清楚应由特定产品负担的费用，直接计入该产品的成本；不能区分清楚应该由何种产品负担的费用，应当按照有关科目进行归集，期末按照合理的方法将其分配至各种产品的成本，按照成本项目分别反映，计算出各种产品的成本。

四、确定成本核算方法：进行完工产品成本与在产品成本的划分

通过要素费用和综合费用的分配，所发生的各项生产费用均已归集在相关账户中。在月末没有在产品的情况下，产品成本明细账所归集的生产费用即为完工产品总成本；在月末有在产品的情况下，就需将产品成本明细账所归集的生产费用按一定的划分方法在完工产品和月末在产品之间进行划分，从而计算出完工产品成本和月末在产品成本。

五、计算产品的总成本和单位成本

在品种法、分批法下，产品成本明细账中计算出的完工产品成本即为产品的总成本；分步法下，则需根据各生产步骤成本明细账进行顺序逐步结转或平行汇总，才能计算出产品的总成本。以产品的总成本除以产品的数量，就可以计算出产品的单位成本。

成本核算的基本程序如图 2-1 所示。

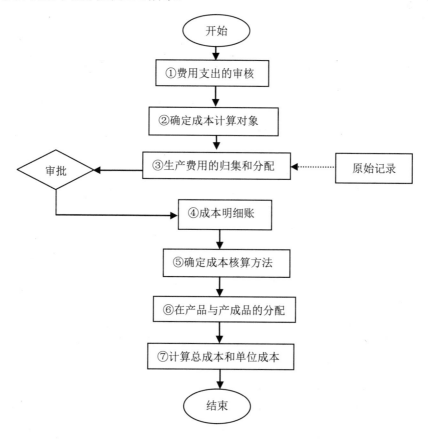

图 2-1　成本核算的基本程序

第四节　成本核算的账户设置和账务处理程序

一、产品成本核算的账户设置

为了核算产品成本，要设置"生产成本"一级账户。为了分别核算基本生产成本和辅助生产成本，还应在该一级账户下，分别设置"基本生产成本"和"辅助生产成本"两个二级账户。企业也可以根据需要简化处理，将"基本生产成本"和"辅助生产成本"直接设置为两个一级账户。另外，设置核算间接费用的"制造费用"账户；核算期间费用的"管理费用"账户、"销售费用"账户和"财务费用"账户。企业还可根据自身需要，设置单独核算废品损失和停工损失的"废品损失"账户和"停工损失"账户。

1. "基本生产成本"账户

基本生产是指为完成企业主要生产目的而进行的产品生产。"基本生产成本"账户核算企业生产的各种产成品、半成品、自制半成品、自制材料、自制工具等所发生的各项费用。该账户借方登记企业为进行基本生产而发生的各种费用，包括直接材料、直接人工和月末"制造费用"结转分配过来的间接费用；贷方登记转出的完工入库的产成品成本、自制半成品成本；余额在借方，表示基本生产在产品的成本。

该账户应当按照成本计算对象(如产品品种、产品批别、生产步骤等)设置明细账户，账内按照产品成本项目分设专栏或专行，登记各产品、各成本项目的月初在产品成本、本月生产费用、本月完工产品成本和月末在产品成本。其基本格式如表2-1所示。

表 2-1　基本生产成本明细账

车间：　　　　　　　　　　　　产品名称：　　　　　　　　　　　　单位：

月	日	摘要	产量	成本项目			成本合计
				材料	人工	间接费用	
		月初在产品成本					
		本月生产费用					
		生产费用合计					
		本月完工产品成本					
		完工产品单位成本					
		月末在产品成本					

2. "辅助生产成本"账户

辅助生产是指主要为基本生产车间、企业行政管理部门等单位服务而进行的产品生产和劳务供应。"辅助生产成本"账户核算为基本生产车间及其他部门提供产品生产、劳务所发生的各项费用。该账户借方登记企业为进行辅助生产而发生的各种费用，包括因辅助生产活动发生的直接材料、直接人工和月末辅助生产活动发生的"制造费用"结转分配过来的间接费用；贷方登记完工入库产品的成本和分配出去的劳务成本；余额在借方，表示辅助生产的在产品成本。

该账户应当按照企业的辅助生产车间、产品和劳务分别设立明细账，账内还应按照辅助生产的产品成本项目、费用项目分设专栏或者专行登记。其基本格式如表2-2所示。

表2-2 辅助生产成本明细账

车间： 产品名称： 单位：

月	日	摘要	产量	成本项目			成本合计
				材料	人工	间接费用	
		材料费用分配表					
		人工费用分配表					
		制造费用分配表					
		本月发生额合计					
		结转本月发生额					

3．"制造费用"账户

"制造费用"账户用来归集和分配企业为生产产品和提供劳务而发生的各项间接费用，包括工资及福利费、水电费、办公费、折旧费、修理费、劳动保护费、机物料消耗、季节性修理期间的停工损失等以及其他不能直接计入产品生产成本的费用。该账户借方登记月份内发生的各种制造费用；贷方登记分配结转应由各种产品负担的制造费用。月末，一般无余额。该账户应当按照不同车间和部门分别设立明细账，账内按照费用项目设立专栏分别进行登记。

4．"管理费用"账户

"管理费用"账户用来核算企业为组织和管理企业生产经营所发生的各项费用。包括：企业筹建期间发生的开办费、董事会和行政管理部门在企业的经营管理中发生的或者应由企业统一负担的公司经费、工会经费、董事会费、诉讼费、业务招待费、房产税、车船税、土地使用税、印花税、技术转让费等。该账户借方登记发生的各项管理费用；贷方登记期末转入"本年利润"账户的管理费用；期末结转后，该账户无余额。该账户明细账应按照费用项目设立专栏进行核算。

5．"销售费用"账户

"销售费用"账户用来核算企业在销售商品和材料、提供劳务的过程中发生的各种费用。该账户借方登记发生的各项销售费用；贷方登记期末转入"本年利润"账户的销售费用；期末结转后，该账户无余额。该账户明细账应按照费用项目设立专栏进行核算。

6．"财务费用"账户

"财务费用"账户用来核算企业为筹集生产经营所需资金等而发生的筹资费用，包括利息支出(减利息收入)、汇兑差额以及相关的手续费、企业发生的现金折扣或收到的现金折扣、未确认融资费用的摊销、分期收款销售方式下"未实现融资收益"的摊销等。该账户借方登记发生的各项财务费用；贷方登记冲减财务费用的利息收入、汇兑收益、收到的现金折扣、分期收款销售方式下"未实现融资收益"的摊销以及期末转入"本年利润"账户的财务费用；期末结转后，该账户无余额。该账户明细账应按照费用项目设立专栏进行核算。

7. "废品损失"账户

废品损失是指在生产过程中发现的和入库后发现的不可修复废品的生产成本，以及可修复废品的修复费用，扣除回收的废品残料价值和应收赔款以后的损失。"废品损失"账户用来核算生产过程中发生的废品损失，该账户借方登记不可修复废品的生产成本和可修复废品的修复费用；贷方登记应从废品成本中扣除的回收废料的价值。借贷双方上述内容相抵后的差额，即为企业的全部废品净损失。其中对应由过失人负担的部分，则从其贷方转入"其他应收款"账户借方，及时要求赔偿；其余废品净损失，应该全部归由本期完工的同种产品成本负担，列入"废品损失"项目，即从"废品损失"账户的贷方，转入"基本生产成本"账户的借方，结转后的"废品损失"账户应无期末余额。该账户应当按照不同车间和部门分别设立明细账，账内按照产品品种分别设立专户，按照成本项目或专栏分别进行登记。

8. "停工损失"账户

停工损失是指企业或生产车间、班组在停工期间(非季节性停工期间)发生的各项费用，包括停工期内支付的直接人工费用和应负担的制造费用。"停工损失"账户用来归集和分配停工损失，该账户借方登记发生的停工损失，贷方登记停工损失的转出。停工损失按照原因不同，应由责任人赔偿的部分转入其他应收款，自然灾害造成的停工损失部分转入营业外支出，停工的净损失由产品成本负担。期末结转后，该账户无余额。该账户应当按照不同车间和部门分别设立明细账，账内按照产品品种分别设立专户，按照成本项目或专栏分别进行登记。

二、产品成本核算的账务处理程序

企业产品成本核算的账务处理程序如下：
(1) 根据原始凭证及其他有关资料编制材料、工资费用分配表。
(2) 根据原始凭证及耗用材料、工资等费用分配表登记有关明细账。
(3) 编制辅助生产费用分配表。
(4) 根据辅助生产费用分配表登记有关明细账。
(5) 编制制造费用分配表。
(6) 根据制造费用分配表登记有关明细账。
(7) 将完工产品成本转入产成品明细账。

具体账务处理流程如图 2-2 所示。

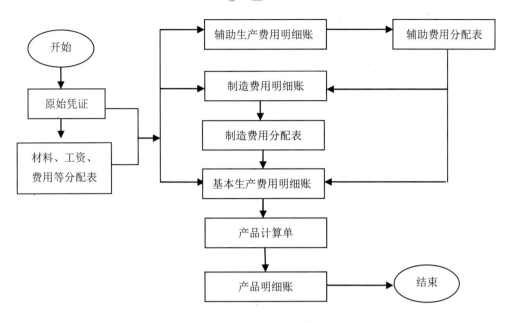

图 2-2 产品成本核算账务处理流程

【知识链接】

链接 1：成本会计的基础工作组织

成本会计的核算，关键在于做好成本的基础工作，成本会计的基础组织工作指的是广义成本会计基础工作，包括组织机构，需要遵循的原则，建立起成本费用与其他要素的划分标准等，是进行成本会计核算的基础，没有这些基础工作的建立，成本会计工作就无从谈起。

——具体内容见《现代经济信息》2011 年第 7 期刊载的《论成本会计的基础组织工作》，作者为蒋满兰，所在单位是广东省云浮市国资委。

链接 2：成本费用制度设计

成本费用制度设计就是针对生产经营过程中所发生的各种耗费，设计出一套完整、科学的成本核算制度和管理制度，从而保证企业产品成本信息的真实、完整，以及成本发生控制在目标限额以内，帮助管理者及有关利益方更好地进行生产经营决策和管理业绩评价。

1. 成本费用制度设计的作用

成本费用制度设计的作用表现如下：

(1) 通过成本核算制度的设计和实施，可以保证国家有关财经法规、制度的贯彻实施。

(2) 设计科学合理的成本核算制度，可以提高成本核算的质量，为会计信息使用者提供真实、可靠的成本核算资料。

(3) 设计科学合理的成本核算制度，有利于加强成本控制与管理，降低成本，提高经济效益。

(4) 通过成本核算制度的设计和实施，可以规范成本核算方法和程序。

2. 成本费用业务制度设计应达到的目标

1) 保证各项成本费用的合法性

各项成本费用开支要符合国家有关财经法规要求，严格遵守国家规定的成本费用开支范围和开支标准。

2) 保证各项成本费用开支的合理性

各项成本费用开支必须符合单位生产经营活动的需要，正确划分资本性支出与收益性支出的界限、成本支出与期间费用的界限、成本支出与营业外支出的界限，体现收入与费用的匹配原则，做到经济合理。

3) 保证成本费用正确核算，及时提供真实、可靠的成本费用信息资料

成本费用信息资料是国家进行宏观管理的重要资料，也是单位进行内部管理的重要资料。必须严密组织成本费用核算，采用科学的成本核算方法，正确计算各种产品成本、劳务成本，及时提供经济管理所需要的实际成本及其他成本费用信息资料。

4) 加强成本费用管理，提高经济效益

应通过采用目标成本、标准成本、定额成本以及责任成本控制等科学的控制方法，努力节约费用开支，减少损失、浪费，降低成本，提高经济效益。

3. 成本费用业务制度设计内容

成本费用业务制度设计的内容包括成本费用业务内部控制制度设计和成本费用控制流程设计等几个方面。

下面介绍成本费用业务内部控制制度的设计。

企业成本费用业务制度的设计必须建立完善健全的内部控制制度。根据财政部《内部会计控制规范——成本费用(征求意见稿)》的规定，应建立以下制度。

1) 成本费用业务岗位分工制度

单位应当建立成本费用业务岗位责任制，明确相关部门和岗位的职责、权限，确保办理成本费用业务的不相容岗位相互分离、制约和监督。成本费用支出需要分离的不相容岗位包括：成本费用预算编制与审批；成本费用支出审批与执行；成本费用支出执行与相关会计记录。应配备合格的人员办理成本费用业务。办理成本费用业务的人员应具备良好的业务素质和职业道德。

2) 成本费用业务授权批准制度

应当对成本费用业务建立严格的授权批准制度，明确审批人对成本费用的授权方式、权限、程序、责任和相关控制措施，规定经办人办理成本费用业务的职责范围和工作要求。审批人应当根据成本费用业务授权批准制度的规定，在授权范围内进行审批，不得超越审批权限。经办人应当在职责范围内，按照审批人的批准意见办理成本费用业务。对于审批人超越授权范围审批的成本费用业务，经办人有权拒绝办理，并及时向审批人的上级授权部门报告。

3) 成本费用支出制度

企业应当采用标准成本、定额成本或作业成本等成本控制方法，利用现代信息技术，结合生产工艺特点，实施对成本的控制。

4) 成本费用支出核算和报告制度

应建立成本费用支出核算和报告制度，及时对各项成本费用支出进行核算与披露，保证成本费用支出控制制度得到有效的履行。应建立合理的成本费用核算制度。成本费用核算制度应符合国家统一会计制度的规定，不得随意改变成本费用确认标准或者计量方法，不得虚列、多列、不列或者少列成本费用。同时，企业应建立成本费用内部报告制度，实

时监控成本费用支出情况,对实际发生的成本费用与成本费用预算的差异,应及时查明原因,并做出相应处理。

5) 成本费用监督检查制度

企业应建立对成本费用业务的监督检查制度,明确监督检查人员的职责权限,定期、不定期地进行检查。监督检查机构或人员应通过实施符合性测试和实质性测试,检查成本费用内部控制制度是否健全,各项规定是否得到有效的执行。成本费用监督检查内容主要包括:成本费用业务相关岗位及人员的设置情况。重点检查是否存在成本费用业务不相容职务混岗现象;成本费用业务授权批准制度执行情况。重点检查成本费用业务授权批准手续是否健全,是否存在越权审批行为;成本费用预算制度执行情况。重点检查成本费用支出的真实性、合理性、合法性,是否超出预算范围;成本费用核算制度执行情况。重点检查成本费用记录、报告的真实性和完整性。

对监督检查过程中发现成本费用内部控制中的薄弱环节,应采取措施,及时加以纠正。

——根据《企业会计制度设计理论与方法》(刘德道,中国经济出版社)的部分内容整理

自 测 题

简答题

1. 简述费用按经济内容的分类。
2. 简述费用按经济用途的分类。
3. 简述成本核算的一般程序。
4. 将费用划分为若干个要素的作用是什么?
5. 简述产品成本核算的账户设置。
6. 成本核算的账务处理程序由哪些内容组成?
7. 简述直接费用和间接费用的特点。
8. 成本核算过程中需要设置哪些账户?
9. 简述直接费用和间接费用的分类。
10. 成本核算过程中要划分哪些成本费用界限?

第三章

生产费用的归集和分配

【学习要点及目标】
- 了解各项要素费用的性质和内容;
- 掌握各项要素费用的归集和分配;
- 掌握辅助生产费用和制造费用的内容、性质、归集和分配;
- 理解废品损失的概念,掌握其核算方法。

【核心概念】

要素费用 辅助生产费用 废品损失 制造费用 直接分配法 交互分配法

【引导案例】

某车间为基本生产和管理部门提供电力。本月 A 产品耗用材料 46 000 元，B 产品耗用材料 21 000 元，两种产品共同耗用材料 1 500 元；本月产品生产工人的薪酬为 60 000 元；车间制造费用为 30 000 元；供电车间发生费用 32 000 元，提供电力 6 000 千瓦时，其中为产品生产供电 4 800 千瓦时，为车间一般消耗提供电力 900 千瓦时，为企业管理部门提供电力 300 千瓦时。

思考：如果你是该厂的成本核算员，你认为上述哪些费用应该分配？哪些费用不应该分配？需要分配的费用采用什么分配方法较为合理？供电车间发生的费用应全部计入产品成本吗？

第一节　要素费用的归集和分配

企业的要素费用包括外购材料、外购燃料、外购动力、职工薪酬、折旧费、利息费用、税金及其他费用。企业发生各项要素费用后，首先，应该对各项费用凭证进行审核，只有符合产品成本和期间费用开支范围的支出，才能计入产品成本或期间费用；其次，根据各项费用发生的地点及用途，选择适当的方法对其进行归集与分配。

一、材料费用的归集和分配

材料费用是指企业在生产经营过程中实际消耗的各种原材料、辅助材料、燃料、半成品、修理用备件、包装物和低值易耗品等的费用。

材料费用的核算包括材料费用的归集和材料费用的分配两部分内容。不论是外购材料，还是自制材料，其材料费用的归集与分配方法相同。进行材料费用的归集与分配，首先要进行材料发出的核算，然后根据发出材料的具体用途，分配材料费用，将其计入各种产品成本和期间费用等。

企业对生产经营过程中所耗用的各项材料，应严格履行领退料手续，并对领退料凭证认真地进行审核、分类和整理。月末应将全部领退料凭证，按照耗用材料的地点和用途进行分类汇总，编制"材料费用分配表"进行材料费用分配的总分类核算，并据以登记有关的成本费用明细账。

(一)材料费用的归集

材料费用的归集就是对本期发出材料的总成本进行核算。正确计算发出材料的数量、发出材料的单位成本以及发出材料的总成本，是保证材料费用分配顺利进行的基础。

材料发出的核算应该根据领料单或领料登记表等发料凭证进行。会计部门应该对发料凭证所列材料的种类、数量和用途进行审核，检查所领材料的种类和用途是否符合规定，数量有无超过定额或计划。只有经过审核、签章的发料凭证才能据以发料，并作为发料核算的原始凭证。

在实际工作中，对于材料的日常核算，可以采用按实际成本计价和按计划成本计价两种核算方式。在一般情况下，如果企业规模较大，材料品种、规格繁多，且收发比较频繁，材料应按计划成本计价；如果企业规模较小，材料品种、规格不多，且收发不太频繁，材料可按实际成本计价。

当材料的日常收发核算采用实际成本计价时，无论是发出材料的成本，还是收入材料的成本，都应按材料的实际成本计价，其实际成本即为外购材料的采购成本或自制完工入库材料的生产成本。如果同一种材料由于采购地点、采购时间、采购数量等原因造成各批材料的实际单位成本不一致时，发出材料的单位成本可按先进先出法、加权平均法等方法加以确定，然后再根据各种材料的发出数量计算本期发出材料的总成本。

在材料按实际成本计价的情况下，企业应设立"原材料""低值易耗品"等总账账户对材料的收入、发出进行核算。在实际工作中，这些账户可以根据收发料凭证直接登记，也可以为了简化登记总账的工作，在月末(或定期)根据收发料凭证分别汇总登记"收料凭证汇总表"和"发料凭证汇总表"，再据以登记原材料总账。

(二)材料费用的分配

材料费用的分配，就是根据审核后的"领料单"(包括限额领料单)、"退料单"或"发出材料汇总表"等原始凭证，按照领用材料的地点及用途进行的分配和记录。

1. 原材料费用的分配

(1) 对于基本生产车间领用的用于产品生产、构成产品实体(或有助于产品实体形成)的各种原材料，如果能够分清材料被哪些产品所耗用，可以直接记入各产品"基本生产成本"账户的借方及所属明细账的"直接材料"成本项目中；如果不能够分清材料被哪些产品所耗用，即材料被多种产品共同耗用时，应采用适当的分配方法，将材料费用分配记入各产品"基本生产成本"账户的借方及所属明细账的"直接材料"成本项目中。

(2) 对于基本生产车间领用的为组织和管理生产所耗用(一般性消耗)的材料，辅助生产车间、企业行政管理部门以及专设销售机构领用的材料，应分别记入"制造费用""辅助生产成本""管理费用"和"销售费用"账户的借方及所属明细账的有关费用项目中。

(3) 对于在建工程、福利部门领用的材料，应分别记入"在建工程"和"应付职工薪酬——职工福利"账户的借方及所属明细账的有关费用项目中。

(4) 对于应由多个期间的产品成本、期间费用分摊的材料费用，应采用适当的摊销方法计算应由本期产品成本和费用负担的部分，然后再分别转入相应的成本、费用账户中。常用的分配方法主要有定额耗用量比例分配法、定额费用比例分配法、重量比例分配法、实际产量分配法和标准产量分配法等几种。

① 定额耗用量比例分配法。

定额耗用量比例分配法是以各种产品耗用的材料定额为标准来分配材料费用的方法。消耗定额是指单位产品可以消耗的数量限额，可以根据企业的有关指标确定；定额消耗量是指一定产量下按照消耗定额计算的可以消耗的材料数量。在几种产品都有消耗定额，且消耗定额比较准确的情况下，则可以按照各种产品材料定额耗用量的比例进行分配。其计算步骤是：计算各种产品原材料定额耗用量(定额费用总成本)；计算材料费用分配率；计算某产品应分配材料费用。其计算公式如下：

各种产品原材料定额耗用量(定额费用成本)=该产品实际产量×单位产品原材料消耗量定额(单位产品原材料费用定额)

直接材料分配率=各种材料实际费用总额÷各种产品材料定额耗用量之和(定额费用之和)

某产品应分配材料费用=该种产品原材料定额耗用量(定额费用)×原材料分配率

【例3-1】某机械制造公司生产甲、乙两种产品,共同耗用A种材料12 000千克,材料单价5元。甲产品本月实际产量1 000件,单位产品材料消耗定额4千克。乙产品本月实际产量2 000件,单位产品材料消耗定额3千克。根据以上资料,按定额耗用量比例分配法分配A种材料费用,计算过程如下:

甲产品材料定额耗用量 = 1 000 × 4 = 4 000(千克)
乙产品材料定额耗用量 = 2 000 × 3 = 6 000(千克)
材料耗用量分配率 = 12 000÷(4 000 + 6 000) = 1.2
甲产品材料实际耗用量 = 4 000 × 1.2 = 4 800(千克)
乙产品材料实际耗用量 = 6 000 × 1.2 = 7 200(千克)
甲产品应分配的材料费用 = 4 800 × 5 = 24 000(元)
乙产品应分配的材料费用 = 7 200 × 5 = 36 000(元)

上述分配方法,不但能计算出每种产品应分配的材料费用,而且还能计算出每种产品的材料实际耗用量。这样,可以考核材料消耗定额的执行情况,有利于加强企业的成本管理,但是,这种分配方法计算过程比较烦琐。

为了简化计算,实际工作中也可以按定额耗用量的比例直接分配材料费用,其计算公式如下:

材料费用分配率 = 各种产品待分配的材料费用总额÷材料定额耗用量之和
某种产品应分配的材料费用 = 该种产品材料定额耗用量 × 材料费用分配率

【例3-2】仍用例3-1的资料,计算过程如下:

材料费用分配率 = 12 000 × 5÷(4 000 + 6 000) = 6
甲产品应分配的材料费用 = 4 000 × 6 = 24 000(元)
乙产品应分配的材料费用 = 6 000 × 6 = 36 000(元)

可见,上述两种计算方法结果完全一致。但是后一种方法不能提供材料的实际耗用量资料,不能与其定额耗用量相比,因而不便于考核消耗定额的执行情况。

② 定额费用比例分配法。

定额费用比例分配法是以定额费用作为分配标准的一种费用分配方法。它一般是在几种产品共同耗用材料的种类较多的情况下采用,其计算公式如下:

某种产品某种材料定额费用 = 该种产品实际产量 × 单位产品该种材料费用定额 = 该种产品实际产量 × 单位产品该种材料消耗定额 × 该种材料计划单价
材料费用分配率 = 各种材料实际费用总额÷某种产品各种材料定额费用之和
某种产品应分配的材料费用 = 该种产品各种材料定额费用之和 × 材料费用分配率

【例3-3】某机械制造公司生产甲、乙两种产品,耗用原材料费用共计62 400元。本月投产甲产品220件,乙产品256件。单件原材料费用定额:甲产品120元,乙产品100元。

要求:采用原材料定额费用比例分配甲、乙产品实际耗用原材料费用。

甲产品定额费用=220 × 120 = 26 400(元)

乙产品定额费用=256×100 = 25 600(元)
原材料费用分配率 = 62 400÷(26 400+25 600) = 1.2
甲产品分配原材料费用 = 26 400×1.2 = 31 680(元)
乙产品分配原材料费用 = 25 600×1.2 = 30 720(元)

③ 产品重量比例分配法。

产品重量比例分配法是按照各种产品的重量比例分配材料费用的一种方法。这种方法一般在产品所耗用材料的多少与产品重量有直接关系的情况下采用，其计算公式如下：

材料费用分配率 = 待分配的材料费用总额÷各种产品的重量之和

某种产品应分配的材料费用 = 该种产品的重量×材料费用分配率

【例3-4】某机械制造公司生产甲、乙、丙三种产品，共耗用原材料180 000元，产品甲的重量为3 000千克，产品乙的重量为2 000千克，产品丙的重量为1 000千克。按产品重量比例分配法分配材料费用，计算过程如下：

材料费用分配率 = 180 000÷(3 000+2 000+1 000) = 30
甲产品应分配的材料费用 = 3 000×30 = 90 000(元)
乙产品应分配的材料费用 = 2 000×30 = 60 000(元)
丙产品应分配的材料费用 = 1000×30 = 30000(元)

此外，当产品所耗用材料的多少与产品体积、产量等因素直接相关时，还可以按产品体积、产量比例分配材料费用。

在实际工作中，材料费用的分配是通过编制"材料费用分配表"进行的，该表是按照各车间、部门领用材料的具体用途，根据归类后的领退料凭证等资料编制的。

【例3-5】某机械制造公司2010年6月份的材料费用分配表如表3-1所示。

表3-1　材料费用分配表

2010年6月　　　　　　　　　　　　　　　　　　　　　　　　单位：元

应借账户	成本项目		直接计入	分配计入	费用合计
基本生产成本	A产品	原材料	75 600	22 680	98 280
	B产品	原材料	41 700	12 510	54 210
	小计		117 300	35 190	152 490
制造费用	基本生产	机物料消耗	2 360		2 360
辅助生产成本	机修车间	机物料消耗	1 410		1 410
	运输车间	机物料消耗	1 100		1 100
	小计		2 510		2 510
销售费用	包装物		500		500
管理费用	其他材料		860		860
合计			123 530	35 190	158 720

根据材料费用分配表，应做如下会计分录：
　　借：基本生产成本——A产品　　　98 280
　　　　　　　　　　——B产品　　　54 210

辅助生产成本——机修车间	1 410
——运输车间	1 100
制造费用	2 360
销售费用	500
管理费用	860
贷：原材料(各有关明细账)	158 720

【例3-6】 某机械制造公司的材料按计划成本核算。该企业2010年6月初"原材料"账户的借方余额为20 000元，"材料成本差异"账户借方余额为200元，本月购入材料的实际成本为202 000元，计划成本为200 000元。企业本月发出材料如下：基本生产车间生产产品领用60 000元，基本生产车间一般性耗用50 000元，辅助生产车间机修车间领用20 000元，厂部行政管理部门领用40 000元，专设销售机构领用35 000元。根据以上资料，计算材料成本差异率，编制材料费用分配表分配材料费用，并编制相应的会计分录。

(1) 计算本月材料成本差异率：

材料成本差异率=(200 + 202 000 − 200 000)÷(20 000 + 200 000) × 100% = 1%

(2) 编制材料费用分配表，如表3-2所示。

表3-2　材料费用分配表(按计划成本编制)

2010年6月　　　　　　　　　　　　　　　　　　　单位：元

总账科目	明细科目		计划成本	材料成本差异(差异率：1%)
基本生产成本	甲产品	直接材料	60 000	600
辅助生产成本	成本机修车间	材料费	20 000	200
制造费用	基本生产车间	材料费	50 000	500
管理费用	材料费		40 000	400
销售费用	材料费		35 000	350
合计			20 5000	2050

(3) 根据材料费用分配表，编制会计分录如下：

借：基本生产成本——甲产品　　　　　　　60 000
　　辅助生产成本——机修车间　　　　　　20 000
　　制造费用——基本生产车间　　　　　　50 000
　　管理费用　　　　　　　　　　　　　　40 000
　　销售费用　　　　　　　　　　　　　　35 000
　　贷：原材料　　　　　　　　　　　　　　　　205 000
借：基本生产成本——甲产品　　　　　　　600
　　辅助生产成本——机修车间　　　　　　200
　　制造费用——基本生产车间　　　　　　500
　　管理费用　　　　　　　　　　　　　　400
　　销售费用　　　　　　　　　　　　　　350
　　贷：材料成本差异　　　　　　　　　　　　　2 050

根据以上会计分录和材料费用分配表登记总分类账和各有关明细分类账。

2. 燃料费用的分配

在核算燃料费用时，一般与动力费用一起专设"燃料及动力"成本项目，同时增设"燃料"账户，并将燃料费用单独进行分配，以便对其单独进行反映、控制和考核。但是，如果生产工艺上耗用的燃料和动力不多，为了简化核算，也可以将生产工艺用燃料费用并入"直接材料"成本项目，与原材料费用一起分配，并在"原材料"账户中设置"燃料"二级账户。

对于直接用于产品生产、专设成本项目的燃料费用，如果是分产品单独耗用的燃料费用，属于直接计入费用，应根据领退料单直接记入各该产品"基本生产成本"账户的借方及其明细账的"燃料及动力"成本项目中；如果是生产几种产品共同耗用的燃料费用，则应采用适当的分配方法，分配记入各有关产品成本的"基本生产成本"账户的借方及其明细账的"燃料及动力"成本项目中。分配的标准一般有产品的重量、体积、所耗原材料的数量或费用以及燃料的定额消耗量或定额费用等。直接用于辅助生产的燃料费用，应记入"辅助生产成本"账户的借方及其明细账的有关费用项目中；基本生产车间一般性耗用的燃料费用、企业行政管理部门、专设销售机构耗用的燃料费用，应分别记入"制造费用""管理费用""销售费用"等账户的借方及其明细账的有关费用项目中。

二、动力费用的归集和分配

动力费用是指企业耗用的电力、热力、风力和蒸汽等。这些动力的来源有两个：一是企业直接向外单位购入的；二是由企业的辅助生产车间自行生产的。这里只介绍外购动力费用的核算，至于自行生产的动力费用将在"辅助生产费用的核算"中介绍。

(一)外购动力费用的归集

动力费用一般是根据电表、气表等计量仪器所显示的计量数据，按一定的计价标准计算而确定的，以动力供应单位所提供的费用账单上的数额为准。

外购的动力在付款时，理论上应按动力的用途，直接借记有关的成本费用账户，贷记"银行存款"账户。但在实际工作中一般通过"应付账款"账户核算，即在付款时先作为暂付款处理，借记"应付账款"账户，贷记"银行存款"账户；月末按照外购动力的用途和数量分配费用时，再借记各成本、费用账户，贷记"应付账款"账户，冲销原来记入"应付账款"账户借方的暂付款。

如果每月支付动力费用的日期基本固定，而且每月付款日到月末的应付动力费用相差不多，也可以不通过"应付账款"账户核算，而将每月支付的动力费用作为应付动力费用，在付款时直接借记各成本、费用账户，贷记"银行存款"账户，每月分配和登记一次动力费用。因为在这种情况下，每月付款日到月末的应付动力费用可以相互抵销，不影响各月动力费用核算的正确性。

(二)外购动力费用的分配

外购动力费用应按车间、部门及用途进行分配，并按不同情况进行处理。

1. 各车间、部门以及车间内各种产品都安装了计量仪器仪表

在各车间、部门以及车间内各种产品都安装了计量仪器仪表的情况下,各使用部门、车间及产品应负担的动力费用,可直接根据计量仪器仪表记录的耗用量及动力费用单价,按动力费用的用途分别进行归集和分配。对于基本生产车间生产产品应负担的外购动力费用,应直接记入"基本生产成本"账户的借方及所属明细账的"燃料及动力"成本项目(如果生产工艺用动力费用较少,也可将外购动力费用并入"制造费用"账户核算)。对于基本生产车间应负担的与产品生产工艺无直接联系的、用于组织和管理生产而发生的外购动力费用,应记入"制造费用"账户的借方及所属明细账的有关费用项目中。对于辅助生产车间应负担的动力费用,应记入"辅助生产成本"账户的借方及所属明细账的有关费用项目中。对于行政管理部门、专设销售机构、在建工程及企业福利部门应负担的外购动力费用,应分别记入"管理费用""销售费用""在建工程"和"应付职工薪酬"账户的借方及所属明细账的有关费用项目中。

2. 各车间、部门以及车间内各种产品未安装计量仪器仪表

在各车间、部门以及车间内各种产品未安装计量仪器仪表的情况下,可以采用适当的分配方法进行外购动力费用的分配。动力费用的分配方法与材料费用的分配方法基本相同,可按定额消耗量的比例、产品生产实际工时的比例、机器功率时数(机器功率×机器时数)的比例进行分配。下面介绍定额消耗量比例分配法和生产工时比例分配法。

1) 定额消耗量比例分配法

相关的计算公式是:

外购动力费用分配率=待分配的外购动力费用总额/各产品定额消耗量之和×100%

某种产品应分配的外购动力费用=定额消耗量×费用分配率

【例3-7】某机械制造公司生产甲、乙两种产品,3月份共耗用外购动力费用18 720元。产品产量分别为200件和100件。甲、乙产品外购动力的消耗定额分别为60度和36度。根据以上资料,按定额消耗量比例分配法分配外购动力费用。

计算过程如下:

甲产品外购动力定额消耗量 = 200 × 60 = 12 000(度)

乙产品外购动力定额消耗量 = 100 × 36 = 3 600(度)

外购动力费用分配率 = 18 720/(12 000 + 3 600) = 1.2

甲产品应分配的外购动力费用 = 12 000 × 1.2 = 14 400(元)

乙产品应分配的外购动力费用 = 3 600 × 1.2 = 4 320(元)

2) 生产工时比例分配法

相关的计算公式是:

外购动力费用分配率=待分配的外购动力费用总额/各产品的生产工时之和×100%

某种产品应分配的外购动力费用=该种产品的外购动力生产工时数×费用分配率

【例3-8】某机械制造公司生产甲、乙两种产品,共同耗用外购电力100 000度,每度电的单价为0.30元,甲、乙两种产品实际生产工时分别为30 000小时和20 000小时。根据以上资料,按生产工时比例分配法分配外购动力费用。

计算过程如下:

外购动力费用分配率 = 100 000 × 0.30/(30 000 + 20 000) = 0.6

甲产品应分配的外购电力费用 = 30 000×0.6 = 18 000(元)

乙产品应分配的外购电力费用 = 20 000 × 0.6 = 12 000(元)

在实际工作中,外购动力费用的分配是通过编制"外购动力费用分配表"进行的。

【例3-9】某机械制造公司2010年6月份的外购动力费用分配表如表3-3所示。

表3-3 外购动力费用分配表

2010年6月 单位:元

总账科目	明细科目	成本费用项目	产品间的分配			各部门间的分配		
			生产工时(小时)	分配率	分配金额	耗用量(度)	单价	分配金额
基本生产成本	A产品	燃料及动力	5 000		3 000			
	B产品	燃料及动力	3 000		1 800			
	小计		8 000	0.6	4 800	9 600		4 800
辅助生产成本	供水	水费	800					400
	供电	电费	1 000					500
	小计		1 800					900
制造费用	一车间	水电费				400		200
	二车间	水电费				200		100
	小计					600		300
管理费用		水电费				2 400		1 200
销售费用		水电费				1 000		500
合计						154 000	0.5	7 700

根据外购动力费用分配表,编制会计分录如下。

借:基本生产成本——A产品　　　　　　3 000
　　　　　　　　——B产品　　　　　　1 800
　　辅助生产成本——供水　　　　　　　400
　　　　　　　　——供电　　　　　　　500
　　制造费用——一车间　　　　　　　　200
　　　　　　——二车间　　　　　　　　100
　　管理费用　　　　　　　　　　　　1 200
　　销售费用　　　　　　　　　　　　　500
　贷:应付账款(或银行存款)　　　　　7 700

根据以上会计分录和外购动力费用分配表登记各总分类账和有关明细分类账。

三、薪酬费用的核算

(一)职工薪酬的范围

职工薪酬是企业因职工提供服务而支付或放弃的所有对价,企业在确定应当作为职工薪酬进行确认和计量的项目时，需要综合考虑，确保企业人工成本核算的完整性和准确性。职工薪酬主要包括以下内容。

(1) 职工工资、奖金、津贴和补贴，是指按照国家统计局的规定构成工资总额的计时工资、计件工资、支付给职工的超额劳动报酬和增收节支的劳动报酬、为了补偿职工特殊或额外的劳动消耗和因其他特殊原因支付给职工的津贴，以及为了保证职工工资水平不受物价影响支付给职工的物价补贴等。

(2) 职工福利费，主要是指尚未实行分离办社会职能或主辅分离、辅业改制的企业，内设医务室、职工浴室、理发室、托儿所等集体福利机构人员的工资、医务经费、职工因公负伤赴外地就医路费、职工生活困难补助、未实行医疗统筹企业职工医疗费用，以及按规定发生的其他职工福利支出。

(3) 医疗保险费、养老保险费、失业保险费、工伤保险费和生育保险费等社会保险费，是指企业按照国务院、各地方政府或企业年金计划规定的基准和比例计算，向社会保险经办机构交纳的医疗保险费、养老保险费(包括向社会保险经办机构交纳的基本养老保险费和向企业年金基金相关管理人交纳的补充养老保险费)、失业保险费、工伤保险费和生育保险费。企业以购买商业保险的形式提供给职工的各种保险待遇也属于职工薪酬。

(4) 住房公积金，是指企业按照国务院《住房公积金管理条例》规定的基准和比例计算，向住房公积金管理机构缴存的住房公积金。

(5) 工会经费和职工教育经费，是指企业为了改善职工文化生活，为帮助职工学习先进技术、提高文化水平和业务素质，用于开展工会活动和职工教育及职业技能培训等的相关支出。

(6) 非货币性福利，是指企业以自己的产品或外购商品发放给职工作为福利，企业提供给职工无偿使用自己拥有的资产或租赁资产，免费为职工提供诸如医疗保健的服务，或向职工提供企业支付了一定补贴的商品或服务等，比如提供给企业高级管理人员无偿使用的住房，以低于成本的价格向职工出售的住房等。

(7) 因解除与职工的劳动关系给予的补偿，是指由于分离办社会职能、实施主辅分离、辅业改制、重组和改组计划、职工不能胜任等原因，企业在职工劳动合同尚未到期之前解除与职工的劳动关系，或者为鼓励职工自愿接受裁减而给予职工的经济补偿。

(8) 其他与获得职工提供的服务相关的支出，是指除上述七种薪酬以外的其他为获得职工提供的服务而给予的薪酬，比如企业提供给职工以权益形式结算的认股权、以现金形式结算但以权益工具公允价值为基础确定的现金股票增值权等。

(二)薪酬费用的计算

职工薪酬包括短期薪酬、离职后福利、辞退福利、其他长期职工福利等，内容较多，这里只介绍短期薪酬的分配。短期薪酬是指企业在职工提供相关服务的年度报告期间结束后十二个月内需要全部予以支付的职工薪酬，因解除与职工的劳动关系给予的补偿除外。短期薪酬具体包括：职工工资、奖金、津贴和补贴，职工福利费，医疗保险费、工伤保险费和生育保险费等社会保险费，住房公积金，工会经费和职工教育经费，短期带薪缺勤等。

1. 应付工资总额的计算

应付工资总额包括计时工资、计件工资、奖金、加班加点工资、工资性津贴和补贴、特殊情况下支付的工资等六个方面。但是，由于奖金、加班加点工资、工资性津贴和补贴可直接根据有关记录和规定计算，方法较简单，因此，下面着重讨论计时工资(含特殊情况下支付的工资)和计件工资的计算。

1) 计时工资的计算

计时工资是根据企业的考勤记录和工资标准计算的支付给职工个人的劳动报酬。工资标准按其计算的时间不同，可分为按月计算的月薪制和按日计算的日薪制两种。

(1) 月薪制(扣算法)。月薪制是指按职工固定的月标准工资扣除缺勤工资计算其工资的一种方法，也称扣算法。采用月薪制时，只要职工出满勤，不论该月份是多少天数，都可以得到固定的月标准工资。如有缺勤，则从月标准工资中将缺勤工资予以扣除。其计算公式如下：

应付计时工资=月标准工资-缺勤工资
=月标准工资-事假天数×日工资(率)-病假天数×日工资(率)×病假扣发工资比例

在上述计算公式中，日工资(率)的计算方法常见的有两种：一种是按全年平均每月日历天数 30 天计算；一种是按全年平均每月工作天数计算。

① 按全年平均每月日历天数计算。

按全年平均每月日历天数计算的日工资率公式是：

日工资(率)=月标准工资/全年平均每月日历天数=月标准工资/30

采用每月按 30 天(即 365÷12 并取整)计算日工资(率)就意味着：法定节假日和轮休日视同出勤，照发工资；而缺勤期间的法定节假日和轮休日也视同缺勤，照扣工资。按全年平均每月日历天数计算日工资(率)的优点是比较简便，只要是职工的月标准工资不调整，就不需要每月计算职工的日工资(率)。但是由于节假日和轮休日也计算工资，因此缺勤时间的节假日和轮休日也扣工资，不便于对职工说明。所以，该种方法在实际工作中应用不多。

② 按全年平均每月工作天数计算。

按全年平均每月工作天数计算的日工资(率)公式是：

日工资(率)=月标准工资/全年平均每月工作天数=月标准工资/20.92

采用每月按 20.92 天((365-104-10)÷12)计算日工资(率)就意味着：法定节假日和轮休日不算出勤，不付给工资；而缺勤期间的法定节假日和轮休日也不算缺勤，不扣工资。按全年平均每月工作天数计算日工资(率)的优点是计算方法也比较简单，一般情况下也不需要每月计算每位职工的日工资(率)。同时，由于节假日和轮休日不计算工资，体现了按劳分配的原则，并且在此期间的缺勤也不扣工资，比较容易让人理解。所以，该种方法在实际工作中应用较多。

(2) 日薪制(顺算法)。日薪制是指根据职工实际出勤天数(包括除病假外视同出勤的各种休假日，如工伤假、婚假、产假、计划生育假、探亲假、定期轮休假)和日工资(率)计算其工资的一种方法，又称顺算法。其计算公式如下：

应付计时工资=出勤天数×日工资(率)+病假工资=出勤天数×日工资(率)+病假天数×日工资(率)×病假应发工资比例

在上述公式中，日工资(率)的计算方法与前述相同。

综上所述，计算计时工资有两种基本方法，计算日工资(率)也有 30 天和 20.92 天之分，因此计算计时工资就有四种不同的方法：一是按 30 天计算日工资(率)的月薪制(扣算法)；二是按 30 天计算日工资(率)的日薪制(顺算法)；三是按 20.92 天计算日工资(率)的月薪制(扣算法)；四是按 20.92 天计算日工资(率)的日薪制(顺算法)。采用哪一种方法，可由企业自行确定，一旦确定，不应任意变更。下面举例说明计时工资的计算方法。

【例 3-10】某公司职工李强的月标准工资为 600 元，7 月份，李强请事假 3 天(其中有一天是星期日)，病假 2 天，病假按标准工资的 80% 计算。7 月份的休息日为 8 天。根据以上资料，按上述四种方法计算该月企业应付给李强的计时工资。

计算过程如下：

第一，按 30 天计算日工资(率)
$$日工资(率) = 600/30 = 20(元)$$
采用月薪制时：
$$应付计时工资 = 600 - 3 \times 20 - 2 \times 20 \times 20\% = 532(元)$$
采用日薪制时：
$$应付计时工资 = (31 - 3 - 2) \times 20 + 2 \times 20 \times 80\% = 552(元)$$

月薪制和日薪制两者计算的结果相差 20 元(552-532)，原因是该月份为 31 天，比计算日工资(率)时的固定天数 30 天多 1 天，故按日薪制计算的工资刚好多 1 天工资 20 元。在日历中为 30 天的月份，两种方法计算结果应相同，而在日历中少于 30 天的月份，结果则与此相反。

第二，按 20.92 天计算日工资(率)
$$日工资(率) = 600/20.92 = 28.68(元)$$
采用月薪制时：
$$应付计时工资 = 600 - (3 - 1) \times 28.68 - 2 \times 28.68 \times 20\% = 531.168(元)$$
采用日薪制时：
$$应付计时工资 = [31 - 8 - (3 - 1) - 2] \times 28.68 + 2 \times 28.68 \times 80\% = 590.808(元)$$

月薪制和日薪制两者计算的结果相差 59.64(590.808 - 531.168)元，原因是该月份的法定工作日数为 23(31-8)天，比计算日工资(率)时的 20.92 天多 2.08 天，故按日薪制计算的工资刚好多了 2.08 天工资，即 59.64(2.08×28.68)元。由于每月的法定工作日数与 20.92 天都不同，所以按两种方法计算的计时工资结果都会不一样。

如果法定工作日数多于 20.92 天，按月薪制计算的应付计时工资会比按日薪制计算的应付计时工资少；如果法定工作日数少于 20.92 天，按月薪制计算的应付计时工资则会比按日薪制计算的应付计时工资多。

2) 计件工资的计算

计件工资是根据企业产量记录中所反映的每一职工或班组完成的产品产量，乘以规定的计件单价计算的。这里所指的产品产量应包括合格品的数量和因材料质量不合格造成的废品(料废品)数量，而因工人过失造成的废品(工废品)不包括在内。

计件工资按照支付对象的不同，可分为个人计件工资和集体计件工资两种。

(1) 个人计件工资的计算。

应付计件工资=($\sum$某种产品合格品数量 + 该种产品料废品数量)×该种产品计件单价

式中：计件单价=加工单位产品所需工时定额×每小时工资率

【例 3-11】职工李强本月加工甲、乙两种产品。甲产品的工时定额为 4 小时，乙产品的工时定额为 2 小时。根据李强的技术等级和企业的工资政策，小时工资率为 5 元。李强本月共加工并验收合格甲产品 80 件、乙产品 50 件。根据以上资料，计算李强本月份应得计件工资。

计算过程如下：

计件工资 = (80 × 4 × 5) + (50 × 2 × 5) = 2 100(元)

(2) 集体计件工资的计算。

当职工集体从事某项工作且不易分清每个职工的经济责任时，可采用集体计件工资的方式。采用该种方式时，应将班组集体计件工资在班组内按每人贡献大小进行分配。通常是按照每人的标准工资和实际的工作时间(日数或工时数)的综合比例进行分配，因为工资标准和工作时间可体现职工的劳动质量、技术水平和劳动数量。因此，集体计件工资的计算可分两步进行。

第一步：按个人计件工资的计算方法，计算出本月集体应得计件工资总额。其计算公式如下：

某集体应得的计件工资=∑(集体合格品数量+集体料废品数量)×计件单价

第二步：选择某一分配标准[如"日工资(率)×加工时间"或"加工时间"等]，将集体应得计件工资总额在集体各职工之间进行分配，从而计算出各职工应分配的计件工资。

以复合分配标准"日工资(率)×加工时间"为例，其计算公式如下：

工资分配率=集体计件工资总额/∑(集体内某职工的日工资(率)×该职工参与加工的时间)

某职工应得的计件工资=该职工的日工资(率)×该职工参与加工的时间×工资分配率

【例 3-12】某班组由甲、乙、丙三人组成。每人的日工资(率)分别为 60 元、50 元和 40 元；本月参加集体加工天数分别为 20 天、22 天和 20 天。该班组本月应得计件工资总额为 9 300 元。根据以上资料，以班组各职工的日工资(率)和参加集体加工的天数之积作为分配标准，分配集体计件工资总额。

计算过程如下：

工资分配率 = 9 300/[(60 × 20) + (50 × 22) + (40 × 20)] = 3

甲应分配的计件工资 = (60 × 20) × 3 = 3 600(元)

乙应分配的计件工资 = (50 × 22) × 3 = 3 300(元)

丙应分配的计件工资 = (40 × 20) × 3 = 2 400(元)

除计时工资和计件工资外，职工的奖金、津贴和补贴应根据有关标准和原始记录计算支付。加班加点工资应按加班加点天数(或小时数)、日工资(率)(或小时工资率)，以及企业规定的计付标准(如轮休日加班按 2 倍工资计付，法定节假日加班按 3 倍工资计付)计算。

上述各项目计算出来后，就是每位职工的应付工资，再扣除企业为职工代扣代缴的各项款项，其余额即为实发工资。其计算公式如下：

实发工资 = 应付工资总额 − 代扣款项

代扣代缴项目是指企业从职工工资中扣除代为交纳的各种款项，如房租费、水电费等。代扣款项应根据有关部门转来的相关凭证及规定的标准计算确定。

2. 其他货币性薪酬费用的计算

(1) 具有明确计提标准的货币性薪酬。对于国务院有关部门、省、自治区、直辖市人民政府或经批准的企业年金计划规定了计提基础和计提比例的职工薪酬项目，企业应当按照规定的计提标准，计算企业应承担的职工薪酬义务。如"五险一金"，即医疗保险费、养老保险费、失业保险费、工伤保险费、生育保险费和住房公积金，应当按照国务院、所在地政府或企业年金计划规定的标准计提；工会经费和职工教育经费分别按照职工工资总额的2%和1.5%的标准计提。

(2) 没有明确计提标准的货币性薪酬。对于国家相关法律法规没有明确规定计提基础和计提比例的职工薪酬，企业应当根据历史经验数据和自身情况计算确定。如职工福利费的计提。

(三) 薪酬费用的归集

在实际工作中，应付给职工的薪酬费用是以上述计算为基础，通过编制"薪酬结算单"和"薪酬结算汇总表"来完成的。通常，小企业一般只需由人力资源管理部门或财务部门编制"薪酬结算单"；而大中型企业一般先由人力资源管理部门或有关车间(或部门)编制车间(或部门)的"薪酬结算单"，然后由财务部门根据"薪酬结算单"汇总编制"薪酬结算汇总表"。

为了反映和监督企业与职工的薪酬结算关系和薪酬费用的分配情况，应设置"应付职工薪酬"账户，用来核算企业应付给职工的薪酬总额。该账户的贷方登记月末分配的薪酬费用；借方登记实际支付的薪酬数额和各种代扣款项。

为了反映和监督职工薪酬费用中各项具体薪酬费用的提取、使用和结存情况，企业应在"应付职工薪酬"账户下，设置"应付职工薪酬——工资""应付职工薪酬——职工福利""应付职工薪酬——社会保险""应付职工薪酬——住房公积金""应付职工薪酬——工会经费"和"应付职工薪酬——职工教育经费"等明细账户，用来核算企业应付给职工的各项薪酬费用。这些明细账户的贷方登记按一定标准计算和提取的薪酬费用；借方登记实际支付的薪酬费用；期末余额一般在贷方，表示职工薪酬费用的结存额。

(四) 薪酬费用的分配

薪酬费用的分配应根据审核后的"薪酬结算单"或"薪酬结算汇总表"，按其发生的地点和用途进行分配。

(1) 对于基本生产车间生产产品的生产工人的薪酬，如果能够分清薪酬费用被哪些产品所耗用(即基本生产车间只生产一种产品或按计件工资生产多种产品)时，可直接记入各产品"基本生产成本"账户的借方及所属明细账的"直接人工"成本项目中；如果不能分清薪酬费用被哪些产品所耗用时，则需采用适当的分配方法，将薪酬费用分配记入各产品"基本生产成本"账户的借方及所属明细账的"直接人工"成本项目中。

(2) 对于基本生产车间管理人员、辅助生产车间人员、行政管理部门人员及专设销售机构人员的薪酬，应分别记入"制造费用""辅助生产成本""管理费用"和"销售费用"账户的借方及所属明细账的有关费用项目中。

(3) 对于在建工程、福利部门人员的薪酬，应分别记入"在建工程""应付职工薪酬——

职工福利"账户的借方及所属明细账的有关费用项目中。

前已述及,如果基本车间生产多种产品,其生产工人的薪酬费用通常不能直接根据薪酬结算单或薪酬结算汇总表将这些薪酬费用计入产品成本,而需要采用适当的分配方法在各种产品之间进行分配。分配标准常见的是产品的实际工时或定额工时。其计算公式如下:

薪酬费用分配率=各产品共同负担的生产工人薪酬总额/各产品实际生产工时(或定额工时)之和×100%

某产品应分配的薪酬费用=该产品的实际生产工时(或定额工时)×薪酬费用分配率

【例3-13】某机械制造公司基本生产车间生产甲、乙、丙三种产品,本月份甲产品耗用18 000个定额工时,乙产品耗用22 000个定额工时,丙产品耗用30 000个定额工时;本月份生产工人的薪酬总额是56 000元。根据以上资料,按定额工时比例分配薪酬费用,计算过程如下:

薪酬费用分配率 = 56 000/(18 000 + 22 000 + 30 000) = 0.8
甲产品应分配的薪酬费用 = 18 000 × 0.8 = 14 400(元)
乙产品应分配的薪酬费用 = 22 000 × 0.8 = 17 600(元)
丙产品应分配的薪酬费用 = 30 000 × 0.8 = 24 000(元)

在实际工作中,薪酬费用的分配是通过编制薪酬费用分配表进行的,该表是按薪酬结算单(或薪酬结算汇总表)及有关的生产工时等资料编制的。

【例3-14】某机械制造公司2010年6月份的薪酬费用分配表如表3-4所示。

表3-4 薪酬费用分配表

2010年6月　　　　　　　　　　　　　　　　　　　　　　　　　　单位:元

| 应借科目 | | 成本费用项目 | 直接计入金额 | 分配计入金额 | | 工资费用 | 福利费等其他薪酬费用 | 薪酬费用合计 |
总账科目	明细科目			定额工时	金额(分配率:4)			
基本生产成本	A产品	直接人工	43 000	8 000	32 000	75 000	10 500	85 500
	B产品	直接人工	10 000	5 000	20 000	30 000	4 200	34 200
	小计		53 000	13 000	52 000	105 000	14 700	119 700
辅助生产成本	供水	薪酬费用	7 500			7 500	1 050	8 550
	供电	薪酬费用	7 000			7 000	980	7 980
	小计		14 500			14 500	2 030	16 530
制造费用	一车间	薪酬费用	5 000			5 000	700	5 700
	二车间	薪酬费用	2 000			2 000	280	2 280
	小计		7 000			7 000	980	7 980
管理费用		薪酬费用	9 000			9 000	1 260	10 260
销售费用		薪酬费用	3 000			3 000	420	3 420
合计			86 500		52 000	138 500	19 390	157 890

根据薪酬费用分配表,编制会计分录如下:

借:基本生产成本——A产品　　　　　85 500
　　　　　　　　——B产品　　　　　34 200
　　辅助生产成本——供水　　　　　　8 550
　　　　　　　　——供电　　　　　　7 980

制造费用——一车间		5 700
——二车间		2 280
管理费用		10 260
销售费用		3 420
贷：应付职工薪酬——工资		13 8500
——职工福利等		19 390

根据以上会计分录和薪酬费用分配表，登记各总分类账和有关明细账。

四、折旧费用的核算

折旧是指固定资产由于损耗而转移到产品成本或费用中去的那部分价值。固定资产虽然能够在连续的若干个生产经营周期内发挥并保持其原实物形态，但是其价值会在使用过程中因损耗而逐渐减少，因此应将固定资产在其折旧年限内按规定逐步结转到各期的产品成本或期间费用中去。

为了简化折旧的计算工作，月份内开始使用的固定资产，当月不计算折旧，从下月起计算折旧；月份内减少的固定资产，当月仍计算折旧，从下月起停止计算折旧。每月应计提的固定资产折旧额应根据上月折旧额、上月计提折旧的固定资产的增减情况和固定资产的折旧率分车间、部门计算和归集。

固定资产折旧费用从其性质上来看，是一种基本费用，因此当折旧费用在产品生产成本中占有较大的比重时，应单独设置成本项目列示，尤其是那些专为某一特定产品生产使用的专用设备，更应设置成本项目单独反映。但是一般企业的折旧费用在产品成本中所占比重不太大，并且多数企业的固定资产的使用与多种产品的生产有关，一种产品的生产往往也需要使用多种固定资产。所以为了简化计算，一般都将折旧费用作为间接费用处理。企业基本生产车间固定资产的折旧费用，一般先按地点归集于"制造费用"总账的借方及所属明细账的"折旧费"项目中，月末再随同其他制造费用一起分配计入产品生产成本中。辅助生产车间、企业行政管理部门、专设销售机构和用于其他经营业务的固定资产折旧费用，分别记入"辅助生产成本""管理费用""销售费用"和"其他业务成本"账户的借方及所属明细账的有关费用项目中。

在实际工作中，固定资产折旧费用的分配是通过编制"折旧费用分配表"来进行的。如果企业固定资产较多且分散在不同的部门，应首先由各部门编制"固定资产折旧费用计算表"，然后再由财会部门根据"固定资产折旧费用计算表"编制"固定资产折旧费用分配表"。

【例3-15】某机械制造公司2010年6月份的折旧费用分配表，如表3-5所示。

表3-5 折旧费用分配表

2010年6月　　　　　　　　　　　　　　　　　　　　　　　　　单位：元

应借科目	使用部门	折旧额
制造费用	一车间	10 000
	二车间	5 000
	小计	15 000

续表

应借科目	使用部门	折旧额
辅助生产成本	供水	7 000
	供电	5 000
	小计	12 000
管理费用	行政管理部门	4 000
销售费用	专设销售机构	2 300
合计		33 300

对于规模不大，固定资产种类不多或集中使用的企业，也可以由财会部门直接编制"固定资产折旧费用计算分配表"分配折旧费用，其格式如表3-6所示。

表3-6 折旧费用计算分配表

2010年6月 单位：元

应借科目	固定资产类别	上月固定资产折旧额	上月增加固定资产计提折旧额	上月减少固定资产计提折旧额	本月固定资产折旧额
制造费用	房屋、建筑物	6 800	800	600	7 000
	机器设备	4 100	600	200	4 500
	小计	10 900	1 400	800	11 500
辅助生产成本	房屋、建筑物	3 500			3 500
	机器设备	2 500			2 500
	小计	6 000			6 000
管理费用	房屋、建筑物	4 500			4 500
销售费用	房屋、建筑物	1 500			1 500
合计		22 900	1 400	800	23 500

五、固定资产修理费用的核算

一般情况下，固定资产投入使用之后，由于固定资产磨损、各组成部分耐用程度不同，可能导致固定资产的局部损坏，为了维护固定资产的正常运转和使用，充分发挥其使用效能，企业将对固定资产进行必要的维护。固定资产的日常修理费用、大修理费用等支出只是确保固定资产的正常工作状况，一般不产生未来的经济效益，因此，通常不符合固定资产的确认条件，而是在发生时直接计入当期损益。企业生产车间和行政管理部门等发生的固定资产修理费用记入"管理费用"账户的借方及其所属明细账的有关费用项目中；企业专设销售机构发生的固定资产修理费用记入"销售费用"账户的借方及其所属明细账的有关费用项目中。

【例3-16】某机械制造公司2010年6月份发生的固定资产修理费用如下：基本生产车间固定资产修理费用5 000元，其中，一车间3 000元，二车间2 000元；辅助生产供水车间 640 元；行政管理部门 1 300 元；专设销售机构 300 元；共计 7 240 元，均用银行存款支付。根据以上资料，编制会计分录如下：

  借：管理费用   6 940
    销售费用   300
    贷：银行存款   7 240

六、利息费用的核算

  《企业会计准则第 17 号——借款费用》规定，企业发生的借款费用，可直接归属于符合资本化条件的资产的购建或者生产的，应当予以资本化，计入相关资产成本；这里的"借款费用"，是指企业因借款而发生的利息、折价或溢价的摊销、辅助费用以及因外币借款而发生的汇兑差额等。这里的"符合资本化条件的资产"，是指需要经过相当长时间的购建或者生产活动才能达到预定可使用或者可销售状态的固定资产、投资性房地产和存货等资产。

  对于其他借款费用(即与购建或者生产的符合资本化条件的资产无关的借款，包括其他借款利息、溢折价的摊销、汇兑损益、辅助费用)，应分为两种情况进行处理：属于筹建期间发生的，在生产经营开始的当月一次性计入当期损益，即"管理费用"账户的借方；属于在生产经营期间发生的，应全部费用化，计入当期损益，即"财务费用"账户的借方。

  在具体进行借款利息费用分配时，还应区别短期借款利息和长期借款利息。对于短期借款利息费用，通常采用"按月计提，按季结算支付"的核算方法，即将各季度的利息、费用分月按计划预提，每月预提利息费用时，借记"财务费用"账户，贷记"应付利息"账户。季末实际支付时冲减应付利息，并将实际支付的利息费用与预提的利息费用的差额，调整计入季末月份的财务费用，实际支付利息费用时，借记"应付利息"账户，贷记"银行存款"账户。

  如果利息费用不大，为简化核算工作，也可以不通过"应付利息"账户处理，而是在季末实际支付时根据有关支付凭证全部计入当月的财务费用，即实际支付时，借记"财务费用"账户，贷记"银行存款"账户。

  如果企业收到银行存款的利息收入，应将其作为当期利息费用而抵减处理，即借记"银行存款"账户，贷记"财务费用"账户。

  对于长期借款利息费用，由于其通常与购建固定资产有关，故应按借款费用具体准则的规定进行利息费用的计算与分配。每月计提长期借款利息费用时，借记"财务费用"或"在建工程"账户，贷记"应付利息"账户。

七、税金的核算

  要素费用中的税金是指应计入期间费用中的管理费用的各种税金，主要包括房产税、车船税、土地使用税和印花税等。其中，房产税、车船税、土地使用税需要预先计算应交税费，然后交纳。企业计算出当期应交税费时，借记"管理费用"账户，贷记"应交税费"账户；实际交纳时，借记"应交税费"账户，贷记"银行存款"账户。

对于印花税,由于企业采用预先购买印花税票,待发生应税行为时,将印花税票粘贴并注销的方式,因此不存在应交而未交税金的情况。所以按国家统一的企业制度规定,印花税不通过"应交税费"账户核算,而是在购买时,直接根据交纳的税款,借记"管理费用"账户,贷记"银行存款"账户。

八、其他要素费用的归集与分配

其他要素费用是指上述各项费用支出以外的其他费用,包括差旅费、邮电费、保险费、劳动保护费、排污费、运输费、办公费、技术转让费、业务招待费等。以上这些费用一般在费用发生时,根据有关付款凭证,按照费用发生地点和用途,分别记入"制造费用""管理费用""销售费用"和"辅助生产成本"等总账的借方及所属明细账的有关费用项目中。

【例3-17】为了简化核算,某机械制造公司2010年6月份根据付款凭证将其他费用进行汇总(实际工作中,付款业务应在其发生时逐笔登记)。假定其他费用均以银行存款支付。根据资料,编制会计分录如下:

```
借:制造费用——一车间        4 140
          ——二车间         2 200
   辅助生产成本——供水        1 090
          ——供电          180
   管理费用                2 530
   销售费用                 230
   贷:银行存款              10 370
```

第二节 辅助生产费用的归集和分配

企业的辅助生产是指为基本生产服务而进行的产品生产或劳务供应。进行辅助生产的车间叫作辅助生产车间。辅助生产可以分为两大类:一类是为基本生产车间和其他部门提供水、电、汽、修理、运输等劳务的辅助生产;另一类是为基本生产车间和其他部门提供工具、模具、修理用备件等实物产品的辅助生产。企业的辅助生产主要是为基本生产服务,同时也为企业管理部门、基本建设工程、福利部门和其他辅助生产车间服务。辅助生产车间的产品或劳务一般不对外销售,因此,辅助生产车间发生的生产费用,即所生产的产品或劳务的成本,将分摊给各受益部门。所以,企业进行产品成本核算时,应核算辅助生产费用,并按受益部门进行分配,以便计算出基本生产车间产品的生产成本。正确计算辅助生产产品或劳务的成本,合理分配辅助生产费用,加强辅助生产费用的控制,对正确计算产品成本、控制和降低产品成本具有十分重要的意义。

一、辅助生产费用的归集

辅助生产车间为提供一定种类和数量的产品或劳务所发生的各项费用叫作辅助生产费

用,同时这些费用也是辅助生产车间所生产的产品或劳务的成本。为了正确归集辅助生产费用,企业应设置"辅助生产成本"账户(也可以设置"生产成本——辅助生产成本"账户)。该账户同"基本生产成本"账户一样,按车间以及产品或劳务的种类设置明细账,并在明细账内按成本项目设立专栏,进行明细核算。对于直接用于辅助生产,并单独立成本项目的费用,如直接材料费用、直接人工费用等,应分别根据有关费用分配表和凭证,记入"辅助生产成本"总账及其所属的明细账户的借方。对于辅助生产车间发生的间接费用,有两种处理方法:如果辅助生产车间发生的制造费用较大,可以设置"制造费用——辅助生产车间"明细账户,在其借方归集辅助生产车间所发生的各项制造费用,然后,月末再将制造费用从该明细账户的贷方直接或分配转入"辅助生产成本"账户的借方;如果辅助生产车间发生的制造费用不大,为了简化核算,也可以不设"制造费用——辅助生产车间"明细账,而是将辅助生产车间所发生的制造费用直接记入"辅助生产成本"账户的借方(本书采用这种方法)。

辅助生产完工的产品或劳务成本,应从"辅助生产成本"账户的贷方转出。该账户的借方余额反映的是辅助生产车间的在产品成本。在实际工作中,辅助生产费用的归集就是根据前述要素费用的分配登记"辅助生产成本"总账及其明细账。

【例3-18】某机械制造公司2010年6月份供水车间和供电车间的辅助生产成本明细账分别如表3-7和表3-8所示。

表3-7 辅助生产成本明细账

车间:供水　　　　　　　　　　2010年6月　　　　　　　　　　单位:元

2010年		凭证字号	摘要	材料费	燃料及动力费	薪酬费用	折旧费	其他费用	合计	转出
月	日									
6	30	略	材料费用	530					530	
	30	略	动力费用		400				400	
	30	略	薪酬费用			8 550			8 550	
	30	略	折旧费用				7 000		7 000	
	30	略	银行付款					1 090	1 090	
			合计	530	400	8 550	7 000	1 090	17 570	
	30		辅助生产费用分配							17 570

表3-8 辅助生产成本明细账

车间:供电　　　　　　　　　　2010年6月　　　　　　　　　　单位:元

2010年		凭证字号	摘要	材料费	燃料及动力费	薪酬费用	折旧费	其他费用	合计	转出
月	日									
6	30		材料费用	750					750	
	30		动力费用		500				500	
	30		薪酬费用			7 980			7 980	
	30		折旧费用				5 000		5 000	

续表

2010年		凭证字号	摘要	材料费	燃料及动力费	薪酬费用	折旧费	其他费用	合计	转出
月	日									
6	30		银行付款					180	180	
			合计	750	500	7 980	5 000	180	14 410	
	30		辅助生产费用分配表							14 410

二、辅助生产费用的分配

在辅助生产成本明细账中归集的辅助生产费用，月末应根据辅助生产车间生产产品和提供劳务的数量，采用一定的方法分配给各个受益对象，以便正确计算基本生产车间生产的产品成本和各项期间费用。

由于辅助生产分为两种类型：一种是生产产品；另一种是提供劳务。因此辅助生产费用的分配也就具体分为两种情况。

(1) 生产产品。如果辅助生产车间是为基本生产车间和其他企业部门提供产品的，应在这些产品完工入库时，计算出其实际成本，并从"辅助生产成本"账户的贷方转入"原材料""周转材料"等账户的借方。在这种情况下，月末"辅助生产成本"账户的借方余额反映的是辅助生产车间尚在加工中的在产品的实际成本。

(2) 提供劳务。如果辅助生产车间是为基本生产车间和其他企业部门提供劳务的，则需将"辅助生产成本"账户借方归集的生产费用在各受益对象之间，选择适当的方法进行分配。对于基本生产车间生产产品耗用的劳务，应记入各产品"基本生产成本"账户的借方及所属明细账的有关成本项目中；对于基本生产车间一般性耗用、企业行政管理部门及专设销售机构耗用的劳务，应分别记入"制造费用""管理费用""销售费用"等账户的借方及所属明细账的有关费用项目中。

在这种情况下，月末"辅助生产成本"账户一般无余额。在企业只有一个辅助生产车间或虽然有两个以上的辅助生产车间，但各辅助生产车间之间不相互提供产品或劳务的情况下，月末分配辅助生产费用时，可直接从"辅助生产成本"账户的贷方转入"基本生产成本""制造费用""管理费用""销售费用"等账户的借方。

在企业有两个或两个以上的辅助生产车间，且各辅助生产车间之间也相互提供产品或劳务的情况下，例如，供水车间为供电车间供水，供电车间为供水车间供电，则辅助生产费用的分配较为复杂。要将辅助生产费用分配给各受益对象，需首先在各辅助生产车间之间进行分配，然后再对外分配，即在辅助生产车间以外的各受益对象之间进行分配。常用的分配方法有以下 5 种：直接分配法、一次交互分配法、计划成本分配法、代数分配法和顺序分配法。

在实际工作中，辅助生产费用的分配是通过编制"辅助生产费用分配表"进行的。

(一)直接分配法

直接分配法是指将各辅助生产车间实际发生的辅助生产费用，直接在辅助生产车间以

外的各受益单位之间进行分配,而不考虑辅助生产车间之间相互提供产品或劳务的情况的一种方法。其计算公式如下:

某种辅助生产费用分配率=待分配的该种辅助生产费用总额/辅助生产车间以外各受益单位耗用该种劳务的数量之和×100%

某受益单位应分配的费用=该单位耗用的劳务数量×辅助生产费用分配率

【例 3-19】某企业设有修理和运输两个辅助生产车间和部门,其待分配成本分别为 5 040 元和 9 000 元,其供应对象和数量如表3-9所示。

表3-9 各受益单位耗用的劳务数量

供应对象		修理车间(小时)	运输部门(公里)
辅助生产车间、部门	修理车间	—	300
	运输部门	100	—
基本生产车间		1 800	6 600
行政管理部门		200	600
合计		2 100	7 500

根据以上资料,采用直接分配法分配辅助生产费用。计算过程如下:

修理车间费用分配率=5 040/(2 100－100) = 2.52

运输部门费用分配率=9 000/(7 500－300) = 1.25

辅助生产费用分配表如表3-10所示。

表3-10 辅助生产费用分配表(直接分配法)

2010年6月　　　　　　　　　　　　　　　　　　　　单位:元

部门名称	成本总额(元)	计量单位	劳务量	分配率	受益部门				合计(元)
					基本生产车间		管理部门		
					耗用量	金额	耗用量	金额	
修理车间	5 040	小时	2 000	2.52	1 800	4 536	200	504	5 040
运输部门	9 000	公里	7 200	1.25	6 600	8 250	600	750	9 000
合计	14 040	—	—	—	—	12 786	—	1 254	14 040

根据以上辅助生产费用分配表,编制会计分录如下:

借:基本生产成本　　　　　　　　　12 786
　　管理费用　　　　　　　　　　　 1 254
　　贷:辅助生产成本——修理　　　　5 040
　　　　　　　　　　——运输　　　　9 000

采用直接分配法,不考虑各辅助生产车间之间相互提供的劳务,是以所提供的劳务全部为基本生产车间和企业其他部门耗用为前提,因此这种分配方法比较简便,适合于在辅助生产车间内部相互提供的产品或劳务不多,不进行交互分配对辅助生产成本和企业产品成本影响不大,或虽然各辅助生产车间相互提供的劳务较多,但相互提供的劳务成本相差不大，基本上可以相互抵销的情况下采用。但在辅助生产车间之间相互提供的劳务较多，且提供的劳务成本不平衡时，不宜采用这种分配方法。

(二)一次交互分配法

交互分配法是指首先应根据各辅助生产车间相互提供的产品或劳务数量和交互分配前的单位成本进行一次交互分配，然后将各辅助生产车间交互分配后的实际费用，即交互分配前的辅助生产费用加上交互分配转入的费用，减去交互分配转出的费用，按提供产品或劳务的数量，在辅助生产车间以外的各受益部门之间进行分配的一种方法。

交互分配法的计算过程如下。

(1) 交互分配。这是指只在各辅助生产车间之间交互分配费用，对基本生产车间和其他受益部门不进行分配。其计算公式如下：

某种辅助生产费用交互分配率=该辅助生产车间直接发生的费用总额/该辅助生产车间提供的劳务总量×100%

其他辅助生产车间应交互分配额=该辅助生产车间耗用的劳务量×交互分配率

(2) 对外分配。这是指将各辅助生产车间交互分配后的实际费用，按提供的劳务数量，采用直接分配法，分配给基本生产车间和其他受益部门。其计算公式如下：

某辅助生产车间交互分配=该辅助生产车间交互分配前的费用+交互分配转入的生产费用-交互分配后转出的生产费用

某辅助生产车间分配后的实际费用分配率=该辅助生产车间交互分配后的实际费用/(该辅助生产车间提供的劳务数量-交互分配的劳务数量)×100%

辅助生产车间以外的各受益单位应分配的辅助生产费用=该受益单位耗用的劳务数量×交互分配后的分配率

【例3-20】承例3-19，采用交互分配法分配辅助生产费用，计算过程如下：
(1) 辅助生产费用交互分配率：
修理车间费用交互分配率 = 5 040 ÷ 2 100 = 2.4
运输部门费用交互分配率 = 9 000 ÷ 7 500 = 1.2
(2) 交互分配：
修理车间分配的运输费 = 300 × 1.2 = 360(元)
运输部门分配的修理费 = 100 × 2.4 = 240(元)
(3) 交互分配后的实际费用：
修理车间交互分配后的实际费用 = 5 040 + 360 - 240 = 5 160(元)
运输部门交互分配后的实际费用 = 9 000 - 360 + 240 = 8 880(元)
(4) 交互分配后的分配率：
修理车间交互分配后的分配率 = 5 160 ÷ 2 000 = 2.58
运输部门交互分配后的分配率 = 8 880 ÷ 7 200 = 1.23
(5) 对外分配费用：
基本生产车间分配的修理费 = 2.58 × 1 800 = 4 644(元)
基本生产车间分配的运输费 = 1.23 × 6 600 = 8 118(元)
厂部管理部门分配的修理费 = 2.58 × 200 = 516(元)
厂部管理部门分配的电费 = 1.23 × 600 = 762(元)

辅助生产费用分配表如表3-11所示。

表3-11 辅助生产费用分配表(交互分配法)

2010年6月　　　　　　　　　　　　　　　　　　　　　　　　　　　　单位：元

项目		修理车间			运输车间			合计
		数量	单位成本	分配金额	数量	单位成本	分配金额	
待分配辅助生产费用		2 100	2.4	5 040	7 500	1.2	9 000	14 040
交互分配	修理车间			+360	−300		−360	
	运输车间	−100		−240			+240	
小计		2 000	2.58	5 160	7 200	1.23	8 880	14 040
对外分配	基本生产车间	1 800		4 644	6 600		8 118	12 762
	管理部门	200		516	600		762	1 278
	合计	2 000		5 160	7 200		8 880	14 040

根据以上辅助生产费用分配表，编制会计分录如下：

① 交互分配
借：辅助生产成本——修理车间　　　　　360
　　　　　　　　——运输部门　　　　　240
　　贷：辅助生产成本——修理车间　　　　　240
　　　　　　　　——运输部门　　　　　360

② 对外分配
借：基本生产成本　　　　　　　　　　12 762
　　管理费用　　　　　　　　　　　　 1 278
　　贷：辅助生产成本——修理车间　　　　 5 160
　　　　　　　　——运输部门　　　　 8 880

采用一次交互分配法分配辅助生产费用，克服了辅助生产车间之间不分配费用的缺点，从而提高了分配的正确性。但在实行厂部、车间两级核算时，辅助生产车间只能在接到厂部财务部门转来的其他辅助车间分入的费用后，才能计算出实际费用，因而影响了成本核算的及时性。各辅助生产费用分配时要计算两个分配率，要进行两次分配，因而计算工作量较大。为了克服交互分配法的缺点，发扬其优点，在计划管理基础比较好的企业，也可以采用计划成本分配法，对辅助生产费用进行分配。

(三)计划成本分配法

计划成本分配法也叫内部结算价格分配法，是指按辅助生产车间提供的产品或劳务的计划单位成本和各受益部门实际耗用的产品或劳务量计算分配辅助生产费用的一种方法。采用这种分配方法时，首先，根据各辅助生产车间对外(包括其他辅助生产车间)提供的劳务数量和计划单位成本，将辅助生产费用分配给各受益部门和受益产品；其次，将辅助生产车间实际发生的费用(包括辅助生产车间按计划单位成本交互分配转入的费用)与按计划单位成本分配转出的费用之间的差额,进行追加分配给辅助生产车间以外的各受益对象,为了简化核算,也可以将其差额直接记入"管理费用"账户。如果是超支差异,则记入"管理费用"账户的借方,如果是节约差异,则用红字记入"管理费用"账户的借方,其计算过程如下。

(1) 根据各部门实际耗用劳务数量和计划单位成本分配辅助生产费用,其计算公式如下:

某受益单位应分配的辅助生产费用=该受益单位耗用的劳务数量×计划单位成本

(2) 计算各辅助生产车间的实际生产费用,其计算公式如下:

某辅助生产车间的实际费用=该辅助生产车间直接发生的费用+按计划单位成本由其他辅助车间转入的费用

(3) 计算各辅助生产车间费用分配差额,其计算公式如下:

某辅助生产车间费用分配差额=该辅助生产车间的实际费用-该辅助生产车间按计划成本分配的数额

【例 3-21】承例 3-19,假设修理车间每小时修理的计划单位成本为 2.5 元,运输部门每小时劳务的计划单位成本为 1.4 元,按计划成本分配法分配辅助生产费用。计算过程如下。

(1) 辅助生产车间的实际费用如下:

修理车间的实际费用 = 5 040 + 420 = 5 460(元)
运输部门的实际费用 = 9 000 + 250 = 9 250(元)

(2) 辅助生产车间的费用分配差额如下:

修理车间的差额 = 5 460 − 5 250 = 210(元)
运输部门的差额 = 9 250 − 10 500 = −1 250(元)

辅助生产费用分配表如表 3-12 所示。

根据以上辅助生产费用分配表,编制会计分录如下:

借:辅助生产成本——修理　　　　　　420
　　　　　　　　　——运输　　　　　　250
　　制造费用　　　　　　　　　　　12 783.24
　　管理费用　　　　　　　　　　　 1 256.76
　　贷:辅助生产成本——修理　　　　5 460
　　　　　　　　　　——运输　　　　9 250

采用计划成本分配法分配辅助生产费用,既可以简化核算工作,又可以通过辅助生产成本差异的计算,反映、考核和分析辅助生产成本计划的完成情况,便于辅助生产车间和各受益单位进行成本分析。但采用这一分配方法,必须具有完备的、正确可靠的成本计划资料。当按计划成本分配额与实际费用差额较大时,需及时对计划单位成本进行修改,以使其更接近实际水平。

表 3-12 辅助生产费用分配表(计划成本分配法)

2010 年 6 月
单位：元

项目		待分配成本	供应量	计量单位	单位成本	受益部门								分配金额合计
						修理		运输		基本生产车间		管理部门		
						用量	金额	用量	金额	用量	金额	用量	金额	
计划分配	修理	5 040	2 100	小时	2.5			100	250	1 800	4 500	200	500	5 250
	运输	9 000	7 500	公里	1.4	300	420			6 600	9 240	600	840	10 500
	小计						420		250		13 470		1 340	15 750
调整分配	修理	210	2 000							1 800	189	200	21	210
	运输	−1 250	7 200							6 600	−1 145.76	600	−104.24	−1 250
	小计										−956.76		−83.24	−1 040
合计							420		250		12 783.24		1 256.76	14 710

(四)代数分配法

代数分配法是指根据解联立方程的原理,首先建立一个多元一次方程组,计算出各辅助生产车间提供产品或劳务的单位成本,然后再根据各受益单位耗用的产品或劳务数量和单位成本分配辅助生产费用的一种方法。其计算公式如下:

某辅助生产车间提供的劳务数量×该劳务的单位成本=该辅助生产车间直接发生的费用+该辅助生产车间耗用其他辅助生产车间劳务的数量×其他辅助生产车间劳务的单位成本

某受益单位应分配的辅助生产费用=该受益单位耗用的劳务数量×劳务的单位成本

【例 3-22】承例 3-19,设:修理车间的实际单位成本为 x 元,运输部门的实际成本为 y 元,应设立的联立方程组为

$$5\,040 + 300y = 2\,100x$$
$$9\,000 + 100x = 7\,500y$$

在上列方程中,方程左边均为各辅助生产成本明细账的借方发生额,右边为贷方发生额。通过解上列方程式,求得

$$x = 2.576\,3(元)$$
$$y = 1.234\,4(元)$$

辅助生产费用分配表如表 3-13 所示。

根据辅助生产费用分配表,编制会计分录如下:

借:辅助生产成本——修理　　　　　　370.32
　　　　　　　　——运输　　　　　　257.63
　　制造费用　　　　　　　　　　　12 784.38
　　管理费用　　　　　　　　　　　 1 255.90
　贷:辅助生产成本——修理　　　　　5 410.23
　　　　　　　　——运输　　　　　　9 258

采用代数分配法分配辅助生产费用,一个显著的优点就是分配结果准确。但是当企业的辅助生产车间较多时,所需要设立的未知数也较多,这样再通过建立方程组求解,计算过程就会相当麻烦。因此,代数分配法一般适用于辅助生产车间较少,或会计工作已实现电算化的企业。

(五)顺序分配法

顺序分配法是指各辅助生产车间首先按照耗用其他辅助生产车间提供的劳务费用的多少排成顺序,耗用其他辅助生产车间费用少的基本生产车间排列在前,先将其费用分配出去,耗用其他辅助生产车间费用多的辅助生产车间排列在后,将其费用后分配出去的一种方法。采用这种方法,各辅助生产车间的费用只分配给排列在其后面的其他辅助生产车间及辅助生产车间以外的各受益单位,而排列在前面的辅助生产车间不负担排列在后面的辅助生产车间的费用。其计算公式如下:

该辅助生产车间费用分配率=(该辅助生产车间直接发生的费用+前面辅助生产车间分配转入的费用)/(该辅助生产车间提供的劳务数量-前面辅助生产车间耗用的该劳务数量)

各受益单位应分配的辅助生产费用=该受益单位耗用的劳务数量×辅助生产费用分配率

表 3-13 辅助生产费用分配表(代数分配法)

2010 年 6 月

单位：元

项目	待分配成本	计量单位	单位成本	受益部门							合计
				修理		运输		基本生产车间		管理部门	
				耗用量	金额	耗用量	金额	耗用量	金额	耗用量	金额	
修理	2100	小时	2.5763			100	257.63	1800	4637.34	200	515.26	5410.23
运输	7500	公里	1.2344	300	370.32			6600	8147.04	600	740.64	9258
小计					370.32		257.63		12784.38		1255.90	14668.23

【例 3-23】 承例 3-19，由于运输部门耗用修理部门的修理费少，而修理车间耗用运输车间的运输费多，所以运输车间排列在前，先将费用分配出去。分配时，不但要将运输费分配给基本生产车间、行政管理等部门，还要分配给排列在后的车间。由于修理车间排列在后，因此，其所需分配的费用由两部分组成：一是本车间直接发生的费用；二是运输车间分配转入的费用，计算过程如下：

供水车间分配率 = 9 000 ÷ 7 500 = 1.2

供电车间分配率 = (14 410 + 0.336 6 × 2 000) ÷ (33 775 − 1 025) = 0.460 6

辅助生产费用分配表如表 3-14 所示。

表 3-14　辅助生产费用分配表（顺序分配法）

2010 年 6 月　　　　　　　　　　　　　　　　单位：元

项目	受益部门									合计
	运输部门			修理车间			基本生产车间		管理费用	
	劳务量	分配额	分配率	劳务量	分配额	分配率	耗用量	分配额	耗用量	分配额	
分配前成本	7 500	9 000		2 100	5 040						
分配运输费	−7 500	−9 000	1.2	300	360		6 600	7 920	600	720	9 000
分配修理费				2 000	5 400	2.7	1 800	4 860	200	540	5 400
分配金额合计							—	12 780	—	1 260	14 040

根据以上辅助生产费用分配表，编制会计分录如下：

借：辅助生产成本——修理　　　　　360
　　基本生产成本　　　　　　　　12 780
　　管理费用　　　　　　　　　　 1 260
　　贷：辅助生产成本——修理　　　　　5 400
　　　　　　　　　　——运输　　　　　9 000

采用顺序法分配辅助生产费用，计算方法简便，各辅助生产车间只分配一次费用，一定程度上简化了核算工作。但是，由于排列在前的辅助生产车间不负担排列在后的辅助生产车间的费用，分配的准确性会受到影响。同时也不便于调动排列在前的辅助生产车间为排列在后的辅助生产车间提供劳务的积极性。因此，这种分配方法一般适用于各辅助生产车间之间相互提供劳务有明显顺序的企业。

以上分析介绍了辅助生产费用的各种分配方法，企业应根据生产的特点和其他方面的条件，确定其中的某一种方法来分配辅助生产费用。选择分配方法时，要遵循成本—效益原则，分配方法应简单易行，不要因一味追求分配结果的准确性而使分配方法过于复杂。

第三节 制造费用的归集和分配

制造费用是指企业各个生产单位(车间或分厂)为生产产品或提供劳务而发生的应该计入产品成本,但没有单独设置成本项目的各项生产费用。制造费用的内容很多,按照用途不同,可将其分为如下三种类型。

第一种是指直接用于产品生产,但管理上不要求或不便于单独核算,因此,没有专设成本项目的费用。如车间机器设备的折旧费、租赁费、保险费、低值易耗品摊销费、设计制图费、试验检验费以及没有专设成本项目的动力费等。

第二种是指间接用于产品生产的费用。如机物料消耗、车间生产用房屋及建筑物的折旧费、租赁费、保险费、车间生产用照明费、劳动保护费、取暖费、运输费、辅助生产车间转入的费用、季节性停工的损失等。

第三种是指车间或分厂用于组织和管理产品生产所发生的费用。如车间管理人员的薪酬费用、车间管理用固定资产的折旧费、租赁费、保险费、管理用照明费、水费、取暖费、差旅费、办公费等。

制造费用是产品成本的重要组成部分,所以正确、合理地组织制造费用的核算,对于正确计算产品成本,控制各车间、部门费用的开支,考核费用预算的执行情况,降低产品的生产成本具有重要作用。

一、制造费用的归集

企业为了核算和监督所发生的制造费用,应设置"制造费用"账户。

该账户借方登记发生的制造费用,贷方登记月末分配计入产品成本的制造费用,除按照计划分配率分配制造费用外,该账户期末一般无余额。

为了具体反映各车间、分厂制造费用的发生及分配情况,需按照车间、分厂设置明细账进行明细分类核算。一般情况下,"制造费用"账户只核算基本生产车间所发生的各项制造费用,不核算辅助生产车间的制造费用,即辅助生产车间发生的各项制造费用,直接记入"辅助生产"账户的借方。但是如果辅助生产车间的制造费用较高,管理上需要单独予以反映和监督,辅助生产车间发生的各项制造费用也可以通过"制造费用"账户来核算。这时"制造费用"账户就应首先按基本生产车间、辅助生产车间设置明细账,然后再对各车间分别进行明细核算。此外,由于制造费用内容多而复杂,在实务中,为了简化核算工作,一般要在明细账中按费用项目设置专栏以反映各费用项目的发生情况。

制造费用的归集就是根据前面要素费用分配、辅助生产费用分配的有关费用分配表及记账凭证,按照费用发生的地点和用途登记"制造费用"总账及其明细账的过程。在实行预算管理的企业,月末可将归集在"制造费用"总账及明细账中的制造费用实际发生额同预算额进行比较,以考核预算的执行情况。

【例3-24】某机械制造公司2010年6月份制造费用明细账,如表3-15所示。

表 3-15 制造费用明细账

车间：第一基本生产车间　　　　　　　　2010 年 6 月　　　　　　　　　　单位：元

日期		凭证号	摘要	机物料消耗	燃料及动力费	薪酬费用	折旧费用	水电费	其他费用	合计	转出
月	日										
6	30	略	略	130						130	
	30	略	略		200					200	
	30	略	略			5 700				5 700	
	30	略	略				10 000			10 000	
	30	略	略						4 140	4 140	
	30	略	略					3 600		3 600	
			合计	130	200	5 700	10 000	3 600	4 140	23 770	
	30										23 770

二、制造费用的分配

为了正确计算产品的生产成本，月末应将制造费用明细账中归集的制造费用总额按照一定的标准和方法分配计入各种产品成本中。在只生产一种产品的车间或分厂，制造费用可直接计入该种产品的生产成本，不用分配。而在生产多种产品的车间或分厂，则应采用适当的分配方法，将制造费用分配计入各种产品的生产成本。

制造费用常用的分配方法有：生产工人工时比例法、生产工人工资比例法、机器工时比例法和计划分配率法等。制造费用的分配方法一经确定，不应随意变动。

(一)生产工人工时比例法

生产工人工时比例法也称生产工时比例分配法，是指以各种产品耗用的生产工人的工时数作为分配标准，分配制造费用的一种方法，又可分为实际工时比例法和定额工时比例法两种。采用生产工人工时比例法的前提条件是企业应具有较准确的产品生产工时记录。其计算公式如下：

制造费用分配率=待分配的制造费用总额/各种产品生产工时(实际或定额)之和

某产品应分配的制造费用=该种产品生产工人工时(实际或定额)×制造费用分配率

【例 3-25】 假设某机械制造公司 2010 年 6 月份第一基本生产车间共发生制造费用 23 770 元，第二基本生产车间共发生制造费用 12 750 元，所生产的 A、B 两种产品共耗用生产工人工时为 40 000 工时，其中 A 产品为 30 000 小时，B 产品为 10 000 小时。根据以上资料，采用实际工时比例法分配制造费用。

其计算过程如下：

第一基本生产车间制造费用分配率= 23 770 ÷ (30 000+10 000)=0.594 25

A 产品应分配的制造费用= 0.594 25 × 30 000 = 17 827.5(元)

B产品应分配的制造费用=0.594 25×10 000=5 942.5(元)
第二基本生产车间制造费用分配率=1 2750÷(30 000+10 000)=0.318 75
A产品应分配的制造费用=0.318 75×30 000=9 562.5(元)
B产品应分配的制造费用=0.318 75×10 000=3 187.5(元)

在实际工作中，制造费用的分配通常是通过编制制造费用分配表来完成的，其格式如表3-16所示。

表3-16 制造费用分配表

车间：第一基本生产车间　　　　2010年6月　　　　　　　　　单位：元

应借科目		生产工时(小时)	分配率	金额
总账科目	明细科目			
基本生产	A产品	30 000		17 827.5
	B产品	10 000		5 942.5
合计		40 000	0.594 25	23 770

根据以上制造费用分配表，编制会计分录如下：

借：基本生产成本——A产品　　　17 827.5
　　　　　　　　——B产品　　　5 942.5
　贷：制造费用——第一基本生产车间　　23 770

按生产工人工时比例法分配制造费用，工时资料比较容易取得，方法比较简单，能将工人的劳动生产率的高低与产品负担的制造费用紧密联系起来，分配结果比较合理，便于提高职工的劳动效率。但是如果车间生产的各种产品机械化程度差异较大，采用生产工人工时作为分配标准，会使机械化程度较低的产品负担过多的制造费用，从而使分配结果与实际情况差异较大。因为机械化程度越高，机械设备的折旧费、修理费、保险费、经营租赁费也越多，其生产的产品应负担的制造费用也越多。所以，此方法适用于各产品机械化程度大致相同的车间或分厂。

(二)生产工人工资比例法

生产工人工资比例法是指以各种产品耗用的生产工人工资作为分配标准，分配制造费用的一种方法。由于在制造费用分配以前，工资等要素费用已经分配完毕，因而各种产品的生产工人的工资数据比较容易取得。其计算公式如下：

制造费用分配率=待分配的制造费用总额/各种产品生产工人工资总额
某种产品应分配的制造费用=该种产品生产工人工资×制造费用分配率

按生产工人工资比例法分配制造费用，由于产品成本计算单中有现成的生产工人工资核算资料，因此这种分配方法核算工作简便。由于与采用生产工人工时比例法相同的原因，该种方法也适用于各产品机械化程度大致相同的企业。

如果生产工人工资是按照生产工人工时比例分配计入各种产品成本的，那么，按照生产工人工资比例分配制造费用，实际上也就是按照生产工人工时比例分配制造费用，这种方法的计算分配结果与生产工人工时比例法基本相同。

(三)机器工时比例法

机器工时比例法是指以各种产品所耗用的机器设备的运转时间作为分配标准,分配制造费用的一种方法。采用这一分配方法的前提条件是必须掌握各种产品所耗用的机器运转工时的原始记录。其计算公式如下:

制造费用分配率=待分配的制造费用总额/各种产品耗用机器设备总工时数

某种产品应分配的制造费用=该产品耗用机器设备工时数×制造费用分配率

采用机器工时比例法分配制造费用,将制造费用的分配与机器设备的使用联系在一起。因为有些企业的机械化程度较高,所发生的制造费用,如折旧费、修理费和消耗性的材料费用等与机器设备运转的时间有着直接的联系,所占的比重也比较大。所以这一分配方法广泛地运用于机械化程度较高的企业或车间,在受益产品机械化程度不相同时分配结果也较为合理。

制造费用的分配除了采用以上标准外,还可以采用耗用的材料数量或成本、直接成本、产品数量等标准分配。但这些分配标准一般只能在产品性能、结构、所用原材料和工艺过程基本相同的情况下采用,否则,会影响分配结果的准确性。

在实际工作中,制造费用内容很多,性质和用途也很复杂,为了提高分配结果的准确性,也可以根据制造费用中各项费用的特点,将其划分为若干类别,如可分为与机器设备有关的费用、与房屋及建筑物有关的费用、与销售和管理生产有关的费用等,然后再分别选择合理的标准进行分配。这样做虽然加大了核算的工作量,但对提高成本计算的正确性、加强成本管理具有重要意义。

(四)计划分配率法

计划分配率法是指不论各月实际发生的制造费用数额是多少,每月各种产品成本中的制造费用都按年度计划确定的计划分配率进行分配的一种方法。采用这种分配方法,首先按照年度计划确定的各车间制造费用预算额和各产品定额工时,计算年度计划分配率。然后,各月按年度计划分配率和当月的实际产量等有关资料计算分配制造费用。其计算公式如下:

年度计划分配率=年度制造费用计划总额/年度内各种产品计划产量的定额工时总数

某月某产品应分配的制造费用=该月该种产品实际产量的定额工时数×年度计划分配率

【例3-26】某机械制造公司基本生产车间全年制造费用计划总额为81 000元,全年各种产品的计划产量分别为:甲产品2 000件,乙产品3 000件;单件产品工时定额分别为:甲产品6小时,乙产品5小时;某月实际产量分别为:甲产品220件,乙产品160件;本月实际发生制造费用为2 692.73元。根据以上资料,采用年度计划分配率分配制造费用。其计算过程如下:

甲产品年度计划产量的定额工时 = 2 000 × 6 = 12 000(小时)

乙产品年度计划产量的定额工时 = 3 000 × 5 = 15 000(小时)

制造费用年度计划分配率= 81 000/(12 000 + 15 000) = 3

甲产品本月实际产量的定额工时 = 220 × 6 = 1 320(小时)

乙产品本月实际产量的定额工时 = 160 × 5 = 800(小时)

该月甲产品应分配的制造费用 = 1320 × 3 = 3 960(元)
该月乙产品应分配的制造费用 = 800 × 3 = 2 400(元)
该车间本月按年度计划分配率分配转出的制造费用 = 3 960 + 2 400 = 6 360(元)
当月的制造费用分配表如表 3-17 所示。

表 3-17　制造费用分配表

车间：基本生产车间　　　　　　　　　2010 年 6 月　　　　　　　　　　　　　单位：元

应借科目		生产工时(小时)	分配率	金额
总账科目	明细科目			
基本生产成本	甲产品	1 320	3	3 960
	乙产品	800		2 400
合计		2 120		6 360

根据以上制造费用分配表，编制会计分录如下：

借：基本生产成本——甲产品　　3 960
　　　　　　　　——乙产品　　2 400
　　贷：制造费用　　　　　　　　　　6 360

采用年度计划分配率分配制造费用，各月份制造费用的实际发生额与按年度计划分配率计算的分配额可能不一致。因此，每月月末"制造费用"账户可能会出现余额。当余额为借方时，表示制造费用实际发生额大于已分配额，属于超支差异；当余额为贷方时，表示本年度累计已分配额超过其实际发生额，属于节约差异。该借方或贷方余额，平时一般不做处理。但如果年末仍有余额，则应将此余额按一定的标准分配计入 12 月份各有关产品的生产成本中。

假设上述基本生产车间年末"制造费用"账户出现借方余额 2 000 元，本年度甲、乙产品按年度计划分配率分配的制造费用分别为 52 000 元和 28 000 元，按各产品分配的制造费用比例分配差异额，计算过程如下：

制造费用差异分配率 = 2 000/(52 000 + 28 000) = 0.025
甲产品应分配的差异额 = 52 000 × 0.025 = 1 300(元)
乙产品应分配的差异额 = 28 000 × 0.025 = 700(元)

由于差异为正，故应按甲、乙两种产品分摊的差异额分别调增其各自的生产成本，编制调整分录如下：

借：基本生产成本——甲产品　　1 300
　　　　　　　　——乙产品　　　700
　　贷：制造费用　　　　　　　　　　2 000

如果差异额为负，则应按甲、乙两种产品分摊的差异额分别冲减其各自的生产成本，用红字编制相应的会计分录。无论差异额是正还是负，调整后"制造费用"账户的余额应为 0。

采用年度计划分配率分配制造费用，不必每月计算分配率，简化了分配工作，并且能及时地反映各月制造费用的预算额与实际额之间的差异，有利于对制造费用的执行情况进行控制和考核。尤其是在季节性生产的企业里，由于生产淡月和旺月的产量相差悬殊，如果按照实际费用分配,在每月发生的制造费用相差不大的情况下,各月单位产品成本中的制造费用忽高忽低,而这种局面并不是由于车间工作本身造成的,所以会给成本分析工作带来很大麻烦。为了避免因产量变化而引起的各月产品成本的大幅波动,可采用该种方法分配制造费用。但是,该种方法要求企业必须具有较高的计划工作水平;否则,年度制造费用的计划数偏离实际数太大,就会影响成本计算的正确性。

第四节　废品损失和停工损失的核算

在企业的生产过程中,不可避免地会发生各种损失,这些损失一般包括废品损失和停工损失两类。废品损失和停工损失产生的原因很多,主要有生产工艺水平、材料的质量、工人素质、企业管理水平等方面。不同的企业产生的生产损失,其数额大小也不一样。如果企业的生产损失数额较小,为了简化工作,可不予核算;但如果生产损失数额较大,为了减少生产损失的发生,明确各方经济责任,提高企业管理水平,就有必要对生产损失进行核算,以便及时提供这方面的信息资料。

一、废品损失的核算

(一)废品及其分类

1. 废品的概念

废品是指制造业企业在生产过程中和产品入库后发现的质量不符合规定的技术标准,不能按原定用途使用,或者需在加工修复后才能使用的在产品、半成品和产成品。

废品既包括在生产过程中发现的废品,也包括在入库后发现的废品。企业发生的废品,既影响产品生产计划的完成,又会使产品成本上升,影响成本计划的完成,是人力、物力和财力的巨大浪费,因此,必须加强对废品的核算和控制。

2. 废品的分类

废品可以按不同的标准进行分类,常见的分类方法如下。

(1) 按废损程度和经济上是否有修复价值,可将废品分为可修复废品和不可修复废品两种。其中,可修复废品指的是那些在技术上可修复,在经济上修复也合算的废品;不可修复废品指的是那些在技术上不能修复,或者虽然技术上能修复但在经济上修复不合算的废品。

(2) 按产生的原因不同,可将废品分为料废和工废两种。料废指的是那些由于材料质量、规格、性能等不符合要求而产生的废品;工废指的是那些在生产过程中由于加工技术、工人操作方法、技术水平等方面的缺陷所产生的废品。

(二)废品损失及其核算账户

1. 废品损失的概念

废品损失是指由于废品的产生而给企业带来的损失。包括生产过程中和入库后发现的各种废品的报废损失和修复损失。

废品的报废损失是指不可修复废品的实际生产成本扣除回收的残料价值、应由过失人或有关单位赔偿后的净损失。

废品的修复损失是指可修复废品在返修过程中所发生的修复费用扣除回收的残料价值、应由过失人或有关单位赔款后的净损失。

2. 废品损失应注意的问题

在核算废品损失时应注意以下几个问题。

第一，由造成废品的过失单位或个人所负担的赔款，应从废品损失中扣除。

第二，经质量检验部门鉴定，不需要返修，可降价出售的不合格品的成本，与合格品的成本相同，其降低价格造成的损失，应在计算销售损益时体现，不作为废品损失处理。

第三，产成品入库后，由于保管不善等原因而损坏变质所造成的损失，属于管理上的问题，应作为管理费用处理，不作为废品损失处理。

第四，实行三包(包退、包修、包换)的企业，在产品出售后发现的废品所造成的损失，应计入管理费用，不作为废品损失处理。

为了减少废品损失，把好质量关，必须做好废品损失的核算工作，正确反映和监督废品损失的发生情况，以便分析原因，采取措施努力减少和消灭废品。

质量检验部门发现废品时，应填制"废品通知单"，列明废品的种类、数量、产生废品的原因、过失人处理意见等。成本核算员应会同检验人员对"废品通知单"所列废品产生的原因和过失人等项目进行审核，只有经过审核的"废品通知单"，才能作为废品损失核算的原始凭证。

3. 废品损失核算的账户

为了归集和分配生产过程中发生的废品损失，应设置"废品损失"(或"基本生产成本——废品损失")账户。本账户的借方登记发生的可修复废品的修复费用、不可修复废品的成本，贷方登记应由保险公司、责任人赔偿的款项、废品残料回收价值和结转的废品净损失。废品的净损失应转入当月生产的同种产品的生产成本中，由合格品成本负担。经过结转后，"废品损失"账户应无余额。"废品损失"账户一般按废品的品种设置明细账，在账内按规定的成本项目设置专栏，进行明细核算。此外企业还应在产品成本计算单中增设"废品损失"成本项目。为了简化核算，辅助生产车间一般不单独核算废品损失，可直接在"辅助生产成本"账户中核算。

(三)不可修复废品损失的核算

由于不可修复废品的成本在报废之前，是同合格品的成本混在一起的，所以应采用适当的方法将某种产品的成本，在合格品和废品之间进行分配，从而计算不可修复废品的报废损失。不可修复废品成本的主要计算方法如下。

1. 按实际成本计算废品损失

按实际成本计算废品损失是指将实际发生的各项生产费用按成本项目在合格品和废品之间进行分配。对于生产过程中发现的废品，当材料在生产开始就一次性投入时，材料费用可按合格品与废品的数量比例分配；如果不是在生产开始时一次性投入的，而是随着生产进度陆续投入的，则可采用适当的方法，将废品折合成合格品的数量进行分配；其余的各成本项目，可按合格品和废品的工时比例进行分配。其计算公式如下：

材料费用分配率=材料费用总额/(合格品数量+废品数量)

废品应负担的材料费用=废品数量×材料费用分配率

其他费用分配率=其他费用总额/(合格品工时+废品工时)

废品应负担的其他费用=废品工时×其他费用分配率

废品的实际成本=废品应负担的材料费用+废品应负担的其他费用

废品的报废损失=废品的实际成本-回收的废品残料价值-可收回的有关赔款

【例3-27】某机械制造公司第一基本生产车间20××年×月份生产A产品400件。在生产过程中发现废品20件。在发现废品之前，产品生产总工时为4 000小时，其中，废品的工时为150小时。A产品全部产品投入的原材料费用为48 000元，生产工人的薪酬费用为80 000元，制造费用为7 000元。废品残料的回收价值为200元。假设材料是在生产开始时一次投入的。根据以上资料，按实际成本计算废品损失。废品损失计算表如表3-18所示。

表3-18　废品损失计算表

产品名称：A产品　　　　车间名称：第一基本生产车间20××年×月　　　　　　　单位：元

项目	实际产量(件)	实际工时(小时)	直接材料	直接人工	制造费用	合计
费用总额	400	4 000	48 000	80 000	7 000	135 000
分配率			120	20	1.75	
合格品成本	380	3 850	45 600	77 000	6 737.5	129 337.50
废品成本	20	150	2 400	3 000	262.50	5 662.50
残料价值			200			200
废品损失			2 200	3 000	262.50	5 462.50

根据以上废品损失计算表，编制会计分录如下：

① 转不可修复废品的实际成本：

借：废品损失——A产品　　　　　5 665.5

　　贷：基本生产成本——A产品　　　　5 662.5

② 回收残料价值：

借：原材料　　　　　　　　　　200

　　贷：废品损失——A产品　　　　200

③ 转废品净损失：

借：基本生产成本——A产品　　5 462.5

　　贷：废品损失——A产品　　　　5 462.5

如果废品是在完工入库后发现的，则单位废品应承担的各项费用与单位合格品完全相同，可按合格品产量与废品数量的比例分配各项生产费用，计算废品的实际成本。按废品的实际成本计算和分配废品损失，符合实际，但核算工作量较大。因此，定额资料比较完整、准确的企业,也可以按定额成本计算废品损失。

2. 按定额成本计算废品损失

按定额成本计算废品损失,也叫定额成本计算法。该种方法是按废品的数量乘以各项费用定额计算出废品的定额成本,定额成本再扣除废品的残料价值,即可计算出废品损失。这种方法不考虑废品实际发生的费用是多少。其计算公式如下:

$$废品的定额成本=废品的数量\times 单位废品的定额成本$$

【例3-28】某机械制造公司第一基本生产车间2010年8月份生产B产品,期末验收入库时发现10件不可修复废品,废品残料回收价值为250元。根据以上资料,按定额成本计算废品净损失。废品损失计算表如表3-19所示。

表3-19 废品损失计算表

产品名称:B产品　　　　车间:第一基本生产车间　　2010年8月　　　　　　单位:元

项　目	直接材料	直接人工	制造费用	合　计
费用定额	350	160	90	600
废品定额成本	3 500	1 600	900	6 000
残料价值	250			250
废品损失	3 250	1 600	900	5 750

根据以上废品损失计算表,编制会计分录如下:

① 结转废品定额成本:

借:废品损失——B产品　　　　　　6 000
　　贷:基本生产成本——B产品　　　　　　6 000

② 回收废品残料价值:

借:原材料　　　　　　　　　　　　250
　　贷:废品损失——B产品　　　　　　　　250

③ 结转废品净损失:

借:基本生产成本——B产品　　　　5 750
　　贷:废品损失——B产品　　　　　　　　5 750

按废品的定额成本计算废品损失,核算工作简便,而且还可使计入产品成本的废品损失数额不受废品实际费用水平高低的影响,从而有利于废品损失和产品成本的考核和分析。在具备比较准确的定额成本资料的情况下,大部分企业都采用这种方法。采用这种方法,必须具有健全、准确的定额资料,否则会影响废品损失计算的正确性。

(四)可修复废品损失的核算

可修复废品返修以前发生的费用不是废品损失,应该保留在"基本生产成本"账户及其有关的成本计算单中,不必转出。返修发生的修复费用,应根据材料费用分配表、薪酬费用分配表、辅助生产费用分配表、制造费用分配表等,将修复废品所发生的各项费用记入"废品损失"账户的借方,如有残料价值或应收的赔款,应从"废品损失"账户的贷方转入"原材料""其他应收款"账户的借方,修复费用减去残值和赔款后的废品净损失,也应从"废品损失"账户的贷方转入"基本生产成本"账户的借方，同时记入返修产品成本计算单的"废品损失"成本项目中。会计分录如下。

(1) 发生可修复废品的修复费用时：
借：废品损失——××产品
　　贷：原材料
　　　　应付职工薪酬——工资
　　　　　　　　　　——职工福利
　　　　辅助生产成本
　　　　制造费用(等)

(2) 结转应收赔款和残料价值时：
借：其他应收款——××人或单位
　　原材料
　　　贷：废品损失——××产品

(3) 将废品净损失计入产品成本时：
借：基本生产成本——××产品
　　　贷：废品损失——××产品

二、停工损失的核算

停工损失是指生产车间或车间内某个班组在停工期内发生的各项费用，包括停工期内支付的生产工人的薪酬费用、所耗用的燃料和动力费以及应负担的制造费用。过失人、过失单位以及保险公司负担的赔款，应从停工损失中扣除。为了简化核算，停工不满一个工作日的，可以不计算停工损失。企业哪些生产单位需要单独核算停工损失，以及计算停工损失的时间起点，应由主管部门规定，或由上级主管部门授权企业自行规定。

企业发生停工的原因很多，如电力中断、原材料供应不足、机械设备发生故障或进行大修理、发生非常灾害、计划减产等；由于自然灾害等原因引起的停工损失，应按规定转作营业外支出。除此之外，由于原材料供应不足、机器设备出现故障，以及计划减产等原因发生其他停工损失，应计入产品的成本。停工时车间应填制"停工报告单"并应在考勤记录中登记。在"停工报告单"内，应详细列明停工的车间、范围、原因、起止时间、过失人员、停工损失的金额等内容。"停工报告单"经有关部门审核后，作为核算停工损失的依据。

为了单独核算企业发生的停工损失，应设置"停工损失"(或"基本生产成本——停工损失")账户进行核算。该账户的借方登记发生的停工损失，贷方登记转出的停工损失。结转后，该账户一般应无余额。停工损失一般按车间设置明细账，在账内按规定的成本项目设置专栏，进行明细核算。此外，企业还应在产品成本计算单中增设"停工损失"成本项目。

为了简化核算，辅助生产车间一般不单独核算停工损失，可直接在"辅助生产成本"账户中核算。企业发生停工损失时，应根据"停工报告单"及有关费用分配表进行账务处理。借记"停工损失"账户，贷记"原材料""应付职工薪酬——工资""应付职工薪酬——职工福利""累计折旧"等账户。过失人、过失单位或保险公司的赔款，应借记"其他应收款"账户，贷记"停工损失"账户。停工损失扣除赔偿款后的净损失，应该按停工损失的不同原因进行分配。会计分录如下：

(1) 由产品成本负担的部分，应采用合理的分配标准(一般按照制造费用的分配方法)分配计入该车间各种产品的生产成本及有关成本计算单的"停工损失"成本项目中：

借：基本生产成本
  贷：停工损失

(2) 属于自然灾害等原因造成的停工损失，经批准后转作营业外支出：

借：营业外支出
  贷：停工损失

不单独核算停工损失的企业，不应设立"停工损失"总账账户和"停工损失"成本项目，停工期内发生的各种停工损失，直接记入"制造费用"和"营业外支出"等账户。编制会计分录如下：

借：制造费用
  营业外支出
  贷：应付职工薪酬

应收过失单位或保险公司赔款，编制会计分录如下：

借：其他应收款
  贷：制造费用
    营业外支出

季节性生产企业发生的季节性停工以及大修理期间的停工，属于生产经营过程中的正常现象，停工期间发生的各项费用，不应作为停工损失核算。

【知识链接】

链接1　制造费用会计的发展

保罗·加纳在《1925年前成本会计的发展》中对于前期的成本会计的萌芽和发展有更为详细的研究，具体如下：

1) 中世纪："生产成本"观念的萌芽时期

加纳教授认为，"生产成本"的观念形成于中世纪。在讨论中世纪的工业簿记发展时，加纳教授在很大程度上继承了 De Roovers 著述的研究方法，即在讨论中采用描述性方法，辅以大量的实务举例来说明早期工业簿记实践中复式簿记原理的运用情况，详细地介绍了包括热那亚轮船记录、福格家族的会计记录、梅迪席账目等在内的早期簿记记录。这些记录虽然并非全然关系到工业会计或成本会计，但却能够很好地说明成本问题的早期发展情况。通过举例及其分析，加纳教授认为，当时会计记录已经体现了成本会计实务的一些基本原理。当时人们关心的是材料流转的核算，为了全面反映用于产品生产的材料及人工费用支出，人们开始保持相关记录。然而当"生产成本"概念萌生之时，各种行规却对它被用于作为一种据以确定商品长短期销售价格的工具形成一定阻碍。随着当时手工作坊式的产品生产逐渐被商品化生产的工厂所取代，同类产品在市场上竞争的机会日益增多，产品生产成本即变得日益重要起来。

2) 1700年至1885年：成本会计的缓慢发展时期

加纳教授进行这一部分的研究时，不再着重于实务分析，转而主要分析不同学者的著作，特别是英国学者所取得的成就。从这一点来说，加纳教授意图通过分析相关著作中所蕴含的成本核算思想来反映当时的实务。这一转变避免了介绍 Boulton and Watt 公司(1775—1855)所使用的成本会计制度，从而将本部分的重点放在与大量资本支出、成本计算等相关的一般成本会计问题上。通过对 1700 年至 1885 年主要著述的分析研究，加纳教授发现 1885 年以前成本账户与财务账户相互独立，产品成本计算采用主要成本制度，这一方法的出现比完全成本法早几十年。由于工业革命之前，制造费用在产品成本中的比重较低，所以人们普遍关注主要成本问题，即直接材料成本和直接人工成本，虽然各种附带支出和费用也部分地得以确认，但大多数专家对于把它们当作应计成本是很踌躇的。更多时候是将制造费用作为交易费用的调整项目，因此当时制造费用和销售费用之间不存在明显的区别，也不存在"成本流转与实物流转相一致"之说。即使在那些采用一定制造费用分配计划的情况下，所采用的方法也是很粗略的，在大多数情况下得出的总生产成本数据往往很难令人满意。事实上，1900 年之前的许多作者坦承他们没有能力处理除主要成本以外的其他事项，因此他们只是努力去开发一些能够较好地处理前两个成本项目的计划。可见在 1885 年以前，大部分成本计算程序都相当粗糙，这一时期成本会计的发展特别是制造费用会计的发展较为缓慢。后来，尽管工厂技术进步很快，可是在 1820 年至 1885 年之间，成本会计方面却依然进展不大。但加纳教授在这一部分却高度评价了此期间法国学者在成本会计研究方面所做出的贡献，如 A.Payen 在 1817 年提出的成本账户与财务账户的合并、联产品及副产品的成本会计处理、制造费用汇总等一些现代成本会计观念。

3) 1885 年至 1925 年：成本会计的黄金发展时期

加纳教授认为，1885 年至 1925 年是成本会计发展的黄金时期。世纪之交的美国，还是有一些学者做出了一定贡献，尤其值得一提的是 A.汉米尔顿·丘吉尔有关"适当分配制造费用"的系列论文以及约翰·惠特莫尔的系列论文"工厂会计在机械厂的应用"。尽管如此，直到 19 世纪与 20 世纪的世纪之交，这一领域依然只是英国成本专家的天下。进入 20 世纪之后，美国人对成本会计的贡献才开始增多，并在多年之后超过了英国同行。

在分析这一时期的成本会计发展时，加纳教授没有按时间顺序进行分析，而是按当时大多数学者一般使用的机械模式对不同成本会计实务与理论的产生与发展逐一作了详尽讨论，包括直接材料、直接人工、制造费用、成本与财务账户的合并、部门间产品转移、副产品、边角废料、成本计算的分步法与分批法等成本会计处理问题。与此同时，加纳教授还利用一定篇幅讨论了存货计价问题，有利于人们了解目前有关争论的起因。与直接人工成本相联系，加纳教授也讨论了人工成本计划和人工成本分配问题。

该书 1/3 以上的内容是在讨论制造费用会计的发展。在 20 世纪前，工厂间接费用的处理几乎完全被忽略。对这一问题也曾有过一些讨论，但却不深入。少数英美成本专家曾提出分批处理企业中制造费用分配的一些简单方案，然而从总体上看，很少有人对这一问题感兴趣。1900 年前后，由于工业革命的影响，制造费用会计的重要性开始凸显。若干年之后，这个问题开始受到像其他两个成本项目一样的关注。加纳教授所讨论的制造费用会计内容比较广泛，他主要从以下六个方面进行了详细研究分析：①制造费用所包含的项目；②利息和租金；③制造费用控制账户；④向产品分配制造费用；⑤预计制造费用及停工问题；⑥制造费用的部门间分摊与分配问题。由此可见，尽管在早期制造费用并没有引起足够的重视，但自 1900 年以后，产品成本中的制造费用项目引起了越来越多学者的关注。

在成本会计发展历程中的一个重要问题是，成本账户与财务账户的合并发展。早期成本会计系统是作为一个完全独立的成本资料记录体系而存在的，直到 1900 年才开始使用现代的相互对应账户。然而此后成本账户与财务账户的分合问题却持续争论了许多年，如 1917 年、1918 年有人提出了"工厂总账"与"总分类账"，而在 1924 年以前 James Dohr 则一直坚持采用独立的无关联的非控制成本账户。现代会计人员可能认为，当时出现这种"结合"的争论简直不可理喻，而当时两者的结合却遭到很多会计人员和学者的反对。

总之，加纳教授认为：①1900 年前，作为成本第三大项的工厂间接费用一直为人们所忽视，但自此之后，人们对它的关注远胜于前两个项目(直接材料和直接人工)。②在大量条件和判断的约束之下，从所得到的证据看，似乎工业活动比较"低迷的年份"，往往会是在引入新的成本会计技术和程序方面硕果颇丰的时期。③美国早期成本会计发展中，工程师而不是成本会计师或一般会计师更关注成本计算问题。这值得我们成本会计人员进行深刻的思考。

链接 2 支出与费用

一天，万红和张瑞同学在会计老师安排的讲座课上，为一个案例的支出、费用、生产费用和产品成本结果争得面红耳赤。万红同学认为案例中该公司该月份的支出总额为 708 万元，费用应为 619.5 万元，生产费用为 464.25 万元，产品成本为 464.25 万元。张瑞同学认为万红同学说的结果都不对。以下是该案例的详细资料。

新华公司 9 月份购买了一台设备，支出 50 万元，为购买该设备支付增值税 8.5 万元，该设备预计使用 10 年，无残值；支付公司行政人员工资 30 万元，计提了福利费 4.2 万元，还提取了工会经费、教育经费 1.05 万元；支付公司办公等费用 10 万元；支付本月生产产品的工人工资 100 万元，生产管理人员工资 10 万元，并按规定比例提取了职工福利费、工会经费和教育经费；支付广告费 50 万元，销售产品差旅费 5 万元；支付运动会赞助费 20 万元、行政罚款 10 万元；本月折旧费 50 万元，其中公司管理部门 15 万元，车间 35 万元；本月应交所得税费 20 万元；应分配给投资人利润 20 万元；生产领用材料 300 万元；购进材料 500 万元。

你认为万红同学计算的结果对吗？为什么？支出、费用、生产费用、产品成本和期间成本的正确答案应为多少？

自 测 题

1. 某企业有车队、机修两个辅助生产车间，本月份发生的费用总额为：车队 49 500 元，机修车间 270 000 元，各辅助车间提供的劳务量如下。

各辅助车间提供的劳务量统计表

辅助车间	受益单位						合计
	A产品	B产品	一车间	二车间	厂部	车队	机修	
车队(吨公里)	7 000	5 200	2 000	1 600	1 000		200	17 000
机修(小时)	4 000	2 500	800	1 100	500	100		9 000

要求：
(1) 采用直接分配法分配辅助生产费用，编写有关的会计分录。

辅助生产成本分配表(直接分配法)

辅助车间		车队	机修	合计
待分配费用				
对外提供劳务量				
分配率				
A产品	耗用数量			
	分配金额			
B产品	耗用数量			
	分配金额			
一车间	耗用数量			
	分配金额			
二车间	耗用数量			
	分配金额			
厂部	耗用数量			
	分配金额			
合计				

(2) 采用顺序分配法分配辅助生产费用，编写有关辅助生产费用分配的会计分录。

辅助生产成本分配表(顺序分配法)

辅助车间		机修	车队	合计
待分配费用				
提供劳务量				
分配率				
车队	耗用数量			
	分配金额			
机修	耗用数量		——	
	分配金额		——	
A产品	耗用数量			
	分配金额			
B产品	耗用数量			
	分配金额			
一车间	耗用数量			
	分配金额			
二车间	耗用数量			
	分配金额			
厂部	耗用数量			
	分配金额			
合计				

(3) 采用代数分配法分配辅助生产费用，编写有关会计分录。

辅助生产成本分配表(代数分配法)

辅助车间		车队	机修	合计
待分配费用				
提供劳务量				
分配率				
车队	耗用数量			
	分配金额			
机修	耗用数量			
	分配金额			
A产品	耗用数量			
	分配金额			
B产品	耗用数量			
	分配金额			
一车间	耗用数量			
	分配金额			
二车间	耗用数量			
	分配金额			
厂部	耗用数量			
	分配金额			
合计				

2. 某厂设有供电、修理两个辅助生产车间，本月发生的费用和提供的劳务数量如下表所示。

辅助生产车间	直接发生费用	提供劳务总量	劳务耗用情况				
			发电车间	修理车间	一车间	二车间	管理部门
发电车间	4 000元	20 000度		2 000度	10 000度	6 000度	2 000度
修理车间	1 800元	600小时	100小时		220小时	160小时	120小时

要求：按交互分配法分配辅助生产费用，并写出相关会计分录。

辅助生产成本分配表(交互分配法)

项目	对内分配			对外分配		
辅助生产车间名称	发电	修理	合计	发电	修理	合计
待分配生产费用						
劳务供应数量						
分配率						

续表

项目		对内分配			对外分配		
辅助生产车间名称		发电	修理	合计	发电	修理	合计
辅助生产——发电	耗用数量						
	分配额						
辅助生产——修理	耗用数量						
	分配额						
一车间	耗用数量						
	分配额						
二车间	耗用数量						
	分配额						
行政管理部门	耗用数量						
	分配额						
合计							

假定每度电的计划单位成本为0.22元,每修理工时的计划单位成本为3.5元,按计划成本法分配劳务费用(答案直接填入下表)并写出相关会计分录。

辅助生产成本分配表(计划成本分配法)

辅助生产单位		发电车间	修理车间	合计
待分配辅助生产费用				
对外提供劳务量				
计划单位成本				
发电车间	耗用数量			
	分配金额			
修理车间	耗用数量			
	分配金额			
一车间	耗用数量			
	分配金额			
二车间	耗用数量			
	分配金额			
管理部门	耗用数量			
	分配金额			
按计划成本分配合计				
辅助生产实际成本				
辅助生产成本差异				

3. 某基本生产车间全年制造费用计划为 89 050 元；全年各种产品的计划产量为：A 产品 4 260 件，B 产品 3 580 件；单件产品的工时定额为 A 产品 5 小时，B 产品 4 小时。10 月份实际产量为：A 产品 395 件，B 产品 216 件，本月实际发生制造费用为 8 057 元。

要求：

(1) 请采用年度计划分配率分配制造费用。

(2) 假设 10 月初制造费用账户为贷方余额 280 元，请计算 10 月末制造费用账户的余额为多少，并说明是借方余额还是贷方余额。

第四章

生产费用在完工产品与在产品之间的分配

【学习要点及目标】
- 理解在产品的概念及其核算对产成品成本的影响；
- 了解在产品数量的确定方法及其意义；
- 掌握生产费用在完工产品与在产品之间分配的方法。

【核心概念】

在产品　在产品数量　约当产量　约当产量比例法　定额比例法

【引导案例】

某校办木业公司 20××年 10 月份完工甲产品 1 000 件，产品直接材料费用定额为 800 元，工时消耗定额为 90 小时。月末盘点停留在各生产工序的在产品为 400 件，其中第一工序为 150 件，直接材料费用定额为 600 元，工时消耗定额为 20 小时；第二工序为 140 件，直接材料费用定额为 100 元，工时消耗定额为 50 小时；第三工序为 110 件，直接材料费用定额为 100 元，工时消耗定额为 20 小时。甲产品月初在产品成本和本月发生的直接材料费用、直接人工成本和制造费用分别是 1 032 960 元、319 800 元和 191 880 元。

思考：假如你是该企业的成本核算人员，你能否确定各种费用应如何在完工甲产品和在产品之间进行分配？你能对完工 1 000 件甲产品进行准确的成本核算吗？

第一节　在产品数量的核算

一、在产品的含义

从广义上来说，在产品是指从投产开始至尚未制成最终产品入库的产品，包括正在加工过程中的在制品、正在返修过程中的废品、已完成一个或几个生产步骤还需继续加工的半成品、已完工但尚未入库的完工产品、等待返修的可修复废品等。从狭义上来说，在产品仅指正在各个生产车间处于相关生产步骤进行加工的在制品。这里所讲的在产品是狭义在产品。

在产品数量是核算在产品成本的基础，在产品成本与完工产品成本之和是产品的产品成本总额，由于本期期末在产品成本就是下期期初在产品成本，因此，在产品成本与完工产品成本的计算关系可用以下公式表示：

月初在产品成本 + 本月发生产品成本 = 本月完工产品成本 + 月末在产品成本

本月完工产品成本 = 月初在产品成本 + 本月发生产品成本 - 月末在产品成本

二、在产品数量的确定

要确定月末在产品成本，必须先确定月末在产品的数量。对在产品数量进行核算的方法一般有两种：一是设置"在产品台账"，进行台账记录，反映在产品的结存数量；二是通过实地盘点方式确定月末在产品数量。在实际工作中，往往将两种方法结合使用，通过"在产品台账"反映在产品的理论结存数量，通过实地盘点确定在产品的实际结存数量，两者差额表现为在产品的盘点溢余或短缺的数量。

三、在产品清查结果的处理

在产品清查应当在每月月末进行，通过实地盘点确定在产品的实际结存数量，与"在产品台账"记录的结存数量进行核对，如有不符，编制"在产品盘盈盘亏报告表"，填明在产品名称、盈亏数量、金额、原因等。对于毁损的在产品还要登记残值。经有关领导批准后进行账务处理。为了反映在产品盘盈、盘亏和毁损的处理过程，应当设置"待处理财产损溢"账户。

1) 盘盈的会计处理

发生盘盈时：

借：基本生产成本——×产品
　　贷：待处理财产损溢——待处理流动资产损溢

批准后予以转销时：

借：待处理财产损溢——待处理流动资产损溢
　　贷：管理费用

2) 盘亏、毁损的会计处理

发生盘亏及毁损时：

借：待处理财产损溢——待处理流动资产损溢
　　贷：基本生产成本——×产品

批准后转销时，区别不同情况处理：

借：原材料(毁损在产品收回的残值)
　　其他应收款(应收过失人或保险公司赔偿损失)
　　营业外支出(非常损失的净损失)
　　管理费用(无法收回的损失)
　　贷：待处理财产损溢——待处理流动资产损溢

第二节　生产费用在完工产品和在产品之间的分配方法

企业要根据生产过程的特点和在产品数量的多少、各月在产品数量变化的大小等具体条件，采用适当的方法计算在产品的成本。

如果企业各月末在产品数量很少，所占用的费用额不大，是否计算在产品成本对完工产品成本的影响很小，为了简化成本核算工作，可以不计算在产品的成本，将发生的全部生产费用都由完工产品成本负担。如果在产品数量较多，占用的费用也较大，但各月之间变化不大，为了简化成本核算工作，在产品成本可按年初数固定计算。

如果在产品数量较大，占用的费用额也较大，同时各月的在产品数量变化也较大时，就应按月计算在产品的成本。通常采用的在产品成本计算方法有约当产量法、定额比例法、定额成本计算法、按所耗直接材料费用计算法。

一、约当产量法

该方法的基本特点是：将期初结存在产品成本与本期发生的产品成本之和，按完工产品数量与月末在产品约当产量的比例进行分配，以计算完工产品成本和月末在产品成本。分配时按成本项目进行。它适用于月末在产品数量较大，各月末在产品数量变化也较大，产品成本中原材料费用和人工及制造费用的比重相差不大的产品。

(一)原材料在开始生产时一次投入时的计算

在计算约当产量时,要注意在产品耗用的原材料和加工费用(直接工资、制造费用等)的情况是不一样的。在一般情况下,原材料是在开始生产时一次投入的,每件在产品耗用的原材料同产成品是一样的。所以,通常分配材料费用时,不必计算在产品中"直接材料"成本项目的约当产量,应按完工产品和在产品的数量比例分配材料费用。加工费用一般都是随着生产过程而逐渐增加的,所以要按在产品完工程度计算约当产量,按完工产品和在产品的约当产量分配计算完工产品和在产品的加工费用。

计算公式如下:

$$直接材料费用分配率 = \frac{月初在产品直接材料费用 + 本月发生直接材料费用}{完工产品数量 + 在产品数量}$$

月末在产品直接材料成本 = 月末在产品数量 × 直接材料费用分配率

在产品约当产量=月末在产品数量×在产品完工程度(%)

月末在产品加工费用=月末在产品约当产量×加工费用分配率

$$加工费用分配率 = \frac{月初在产品加工费用 + 本月发生加工费用}{完工产品数量 + 在产品约当产量}$$

月末在产品成本=月末在产品直接材料成本 + 月末在产品加工费用

完工产品直接材料成本=完工产品数量×直接材料费用分配率

或　　　=直接材料费用总额-月末在产品直接材料成本

完工产品加工费用=完工产品数量×加工费用分配率

或　　　=加工费用总额-月末在产品加工费用

完工产品成本=完工产品直接材料成本 + 完工产品加工费用

【例 4-1】 某企业生产甲产品,原材料在开始生产时一次投入,月末在产品完工程度估计为 50%,甲产品本月完工 100 件,月末在产品为 20 件。月初在产品成本和本月发生费用如表 4-1 所示。要求按约当产量法计算完工产品成本和在产品成本。

计算结果如下:

$$直接材料费用分配率 = \frac{1\,756 + 37\,844}{100 + 20} = 330$$

月末在产品原材料成本=20×330=6 600(元)

完工产品原材料成本=100×330=33 000(元)

月末在产品约当产量=20×50%=10(件)

$$燃料和动力费用分配率 = \frac{139.60 + 6\,570.40}{100 + 10} = 61$$

月末在产品燃料和动力成本=10×61=610(元)

完工产品燃料和动力成本=100×61=6 100(元)

其余加工费用项目的计算方法同上,不再赘述。

将上述计算结果填入甲产品"产品成本计算单"中(见表 4-1)。

表4-1 产品成本计算单

20××年7月　　　　　　　　　　　　　　　　产品名称：甲产品

日期	摘要	直接材料	燃料及动力	直接工资	制造费用	废品损失	合计
1	月初在产品成本	1 756	13 960	57 625	27 550		274 735
31	材料费用	38 450	102				38 552
31	工资费用			11 000			11 000
31	外购动力费用		2 250				2 250
31	辅助生产费用		4 231				4 231
31	制造费用				17 000		17 000
31	结转废品损失	606	1 260	2 625	11 550		76 035
31	分配废品净损失					10 704.90	10 704.90
31	本月发生额	37 844	6 570.4	10 973.75	16 884.5	10 704.90	82 977.55
	合计	39 600	6 710	11 550	17 160	10 704.90	85 724.90
	完工产品产量	100	100	100	100	100	
	在产品约当产量	20	10	10	10	10	
	产品产量合计	120	110	110	110	110	
	单位成本	330	61	105	156	107.049	759.049
	结转完工产品成本	33 000	6 100	10 500	15 600	10 704.90	75 904.90
	月末在产品成本	6 600	610	1 050	1 560		9 820

(二)材料分阶段在每道工序开始一次投入

如果直接材料不是在开始生产时一次投入,而是分阶段在每道工序开始一次投入时,则在产品直接材料项目投料程度(简称投料率),按某道工序单位产品的累计定额投入量占单位产品的定额消耗量计算。由于加工费用都是随着生产进度陆续投入的,因此,计算在产品加工费用的完工程度(简称完工率)一般按某道工序单位产品累计定额工时占单位产品的定额工时计算。

计算公式:

$$某道工序在产品原材料投料率=\frac{该工序单位产品原材料累计定额消耗量}{单位产品原材料定额消耗量}$$

【例4-2】某企业生产甲产品,经过三道工序加工,原材料随生产进度陆续投入,且在每道工序开始时一次投入。各工序的有关资料如表4-2所示。

表4-2 在产品数量及定额资料

20××年7月

工序	1	2	3	合计
直接材料定额	280	168	112	560
工时定额	80	160	60	300
在产品数量	60	70	30	160

根据表 4-2 中的资料，计算各道工序在产品投料和完工及约当产量，如表 4-3 和表 4-4 所示。

表 4-3 甲产品投料率和约当产量计算表

工序	各工序直接材料定额	投料率	在产品数量	约当产量
1	280	(280÷560)×100%=50%	60	30
2	168	[(280+168)÷560]×100%=80%	70	56
3	112	[(280+168+112)÷560]×100%=100%	30	30
合计	560		160	116

表 4-4 甲产品完工率和约当产量计算表

产品名称：甲产品

工序	各工序工时定额	完工率	在产品数量	约当产量
1	80	[(80×50%)÷300]×100%=13.33%	60	8
2	160	[(80+160×50%)÷300]×100%=53.33%	70	37
3	60	[80+160+60×50%]÷300×100%=90	30	27
合计	300		160	72

甲产品月初在产品和本月费用见表 4-5，本月完工产品 200 台，据此编制的"甲产品成本计算单"如表 4-5 所示。

表 4-5 产品成本计算单

20××年7月

摘　要	直接材料	燃料及动力	直接工资	制造费用	合　计
月初与本月费用合计	90 060	13 600	19 040	8 160	130 860
完工产品产量	200	200	200	200	
在产品约当产量	116	72	72	72	
产品产量合计	316	272	272	272	
单位成本	285	50	70	30	435
结转完工产品成本	57 000	10 000	14 000	6 000	87 000
月末在产品成本	33 060	3 600	5 040	2 160	43 860

如果材料是随着生产进度陆续投入，且在每一工序也是陆续投入，则计算公式：

$$某工序在产品直接材料完工程度=\frac{上工序累计单位产品材料定额耗用量+本工序材料定额耗用量\times 50\%}{单位产品原材料定额耗用量}$$

举例：

如果上例中原材料是随着生产进度陆续投入，且在每一工序也是陆续投入的，则直接材料费用的完工程度计算如下：

第一工序直接材料费用完工程度 $= \dfrac{280 \times 50\%}{560} \times 100\% = 25\%$

第二工序直接材料费用完工程度 $= \dfrac{280 + 168 \times 50\%}{560} \times 100\% = 65\%$

第三工序直接材料费用完工程度 $= \dfrac{280 + 168 + 112 \times 50\%}{560} \times 100\% = 90\%$

第一工序直接材料在产品约当产量 $= 60 \times 25\% = 15(件)$

第二工序直接材料在产品约当产量 $= 70 \times 65\% = 45.5(件)$

第三工序直接材料在产品约当产量 $= 30 \times 90\% = 27(件)$

直接材料项目在产品约当产量 $= 15 + 45.5 + 27 = 87.5(件)$

二、定额比例分配法

该方法的基本特点是：完工产品和月末在产品的成本按照产品成本占完工产品和月末在产品的定额消耗量或定额费用的比例来分配求得，而且在计算时，也是分成本项目进行的。其中，直接材料费用按原材料定额消耗量或原材料定额费用比例分配，其他成本项目按定额工时比例分配。它适用于各项消耗定额或费用定额比较准确、稳定，但各月末在产品数量变动较大的产品。克服了定额计算法中将在产品实际成本与定额成本之间的差额计入完工产品成本，可能造成完工产品成本计算不够正确的问题。采用按定额比例计算在产品成本法计算产品成本的程序及相关公式如下：

$$\text{直接材料费用分配率} = \dfrac{\text{月初在产品原材料成本} + \text{本期发生的原材料费用}}{\text{月末在产品定额原材料耗用量(或费用)} + \text{完工产品定额原材料耗用量(或费用)}}$$

完工产品应分配直接材料费用
=完工产品定额直接材料费用×直接材料费用分配率
月末在产品应分配直接材料费用
=月末在产品定额直接材料费用×直接材料费用分配率
或　月末在产品应分配直接材料费用
=月初在产品成本+本月发生的原材料费用-完工产品原材料成本
完工产品应分配的直接人工、制造费用等
=完工产品定额工时×直接人工分配率
月末在产品应分配的直接人工、制造费用等
=月末在产品定额工时×直接人工分配率
月末在产品应分配的直接人工、制造费用等
=月初在产品直接人工、制造费用等+本月发生的直接人工、制造费用等-
　完工产品的直接人工、制造费用等

三、按定额耗用量比例直接分配费用

在不需要计算完工产品实际数量的情况下,可以采用按定额耗用量比例直接分配费用的方法,若所耗用直接材料品种超过一种时,"直接材料"成本项目应按完工产品和月末在产品的定额材料费用的比例分配。

计算公式:

$$材料费用分配率(定额比例) = \frac{月初在产品材料费用 + 本月发生材料费用}{完工产品定额材料费用(或定额消耗量) + 月末在产品定额材料费用(或定额消耗量)}$$

完工产品直接材料成本 = 完工产品定额材料费用(或定额消耗量) × 材料费用分配率(定额比例)

月末在产品直接材料成本 = 月末在产品定额材料费用(或定额消耗量) × 材料费用分配率(定额比例)

或 = 材料费用总额 - 完工产品直接材料成本

月末在产品直接工资(费用) = 月末在产品定额工时 × 工资(费用)分配率(定额比例)

或 = 工资(费用)总额 - 完工产品工资(费用)

$$工资(费用)分配率(定额比例) = \frac{月初在产品实际工资(费用) + 本月实际工资(费用)}{完工产品定额工时 + 月末在产品定额工时}$$

完工产品直接工资(费用) = 完工产品定额工时 × 工资(费用)分配率(定额比例)

【例4-3】某企业生产丁产品,月初在产品成本资料为:直接材料3 520元,直接工资2 400元,制造费用1 300元。本月发生的生产费用为:直接材料57 200元,直接工资21 036元,制造费用14 324元。完工产品原材料定额消耗量为55 000千克,定额工时为21 000小时,月末在产品原材料定额消耗量为11 000千克,定额工时为4 000小时。计算结果如下:

$$材料费用分配率 = \frac{3\,520 + 57\,200}{55\,000 + 11\,000} = \frac{60\,720}{66\,000} = 0.92$$

$$工资费用分配率 = \frac{2\,400 + 21\,036}{21\,000 + 4\,000} = \frac{23\,436}{25\,000} = 0.937\,44$$

$$制造费用分配率 = \frac{1\,300 + 14\,324}{21\,000 + 4\,000} = \frac{15\,624}{25\,000} = 0.624$$

完工产品实际成本:

直接材料 = 55 000 × 0.92 = 50 600(元)

直接工资 = 21 000 × 0.937 4 = 19 686.24(元)

制造费用 = 21 000 × 0.624 96 = 13 124.16(元)

合计:83 410.40(元)

在产品实际成本:

直接材料 = 11 000 × 0.92 = 10 120(元)

直接工资 = 4 000 × 0.937 44 = 3 749.76(元)

制造费用 = 40 000 × 0.624 96 = 2 499.84(元)

合计:16 369.60(元)

四、定额成本计算法

定额成本计算法是指以产品的各项消耗定额为标准计算在产品成本的方法。定额成本计算法适用于企业具备完整的消耗定额资料，消耗定额比较准确、稳定而且在产品数量变化不大的情况下采用。采用定额成本计算法计算在产品成本时，月末在产品按定额成本计算，将生产费用合计减去按定额成本计算的在产品成本，其余额就是完工产品成本。

计算公式：

在产品直接材料定额成本＝在产品数量×材料单位消耗定额×材料计划单价

在产品直接工资定额成本＝在产品数量×工时定额×计划小时工资率

在产品制造费用定额成本＝在产品数量×工时定额×计划小时制造费用率

在产品定额成本＝在产品直接材料定额成本＋在产品直接工资定额成本
　　　　　　　＋在产品制造费用定额成本

完工产品直接材料成本＝直接材料费用合计－在产品直接材料成本

完工产品直接工资成本＝直接工资成本合计－在产品直接工资成本

完工产品制造费用＝制造费用合计－在产品制造费用

完工产品成本＝完工产品直接材料成本＋完工产品直接工资成本
　　　　　　＋完工产品制造费用

【例4-4】某企业生产甲产品，期末在产品48件，使用A、B两种材料，在生产开始时一次投入。A材料单位消耗定额为15千克，B材料为24千克。A材料计划单价4.30元，B材料3.75元。期末在产品完工程度为50%，产品工时定额为200小时，计划小时工资率为0.76，计划小时制造费用率为0.53。月初在产品成本和本月生产费用合计分别为：直接材料25 000元，直接工资15 000元，制造费用8 500元。完工产品数量为200件。按定额成本计算在产品成本和完工产品成本的结果如下：

月末在产品直接材料定额成本＝48×15×4.30＋48×24×3.75＝7 416(元)

月末在产品直接工资定额成本＝48×200×50%×0.76＝3 648(元)

月末在产品制造费用定额成本＝48×200×50%×0.53＝2 544(元)

月末在产品定额成本＝7 416＋3 648＋2 544＝13 608(元)

完工产品直接材料成本＝25 000－7 416＝17 584(元)

完工产品直接工资成本＝15 000－3 648＝11 352(元)

完工产品制造费用成本＝8 500－2 544＝5 956(元)

完工产品实际成本＝17 584＋11 352＋5 956＝34 892(元)

据此编制的"产品成本计算单"如表4-6所示。

表4-6　产品成本计算单

20××年8月　　　　　　　　　　　　　　　　　　　　产品名称：甲产品

项　目	直接材料	直接工资	制造费用	合　计
生产费用合计	25 000	15 000	8 500	48 500
月末在产品成本	7 416	3 648	2 544	13 608
完工产品成本	17 584	11 352	5 956	34 892
完工产品单位成本	87.92	56.76	29.78	174.46

五、按所耗直接材料费用计算法

按所耗直接材料费用计算法是指在产品只负担材料费用,其他加工费用全部由完工产品负担的方法。这种方法一般适用于产品成本中材料费用占的比重较大,而其他加工费用(如直接工资、制造费用等)比较少的情况下采用。

计算公式:

$$直接材料费用分配率 = \frac{直接材料费用总额}{完工产品数量 + 在产品数量}$$

在产品成本 = 在产品数量 × 直接材料费用分配率
完工产品成本 = 完工产品数量 × 直接材料费用分配率 + 其他各项加工费用
或　　　　　 = 生产费用合计 - 在产品成本

第三节　完工产品成本的结转

完工产品是指完成全部生产过程,符合技术与质量要求,验收入库,具备对外销售条件的完工产品。为了反映完工产品入库情况,需要设置"库存产品"账户进行核算。"库存产品"账户是资产类账户,用来核算企业自行生产完工并入库的完工产品成本。在制造企业中,该账户的借方登记验收入库的完工产品的实际成本,贷方登记结转的商品销售成本,余额为借方,表示企业在库产成品的实际成本。

无论采用何种方法确定月末在产品成本,在计算出本期完工产品的总成本和单位成本后,都要根据编制的产品成本分配表或产品成本计算单,结合产品入库单进行会计处理。

借:库存产品
　　贷:生产成本——基本生产成本

根据会计分录(记账凭证)登记基本生产成本明细账,转出完工产品成本,结出月末在产品成本。

【知识链接】

链接 1
某服装厂的经营范围是设计、工装,如工作服、汽修服、保洁服、连体服、校服、保安服、美容服、护士服以及各种棉大衣等,同时厂家直销全棉帆布、涤棉帆布、沙卡、细珠帆布、涤卡等面料。月末核算在产品数量时,刚来厂里实习的会计小王对以下事项是否为在产品犯了难:①正在第一生产车间加工中的学生校服 500 件;②库存等待销售的涤棉帆布 200 匹;③库存等待下一生产环节领用的涤卡 150 匹;④已经加工完毕但尚未验收入库的学生校服 2 000 件。

问题:上述四批产品是完工产品还是在产品?运用在产品的含义分析回答。从分配完工产品和月末在产品应负担产品成本费用低的角度看,你认为哪些是月末在产品?

理解要点:在产品包括广义在产品和狭义在产品。广义在产品是指从投产开始至尚未制成最终入库产品的产品,包括正在加工过程的在制品、正在返修过程中的废品、已完成一个或几个生产步骤还需继续加工的半成品、已完工但尚未入库的完工产品、等待返修的可修复废品等。狭义在产品仅指正在各个生产车间处于相关生产步骤进行加工的在制品。

根据产品的含义，上述事项②、③、④属于广义在产品，事项①属于狭义在产品。

链接2

天宇公司是一家造纸企业，该企业生产的某包装纸月末在产品数量较多，变化也较大，用于造纸的原材料木材、竹子等在产品成本总额中所占比重较大，达70%以上。该企业的在产品成本的处理方法应该选择哪种呢？李同学认为，该企业的在产品数量较多，应该选择固定成本计价法，这样算起来比较简单，便于核算。王同学认为，天宇公司的原材料在产品总额中所占比重较大，各月在产品数量也较大，应该选择所耗直接材料费用计价法。

问题：在产品的处理方法是按什么原则选择的？两位同学的观点哪位正确呢？

理解要点：在产品按固定成本计价法适用于各个月末在产品数量稳定、变化不大的产品，在产品数量的变化将导致各月末成本不一，因而李同学的观点是不对的。在产品按所耗直接材料费用计价适用于各月在产品数量多，各月在产品数量变化较大，且直接材料费用在产品成本中所占比重较大的产品。因为在产品的成本构成中，如果材料费用占绝大比重，不计算在产品应负担的直接人工费用与制造费用，对正确计算完工产品成本影响不大。为了简化计算，在产品可以不计算人工费用及制造费用。如纺织、造纸和酿酒等生产工业的产品，直接材料费用比重较大可以采用这种分配方法。所以王同学的观点是正确的。

自 测 题

1. 某企业2016年8月生产甲产品400件，月末在产品100件，材料开始时一次性投入，加工程度为66.67%，其他有关资料如表4-7所示。采用定额比例法计算本月完工产品及月末在产品成本。

表4-7 生产费用资料表

2016年8月 单位：元

摘要	直接材料	直接人工		制造费用		合计
		变动费用	固定费用	变动费用	固定费用	
月初在产品成本	2 800	1 000	400	1 000	3 000	8 200
本月生产费用	14 700	4 600	2 400	6 000	18 000	45 700
单位完工产品定额	50	30 小时		30 小时		
月末单位在产品定额	50	20 小时		20 小时		

2. 采用约当产量比例法计算江城宏博机械厂完工产品和在产品成本。

背景与情境：江城宏博机械厂的1#机械产品要经过三个车间生产完成，直接材料投入均为50件，在产品数量为17件。本月有关产品成本费用见表4-8，在产品结存与各车间的数量及定额资料见表4-9。

表4-8 本月有关产品成本费用表

产品名称：1#机械产品　　完工产量：50件　　20××年12月31日 单位：元

摘要	直接材料	直接人工	制造费用	其他直接支出	合计
月初在产品成本	157 535	37 500	24 765	5 250	225 050
本月产品成本	615 495.60	205 599	95 901.25	20 056.59	937 052.44
产品成本合计	773 030.60	243 099	120 666.25	25 306.59	1 162 102.44

表4-9 在产品结存数量及定额表

车间	在产品数量(件)	材料消耗(元)	定额工时(小时)
铸造车间	10	99 988	3 500
机械加工车间	5	76 668	6 000
装配车间	2	438 839.60	4 500
合计	17	615 495.60	14 000

某同学在用约当产量法计算时进行了以下分析:首先要计算在产品的约当产量,然后将各项费用在完工产品和在产品之间分配。直接材料为每个车间生产开始时一次投料,所以,直接材料的分配如下。

铸造车间投料程度: 99 988 ÷ 615 495.60 × 100% = 16.25%

机械加工车间投料程度: (99 988 + 76 668) ÷ 615 495.60 × 100% = 28.70%

装配车间投料程度: (99 988 + 76 668 + 438 839.60) ÷ 615 495.60 × 100% = 100%

直接材料约当产量: 16.25% × 10 + 28.70% × 5 + 100% × 2 = 5.06(件)

直接材料费用分配率: 773 030.60 ÷ (50 + 5.06) = 14 039.79

完工产品应分摊的材料费用: 14 039.79 × 50 = 701 989.50(元)

月末在产品应分摊的材料费用: 14 039.79 × 5.06 = 71 041.34(元)

该同学认为接下来的计算过程就简单了,因为已经得出在产品的约当产量是5.06件,所以接下来的其他三项成本项目的计算都可以将费用在完工产量50件和约当产量5.06件之间分配。并且他认为,应该将全部产品成本除以完工产品和在产品的数量,即 1 162 102.44 ÷ (50 + 5.06) = 21 106.11(元/件),得出单位成本,便可求出完工产品成本和在产品成本,这样计算更为简单。

问题:请对该同学的计算进行分析,找出正确与错误的地方。

3. 某厂生产的甲产品原材料在生产开始时一次投入,直接人工和制造费用的发生比较均衡,月末在产品完工程度可按50%计算。本月完工入库甲产品400件,月末盘存甲产品在产品为100件。根据产品成本计算单提供的资料,甲产品月初在产品成本为80 000元,其中直接材料48 000元,直接人工20 000元,制造费用12 000元;本月发生生产费用为398 600元,其中直接材料210 100元,直接人工121 750元,制造费用66 750元。

要求:根据资料,采用约当产量法计算甲产品本月完工产品成本和月末在产品成本。

第五章

产品成本计算方法概述

【学习要点及目标】
- 理解生产的特点和管理要求对产品成本计算的影响;
- 了解成本计算对象的设计;
- 掌握产品成本计算方法的选择依据;
- 了解产品成本计算的主要方法和辅助方法的划分。

【核心概念】

单步骤生产　多步骤生产　大量生产　成批生产　基本方法　辅助方法

【引导案例】

某公司是一家综合性的企业，该公司主要从事食品加工，包括食品的粗加工和精加工，主要产品有啤酒、白酒、面粉(标准粉、全麦粉、饺子粉)、油等。各种产品由不同的车间进行生产，有些产品生产周期不同，生产步骤不同，所用原料不同，管理要求不同；有些产品生产周期相同，所用原料相同，生产步骤一致。为此该公司要求财务部门确定一套适合本公司的成本核算方案，为不同的产品选择不同的核算方法。你能为该企业提供一套成本核算方案吗？

第一节　企业生产类型的分类

企业的生产类型，可以按照生产工艺过程的特点和生产组织的特点进行分类。

一、按照生产工艺过程的特点分类

企业的生产按照生产工艺过程的特点划分，可以分为简单生产和复杂生产两类。

1. 简单生产

简单生产，也称单步骤生产，是指生产工艺过程不能间断，或者不便于分散在不同地点进行的生产。简单生产的生产周期一般比较短，通常没有自制半成品或者其他中间产品，这种特点决定了产品通常只能由一个企业独立完成，而不能有多个企业协作进行。例如，采掘、发电、铸造等工业企业生产。

2. 复杂生产

复杂生产，也称多步骤生产，是指由生产工艺过程可以间断的若干个生产步骤组成的生产。复杂生产的特点是：其一，生产工艺上可以间断；其二，生产活动可以在不同时间、不同地点进行；其三，生产活动可以在一个企业进行，也可以由多个企业协作进行。例如，纺织、冶金等生产企业。

复杂生产按照其加工方式和各步骤的内在联系，可以分为连续式复杂生产和装配式复杂生产。

1) 连续式复杂生产

连续式复杂生产，又称连续式多步骤生产、顺序加工复杂生产、顺序加工多步骤生产，是指从原材料投入生产以后，需要经过若干个相互联系的、具有先后顺序的连续加工步骤才能最后生产出产成品的生产。连续式复杂生产中，前一个步骤生产出来的半成品，是后一个加工步骤的加工对象，直到最后加工步骤才能生产出产成品。钢铁、纺织、水泥、造纸企业等，属于这种连续式复杂生产的典型企业。

2) 装配式复杂生产

装配式复杂生产，又称装配式多步骤生产、平行加工复杂生产、平行加工多步骤生产，是指各生产步骤可以在不同时间和地点平行加工原材料制成产成品所需的各种零件、部件，然后将零部件装配成产成品。汽车、自行车、家用电器、造船等企业，属于这种装配式复杂生产的典型企业。

二、按照生产组织的特点分类

企业的生产按照生产组织的特点划分，可以分为大量生产、成批生产和单件生产三类。

1. 大量生产

大量生产是指不断重复生产品种相同的产品的生产。大量生产的主要特点是产品品种少且较稳定、产量大、生产重复性强、专业化水平比较高。例如，发电企业、钢铁企业等。

2. 成批生产

成批生产是指按照事先规定的产品规格和数量，根据订货者的需求，每隔一定时期成批重复生产某种产品的生产。成批生产的主要特点是产品品种多、按批投入、定期重复。

成批生产按照产品批量的多少，可以分为大批生产、中批生产和小批生产。一般而言，大批生产的产品批量大，生产周期有规律，往往在短期内不断重复生产，性质与大量生产接近，实际工作中常常统称为"大量大批生产"。例如，汽车企业、自行车企业、钟表企业等。小批生产的产品批量小，需要按照订货者的订单进行制造生产，一般情况下，一批产品可以同时投产并完工，性质接近于单件生产，实际工作中常常统称为"单件小批生产"。例如，服装企业、机床制造企业等。中批生产，介于大小批生产之间，是最具有典型意义的成批生产。

3. 单件生产

单件生产是指按照购买单位的要求，生产个别的或少量的性质特殊产品的生产。单件生产的主要特点是产品品种多且产量很少，很少重复，专业化程度不高。例如，造船、重型机械、专用设备等的生产。

工业企业的生产工艺过程和生产组织之间有一定的联系，一般说来，简单生产和连续式复杂生产，其生产组织方式是大量生产或者大批生产；装配式复杂生产可以是大量生产或者大批生产，也可以是小批生产或者单件生产。

第二节 生产特点和管理要求对产品成本计算的影响

生产特点和管理要求对产品成本计算的影响，主要表现在对成本计算对象的影响、对成本计算期的影响和对成本计价的影响三个方面。其中，对成本计算对象的影响是决定成本核算方法的最主要因素。

一、对成本计算对象的影响

要计算产品的成本，首要就要确定成本的对象。成本计算对象是为计算产品成本而确定的归集生产费用的对象，即成本计算对象就是成本的承担者。确定成本计算对象，是设置产品成本明细账、归集生产费用和计算产品成本的前提，成本计算对象要因生产类型和管理要求而设定。

1. 从事简单生产类型的企业

从事简单生产类型的企业，其生产组织方式是大量生产或者大批生产。由于生产过程较短且工艺过程不能间断，通常没有自制半成品或者其他中间产品，或者数量很少，因而管理上通常只要求按照产品品种计算成本，即成本计算对象为每种产品。

2. 从事连续式复杂生产类型的企业

从事连续式复杂生产类型的企业，其生产组织方式是大量生产或者大批生产。从生产特点看，生产工艺过程可以间断，生产步骤有既定的顺序，因此，既可以计算最终完工产品的成本，也可以计算各个生产步骤的成本，因而管理上既可以不分步骤而只以产品品种为成本计算对象，也可以以产品品种及生产步骤的成本为成本计算对象。如果各个生产步骤生产的自制半成品可以独立销售或者具有独立的经济意义，或者在下一个步骤生产时可以用于不同的产品生产，那么管理上通常需要计算该自制半成品的成本，即需要以产品品种及生产步骤的成本为成本计算对象。如果企业规模比较小，管理上不需要计算自制半成品成本，就可以只以产品品种为成本计算对象。

3. 从事装配式复杂生产类型的企业

从事装配式复杂生产类型的企业，其生产组织方式可以是大量生产或者大批生产，也可以是小批生产或者单件生产。

1) 生产组织方式是大量生产或者大批生产

该种类型的企业，其生产产品的品种比较稳定，生产工艺过程可以间断，各生产步骤不存在先后顺序、可以平行生产，零部件可以集中生产然后供多批产品装配耗用，这样，零部件生产的批别和订货产品生产的批别就不完全一致，因而，管理上不能按产品的批别确定成本计算对象，而要分别以零部件和产成品为成本计算对象。

2) 生产组织方式是小批生产或者单件生产

该种类型的企业，产品批量小，同一批产品同时投产，一般也同时完工，因而，管理上要求按照批别归集费用，分批计算产品成本，即以产品批别作为成本计算对象。

二、对成本计算期的影响

成本计算期是指每次计算产成品成本的期间，企业生产类型不同，产品计算期便不同。成本计算期主要取决于生产组织的特点。

1. 大量大批生产

大量大批生产，生产活动不间断地进行，产品往往跨月陆续生产，每月都有产品完工入库，每月末都存在在产品，因而产品成本要定期在每月月末计算，成本计算期与产品生产周期不一致。

2. 单件小批生产

单件小批生产，生产是按件或者按批组织的，每月不一定都有产品完工，各张订单(各批产品)的生产周期不同，因而一般要等到一张订单的所有产品(或者一批产品)全部完工之后才能计算产品成本。因此，单件小批生产的企业通常以产品的生产周期为成本计算期，即产品成本计算期是不定期的，但与生产周期是一致的。

三、对成本计价的影响

企业生产组织的特点和管理要求还影响到产品成本的计价，即生产费用是否需要在产成品和在产品之间进行分配。

1. 简单(单步骤)大量大批生产企业

简单(单步骤)大量大批生产企业，由于生产过程较短且工艺过程不能间断，通常没有自制半成品或者其他中间产品，或者数量很少，因而生产费用通常不需要在完工产品和在产品之间进行分配，全部由完工产品负担。

2. 复杂(多步骤)大量大批生产企业

复杂(多步骤)大量大批生产企业，生产不间断地进行，经常存在在产品，因而月末需要将生产费用在完工产品和在产品之间进行分配。

3. 复杂(多步骤)单件小批生产企业

复杂(多步骤)单件小批生产企业，产品批量小，同一批产品同时投产，一般也同时完工，通常以产品的生产周期为成本计算期，因而生产费用通常不需要在完工产品和在产品之间进行分配。

第三节　产品成本计算的基本方法和辅助方法

企业的生产特点和管理要求影响着成本计算对象、成本计算期和成本计价三个方面，这三个方面有机结合起来就构成了特点不同的成本计算方法。主要包括：以产品品种为计算对象的品种法、以产品生产批别为计算对象的分批法、以产品品种及各生产步骤的成本为计算对象的分步法这三种成本计算的基本方法。

三种成本计算的基本方法与生产类型的关系如表 5-1 所示。

表 5-1　成本核算方法与生产类型的关系对比表

生产类型		成本管理要求	成本计算对象	成本计算方法
生产工艺过程特点	生产组织特点			
简单生产(单步骤生产)	大量大批	按产品品种计算成本	产品品种	品种法

续表

生产类型		成本管理要求	成本计算对象	成本计算方法
生产工艺过程特点	生产组织特点			
连续式复杂生产 (连续式多步骤生产)	大量大批	按产品品种计算成本	产品品种	品种法
		同时按产品品种和分步骤计算成本	半成品或产成品	分步法
装配式复杂生产 (装配式多步骤生产)	大量大批	按产品品种计算成本	产品品种	品种法
		同时按产品品种和分步骤计算成本	半成品或产成品	分步法
	单件小批	按产品批别(件别)计算成本	产品批别(件别)	分批法

另外，为简化成本核算和加强成本管理，还可以根据企业和产品自身的特点，采用成本计算的辅助方法，主要有分类法和定额法。

产品成本计算的基本方法和辅助方法，我们将在第6章和第7章详细讲述。

【知识链接】

链接1

产品成本计算的过程，就是按照一定的成本计算对象归集、分配生产费用的过程。可见，产品成本计算对象的确定的点不同，生产类型和管理要求不同，采用的产品成本计算方法也不同。企业在确定产品成本计算方法时，必须从具体情况出发，不但要考虑企业生产类型的特点，还要根据管理要求合理地选择成本计算方法。

链接2

实际上，企业生产按工艺过程的特点分为简单生产和复杂生产；生产按组织方式可分为大量生产、成批生产和单件生产。成本计算方法一般又包括成本计算对象确定、成本计算期确定、在产品的计价方法等要素。企业生产有不同形式，计算产品成本也有各种不同的方法。在一个企业里，所采用的成本计算方法也不是一成不变的，可以根据企业生产发展和管理水平的提高，变更产品成本计算方法，以适应新形势的需要。特别是随着我国经济体制改革的深入发展，企业生产类型可能变动，由过去的单件生产转为大量大批生产或由过去的简单生产变为复杂生产，以及为满足成本管理要求提供更多的成本资料，都要求对原有的成本计算方法进行调整。

自 测 题

案例分析题

美国戴尔公司是一家以生产、设计、销售个人计算机而闻名的全球500强公司，戴尔不生产电脑芯片和硬盘之类的零部件，而是专注于电脑组装。公司接受全球的客户订单，每台电脑都是按照客户的订单而生产。戴尔的目标是平均5~6天内完成一个订单，一个订单为一个批次。因为构成每台电脑要看客户的特别定制，所以戴尔没有产成品存货。你认为戴尔公司在选择产品成本计算方法时应考虑哪些因素？根据该公司的情况，你认为应该采用哪种成本计算方法？

第六章

产品成本计算的基本方法

【学习要点及目标】

- 理解品种法、分批法、分步法的特点、优缺点、适用范围及应用条件；
- 掌握各种基本成本计算方法的计算程序；
- 了解综合成本还原。

【核心概念】

品种法　分批法　分步法　逐步结转　分项结转　平行结转　成本还原

【引导案例】

小李应聘到一家纺织厂做成本会计员,财务部张会计向小李介绍了企业的基本情况,该纺织厂规模不大,共有三个纺纱车间,两个织布车间。另外,还有若干为纺纱织布车间服务的辅助生产车间。该厂第一纺纱车间的纱全部对外销售,第二纺纱车间的纱供第一织布车间使用,第三纺纱车间的纱供第二织布车间使用。纺纱和织布的工序包括清花、粗纺、并条、粗纱、捻线、织布等工序。各工序生产的半成品直接供下一工序使用,不经过半成品库。为了加强企业的成本管理,厂财务部对各车间生产的半成品均要进行考核;另外,主管部门还要对半成品成本情况进行评比和检查。

思考:该厂各车间应该选取什么样的成本计算方法才能既合理地计算出各种产品成本,又能满足企业的成本管理要求?

第一节　产品成本计算的品种法

一、品种法的定义、适用范围及特点

(一)品种法的定义

品种法是以产品品种为成本计算对象,归集生产费用,计算产品成本的方法。在实际工作中,不论什么样的工业企业,不论生产什么样的产品,也不论管理上的要求如何,最终都必须按照产品的品种计算出产品成本。

(二)品种法的适用范围

品种法适用于单步骤的大量大批生产,如发电、采掘等,也可用于管理上不需分步骤计算成本的多步骤的大量大批生产,如小型水泥、制砖等。

(三)品种法的特点

(1) 以产品品种作为成本计算对象。以产品品种设置产品成本计算单,并按成本项目设立专栏或专行,归集发生的各项生产费用。如果企业只生产一种产品,计算产品成本时,只需要为这一种产品开设一本产品成本明细账,账内按照成本项目设立专栏或专行。如果企业生产多种产品,产品成本明细账要按照产品品种分别设置,发生的生产费用中,直接计入费用直接计入,间接计入费用分配计入。

(2) 成本计算期与会计报告期一致。在大量、大批的单步骤生产中,由于是不断地生产一种或多种产品,不能在产品完工时立即计算成本,因而成本计算一般是定于每月月末进行。在多步骤生产企业中,如采用品种法计算成本,成本计算一般也于每月月末进行。因此,在品种法下,成本计算期与会计报告期是一致的。

(3) 月末需要将费用在完工产品与在产品之间进行分配。在大量、大批的单步骤生产中,月末计算成本时,一般情况下在产品数量很小,因而,可以不计算在产品成本。在这种情况下,所有成本由完工产品承担。在管理上不要求分步计算产品成本的多步骤生产中,月末一般有在产品,而且数量比较多,这就需要将生产费用采用一定的方法,在完工产品与在产品之间进行分配。

二、品种法的计算程序

品种法是产品成本计算方法中最基本的方法，因而品种法的计算程序，体现着产品成本计算的一般程序。品种法成本计算的一般程序如下。

(一)按产品品种设置生产成本明细账，按成本项目设专栏

企业应在"生产成本"总分类账户下，设置"基本生产成本"和"辅助生产成本"二级账户，同时在"基本生产成本"二级账户下按产品品种设置产品生产成本明细账，并按产品品种设计产品成本计算单，产品生产成本明细账和产品成本计算单按成本项目设专栏；在"辅助生产成本"二级账户下按辅助生产单位或辅助生产单位提供的产品品种与劳务种类设置辅助生产成本明细账；在"制造费用"总分类账户下，按生产单位(即分厂、车间)设置制造费用明细账。

(二)归集和分配本月发生的各项要素费用

根据各项费用的原始凭证和其他有关资料，按费用受益原则，编制各种费用分配表，归集和分配各种要素费用，编制会计分录，据以登记各种产品生产成本明细账和有关成本费用明细账。属于产品的生产费用直接或分配计入产品生产成本明细账；属于辅助生产单位的生产费用先通过辅助生产成本明细账进行归集；属于基本生产单位的生产费用先通过制造费用明细账进行归集；属于期间费用的，应分别计入有关期间费用明细账。

(三)分配辅助生产成本

根据辅助生产成本明细账归集的本月辅助生产费用总额，按辅助生产费用的受益对象，采用企业确定的辅助生产费用分配方法，分配辅助生产费用，编制辅助生产费用分配表，并编制会计分录，据以登记各种产品生产成本明细账和有关费用明细账。

(四)分配基本生产单位的制造费用

根据各基本生产单位制造费用明细账归集的本月制造费用总额，按各基本生产车间的生产对象，采用企业确定的制造费用分配方法，分别在各基本生产车间的生产对象之间分配制造费用，编制制造费用分配表，并编制会计分录，据以登记各种产品生产成本明细账。

(五)月末将生产费用在完工产品与在产品之间进行分配

月末，根据产品生产成本明细账汇集的本月生产费用合计数(即期初在产品成本+本月生产费用)，在完工产品与月末在产品之间进行生产费用的分配，算出完工产品的总成本和单位成本，编制产品成本计算单，据以进行完工产品成本的结转。

(六)结转完工产品成本

月末，根据"产品成本计算单"编制"完工产品成本汇总表"，根据"完工产品成本汇总表"编制结转完工产品成本的会计分录，据以登记各种产品生产成本明细账，进行完

工产品成本的结转。

三、品种法举例

(一)企业概况和有关计算资料

【例 6-1】某工厂为大量大批单步骤生产的企业,采用品种法计算产品成本。企业设有一个基本生产车间,生产 A、B 两种产品,还设有一个运输部门。该厂 2010 年 1 月份有关产品成本核算资料如下:

(1) 产量资料见表 6-1。

表 6-1 产量

产品名称	月初在产品	本月投产	完工产品	月末在产品	完工程度
A 产品	1 000	9 000	8 500	1 500	60%
B 产品	200	1 800	1 600	400	50%

(2) 月初在产品成本见表 6-2。

表 6-2 月初在产品成本

产品名称	直接材料	直接人工	制造费用	合计
A 产品	32 000	9 000	12 000	53 000
B 产品	12 000	2 000	3 000	17 000

(3) 生产工时:A 产品生产工时为 4 000 小时,B 产品生产工时为 1 000 小时。

(4) 本月运输部门共对外完成 28 000 公里运输的工作量,其中:为基本生产车间提供运输 20 000 公里,为企业行政管理部门提供运输 8 000 公里。

(5) 该厂有关费用的分配方法如下:

① A、B 产品共同耗用材料按定额耗用量比例分配;

② 生产工人工资、外购动力按 A、B 产品工时比例分配;

③ 辅助生产费用采用直接分配法;

④ 制造费用按 A、B 产品工时比例分配;

⑤ 按约当产量法分配计算 A、B 完工产品和月末在产品成本。A 产品耗用的材料随加工进度陆续投入,B 产品耗用的材料于生产开始时一次性投入。

(二)成本核算程序

1. 账户设置

该工厂应按生产的 A、B 两种产品作为成本核算对象。设置"基本生产成本"和"辅助生产成本"账户,同时在"基本生产成本"账户下分别按产品品种设置 A、B 产品的生产成本明细账,并按产品品种设计产品成本计算单,A、B 产品的生产成本明细账和产品成本计算单按成本项目设专栏;在"辅助生产成本"账户下按运输部门设置辅助生产成本明细账；在"制造费用"总分类账户下，按基本生产车间设置一个制造费用明细账，并按费用项目设专栏进行明细核算。

2. 生产费用的归集和分配

生产费用的归集和分配包括以下几个方面。

(1) 材料费用。该工厂本年1月份原材料的耗用情况汇总如下。

生产A产品耗用材料的费用为225 000元，生产B产品耗用材料的费用为93 000元，生产A、B产品共同耗用材料的费用为60 000元(A产品材料定额耗用量为9 000千克，B产品材料定额耗用量为3 000千克)。运输部门耗用材料2 500元，基本生产车间耗用消耗性材料3 000元，企业管理部门耗用3 500元。实务中，根据原材料耗用汇总表情况编制原材料费用分配表。原材料费用的分配如表6-3所示。

表6-3 材料费用分配表

应借账户		成本项目	直接计入费用	分配计入费用		合计
				分配标准	分配金额	
基本生产成本	A产品	直接材料	225 000	9 000	45 000	270 000
	B产品	直接人工	93 000	3 000	15 000	108 000
小计			318 000	12 000	60 000	378 000
辅助生产成本	运输部门	材料费	2 500			2 500
制造费用		机物料消耗	3 000			3 000
管理费用		材料费用	3 500			3 500
合计			327 000		60 000	387 000

根据"材料费用分配表"，编制会计分录如下：
借：基本生产成本——A产品　　270 000
　　　　　　　　——B产品　　108 000
　　辅助生产成本——运输部门　　2 500
　　制造费用——基本生产车间　　3 000
　　管理费用　　　　　　　　　　3 500
　　贷：原材料　　　　　　　　387 000

(2) 职工薪酬费用。该工厂本年1月份职工薪酬汇总和记录见表6-4。

表6-4 职工薪酬结算汇总表

职工类别	应付职工薪酬
基本生产车间	180 000
其中：产品生产工人	172 000
车间管理人员	8 000
辅助生产车间	10 000
行政管理人员	60 000
合计	250 000

职工薪酬费用分配如表 6-5 所示。

表 6-5 职工薪酬费用分配表

应借账户		成本项目	直接计入金额	分配计入		合计
				分配标准	分配率	
基本生产成本		A 产品	直接人工		4 000		137 600
		B 产品	直接人工		1 000		34 400
		小计			5 000	34.40	172 000
辅助生产成本		运输部门	直接人工	10 000			10 000
制造费用		基本生产车间	职工薪酬	8 000			8 000
管理费用			职工薪酬	60 000			60 000
合计				78 000			250 000

根据"职工薪酬费用分配表"编制的会计分录如下：

借：基本生产成本——A 产品　　137 600
　　基本生产成本——B 产品　　 34 400
　　辅助生产成本——运输部门　 10 000
　　制造费用——基本生产车间　 8 000
　　管理费用　　　　　　　　　 60 000
　　贷：应付职工薪酬　　　　　　　　250 000

(3) 外购动力费用。该工厂 2010 年 1 月份外购动力汇总和记录如表 6-6 所示。

表 6-6 外购动力汇总表

受益对象	基本生产车间	运输部门	行政管理部门	合计
耗电数量(千瓦时)	22 000	1 000	1 200	24 200
本月电费总额				19 360

电价：每千瓦时 0.8 元。

该工厂 2010 年 1 月份耗用外购动力分配情况如表 6-7 所示。

表 6-7 外购动力费用分配表

应借科目		成本项目	耗用量	生产工时	分配率	应分配金额
基本生产成本	A 产品	直接材料		4 000		14 080
	B 产品	直接材料		1 000		3 520
	小计		22 000	5 000	3.52	17 600
辅助生产成本	运输部门	直接材料	1 000			800
管理费用		电费	1 200			960
合计			24 200		0.8	19 360

根据"外购动力费用分配表"编制的会计分录如下：

借：基本生产成本——A 产品　　　　　14 080
　　　　　　　　　——B 产品　　　　　3 520
　　辅助生产成本——运输部门　　　　　800
　　管理费用　　　　　　　　　　　　　960
　　贷：应付账款　　　　　　　　　　　　　　19 360

(4) 其他费用。该工厂本月以银行存款支付的办公费、水费和应提取的其他有关费用经过汇总如表 6-8 所示。

表 6-8　其他费用汇总表

车间部门	办公费	水费	预提利息费用	折旧费	无形资产摊销	合计
辅助生产成本	5 250	4 150		8 100		17 500
基本生产成本	8 100	15 000		107 000	50 000	180 100
行政管理部门	13 800	3 000	2 500	51 000	5 000	75 300

根据有关费用发生的原始凭证和"其他费用汇总表"编制的会计分录如下：

借：辅助生产成本——运输部门　　　　17 500
　　制造费用——基本生产车间　　　　180 100
　　管理费用　　　　　　　　　　　　72 800
　　财务费用　　　　　　　　　　　　2 500
　　贷：累计折旧　　　　　　　　　　　　　166 100
　　　　累计摊销　　　　　　　　　　　　　55 000
　　　　应付利息　　　　　　　　　　　　　2 500
　　　　银行存款　　　　　　　　　　　　　49 300

(5) 本月发生的辅助成本记录在"辅助生产成本"明细账，如表 6-9 所示，辅助生产成本的分配如表 6-10 所示。

表 6-9　辅助生产成本明细账

车间或部门：运输部门　　　　　　　2010 年 1 月　　　　　　　　　单位：元

2010		凭证号	摘要费用项目	项目					合计
月	日			材料费	职工薪酬	办公费	水电费	折旧费	
1	31	略	材料费用	2 500					2 500
	31	略	职工薪酬		10 000				10 000
	31	略	外购动力				800		
	31	略	办公费			5 250			5 250
	31	略	支付水费				4 150		4 150
	31	略	计提折旧					8 100	8 100
	31	略	本月合计	2 500	10 000	5 250	4 950	8 100	30 800
	31	略	分配转出	2 500	10 000	5 250	4 950	8 100	30 800

表 6-10　辅助生产成本分配表

辅助生产成本			运输部门	合计
待分配费用			30 800	30 800
供应劳务量(公里)			28 000	28 000
单位成本			1.10	1.10
基本生产车间	运输	耗用数量	20 000	20 000
		分配金额	22 000	22 000
行政管理部门	运输	耗用数量	8 000	8 000
		分配金额	8 800	8 800

根据"辅助生产成本分配表"编制的会计分录如下：

借：制造费用　　　　　　　22 000
　　管理费用　　　　　　　 8 800
　　贷：辅助生产成本——运输部门　　30 800

(6) 制造费用的分配。本月发生的制造费用已全部记入"制造费用"明细账，如表 6-11 所示。月末应根据"制造费用"明细账汇集的制造费用合计数，按实际生产工时在车间生产的 A、B 产品之间进行分配，编制"制造费用分配表"，如表 6-12 所示。

表 6-11　制造费用明细账

车间名称：基本生产车间　　　　2010 年 1 月　　　　单位：元

摘要	项目							合计
	机物料损耗	职工薪酬	办公费	水电费	折旧费	无形资产摊销	运费	
耗用材料	3 000							3 000
职工薪酬		8 000						8 000
办公费			8 100					8 100
支付水费				15 000				15 000
计提折旧					107 000			107 000
无形资产摊销						50 000		50 000
辅助费用							22 000	22 000
合计								213 100
转出	3 000	8 000	8 100	15 000	107 000	50 000	22 000	213 100

表 6-12　制造费用分配表

2010 年 1 月　　　　单位：元

应借科目		成本项目	实用工时	分配率	应分配金额
基本生产成本	A 产品	制造费用	4 000		170 480
	B 产品	制造费用	1 000		42 620
	小计		5 000	42.62	213 100

根据"制造费用分配表"编制的会计分录如下：

借：基本生产成本——A产品　170 480
　　基本生产成本——B产品　42 620
　贷：制造费用　　　　　　　　　　213 100

(7) 生产费用在本月完工产品和月末在产品之间的分配。经过上述生产费用在各成本核算对象之间的归集和分配，本月发生的生产费用已全部记入各产品的生产成本明细账和产品成本计算单中。A、B两种产品的基本生产成本明细账和编制的产品成本计算单分别如表 6-13 和表 6-14 所示。

表 6-13　基本生产成本明细账

产品名称：A产品　　　　　　　　　　　　　　　　　　　　　　　　　　单位：元

2010 月	日	凭证号	摘要	直接材料	直接人工	制造费用	合计
1	1	略	期初余额	32 000	9 000	12 000	53 000
	31	略	材料费用分配表	270 000			270 000
	31	略	动力分配表	14 080			14 080
	31	略	职工薪酬分配表		137 600		137 600
	31	略	制造费用分配表			170 480	170 480
	31	略	生产费用合计	316 080	146 600	182 480	645 160
	31	略	完工产品成本	285 816.8	132 563.45	165 008.8	583 389
	31	略	在产品成本	30 263.25	14 036.55	17 471.2	61 771

A产品直接材料、加工费用的约当产量 = 8 500 + 1 500 × 60% = 9 400

直接材料分配率 = 316 080/9 400 = 33.625 5

完工产品应承担的直接材料费用 = 33.625 5 × 8 500 = 285 816.75

在产品应承担的直接材料费用 = 316 080 - 285 816.75 = 30 263.25

直接人工分配率 = 146 600/9 400 = 15.595 7

完工产品应承担的直接人工费用 = 15.595 7 × 8 500 = 132 563.45

在产品应承担的直接人工费用 = 146 600 - 132 563.45 = 14 036.55

制造费用分配率 = 182 480/9 400 = 19.412 8

完工产品应承担的制造费用 = 19.412 8 × 8 500 = 165 008.8

在产品应承担的制造费用 = 182 480 - 165 008.8 = 17 471.2

表 6-14　基本生产成本明细账

产品名称：B产品　　　　　　　　　　　　　　　　　　　　　　　　　　单位：元

2010 月	日	凭证号	摘要	直接材料	直接人工	制造费用	合计
1	1	略	期初余额	12 000	2 000	3 000	17 000
	31	略	材料费用分配表	108 000			108 000
	31	略	动力分配表	3 520			3 520

续表

2010		凭证号	摘要	直接材料	直接人工	制造费用	合计
月	日						
	31	略	职工薪酬分配表		34 400		34 400
	31	略	制造费用分配表			42 620	42 620
	31	略	生产费用合计	123 520	36 400	45 620	205 540
	31	略	完工产品成本	98 816	32 355.52	40 551.04	171 722.56
	31	略	在产品成本	24 704	4 044.48	5 068.96	33 817.44

B 产品直接材料约当产量 = 1 600 + 400 = 2 000

直接材料分配率 = 123 520/2 000 = 61.76

完工产品应承担的直接材料费用 = 61.76×1 600 = 98 816

在产品应承担的直接材料费用 = 123 520-98 816 = 24 704

B 产品加工费用约当产量 = 1 600 + 400×50% = 1 800

直接人工分配率 = 36 400/1 800 = 20.222 2

完工产品应承担的直接人工费用 = 20.222 2×1 600 = 32 355.52

在产品应承担的直接人工费用 = 36 400-32 355.52 = 4 044.48

制造费用分配率 = 45 620/1 800 = 25.344 4

完工产品应承担的制造费用 = 25.344 4×1 600 = 40 551.04

在产品应承担的制造费用 = 45 620-40 551.04 = 5 068.96

该工厂由于 A 产品耗用的材料是随加工进度陆续投入的，直接材料费用、直接人工费用、制造费用在生产过程中陆续发生，在产品的完工程度按 60%计算，采用约当产量法分配计算本月完工产品和月末在产品成本。而 B 产品耗用的材料是生产开始时一次投入的，直接人工费用、制造费用在生产过程中陆续发生，在产品的完工程度按 50%计算，采用约当产量法分配计算本月完工产品和月末在产品成本。

(8) 完工产品成本的结转。

根据"完工产品成本汇总表"编制的会计分录如下：

借：库存商品——A 产品　　　　　　583 389
　　　　　　——B 产品　　　　　　171 722.56
　贷：基本生产成本——A 产品　　　　583 389
　　　　　　　　——B 产品　　　　171 722.56

第二节　产品成本计算的分批法

一、分批法的定义、适用范围及特点

(一)分批法的定义

分批法是按照产品的批别归集生产费用，计算产品成本的一种方法。在使用分批法计算成本的企业中，由于生产多是根据购货单位的订单组织的，因此，分批法也称订单法。

(二)分批法的适用范围

分批法主要适用于单件、小批,管理上不要求分步骤计算产品成本的多步骤生产,如重型机器制造、船舶制造、精密仪器制造,以及服装业、印刷业等。

综上所述分批法适用于单件、小批生产的企业和车间。

通常有以下四种情形:

(1) 根据客户订单组织生产的企业。这些企业专门根据客户的要求,生产特殊规格、规定数量的产品。客户的订货可能是单件的大型产品,如船舶、大型锅炉、重型机器;也可能是多件同样规格的产品,如根据客户的设计图样生产几件实验室用的特种仪器等。

(2) 产品种类经常变动的小规模制造厂。如生产门窗把手、插销等小五金工厂,由于规模小、工人数量少,同时要根据市场需要不断变动产品的种类和数量,不可能按产品设置流水线大量生产,因而只能是小批量投产,必须按投产的每批产品计算成本。

(3) 承揽修理业务的工厂。修理业务多种多样,这种企业往往要根据合同规定,在生产成本上加约定利润。这种约定利润可以是在成本的基础上加一定百分比的利润或一定数额利润,向客户收取货款,所以要报每次修理业务的成本,按每次修理业务归集费用。如修船等业务。

(4) 新产品试制车间。专门试制、开发新产品的车间,要按新产品的种类分别计算成本。

(三)分批法的特点

1. 以产品的批别或订单作为成本计算对象

分批法的成本计算对象是产品的批别或订单。在单件小批的企业中,生产往往是根据客户的订货要求来组织的。但是如果一张订单中规定几种产品,或虽有一种产品但是又要求分批交货,这时如果按照订货单位的订单组织生产,就不利于企业进行产品品种考核、分析成本计划的完成情况,在生产管理上不便于管理,也满足不了分批交货的要求。针对这些情况,可以将上述订单上的订货按照产品品种划分批别组织生产,或将同种产品根据交货时间的不同划分成几批组织生产,计算成本。但是如果企业在同一时期接到几张订单要求生产同一产品,为了达到合理组织生产的目的,可以将几张订单进行合并,作为一批组织生产。在这种情况下,分批法的成本计算对象就不再是订货单位的订单而是企业生产计划部门下达的生产任务通知单,单内应对生产任务进行编号,称为产品批别或生产令号。

2. 以产品的生产周期作为成本计算期

为了保证各批产品成本计算的正确性,各批产品成本明细账的设立和结算,应与生产任务通知单的签发和结束密切配合,协调一致,即各批或各订单产品的成本总额,在其完工以后计算确定。因而完工产品成本计算是不定期的,其成本计算期与产品的生产周期基本一致,而与会计报告期不一致。

3. 生产费用一般不需要在完工产品与在产品之间进行分配

分批法下一般不需要将生产费用在完工产品与月末在产品之间进行分配。由于成本计算期与生产周期一致,所以当产品完工时,在生产成本明细账中所归集的费用全部为完工产品成本。但是在批内陆续完工的产品,就需要采用一定的方法,将生产费用在完工产品与月末在产品之间进行分配。

二、分批法的计算程序

(一)按产品批别设置生产成本明细账,按成本项目设专栏

在"基本生产成本"账户下按产品品种设置产品生产成本明细账,并按产品品种设计产品成本计算单,产品生产成本明细账和产品成本计算单按成本项目设专栏;在"辅助生产成本"账户下按辅助生产单位或辅助生产单位提供的产品品种与劳务种类设置辅助生产成本明细账;在"制造费用"总分类账户下,按生产单位(即分厂、车间)设置制造费用明细账。

(二)按照产品批别归集和分配本月发生的各项要素费用

根据各项费用的原始凭证和其他有关资料,按费用受益原则,编制各种费用分配表,归集和分配各种要素费用并编制会计分录,据以登记各种产品生产成本明细账和有关成本费用明细账。属于某批产品的生产费用直接或分配计入某批产品生产成本明细账;属于辅助生产单位的生产费用先通过辅助生产成本明细账进行归集;属于基本生产单位的间接费用先通过制造费用明细账进行归集;属于期间费用的,应分别计入有关期间费用明细账。

(三)分配辅助生产成本

根据辅助生产成本明细账归集的本月辅助生产费用总额,按辅助生产费用的受益对象,采用企业确定的辅助生产费用分配方法,分配辅助生产费用,编制辅助生产费用分配表,并编制会计分录,据以登记各种产品生产成本明细账和有关费用明细账。

(四)分配基本生产单位的制造费用

根据各基本生产单位制造费用明细账归集的本月制造费用总额,按各基本生产车间的生产对象,采用企业确定的制造费用分配方法,分别在各基本生产车间的生产对象之间分配制造费用,编制制造费用分配表,并编制会计分录,据以登记各种产品生产成本明细账。

(五)完工产品成本计算

分批法下一般不需要将生产费用在完工产品与月末在产品之间进行分配。由于成本计算期与生产周期一致,所以当产品完工时,在生产成本明细账中所归集的费用全部为完工产品成本。但是在批内陆续完工的产品,就需要采用一定的方法,将生产费用在完工产品与月末在产品之间进行分配。

(六)结转完工产品成本

月末,根据"产品成本计算单"编制"完工产品成本汇总表",根据"完工产品成本汇总表"编制结转完工产品成本的会计分录,据以登记各种产品生产成本明细账,进行完工产品成本的结转。

三、分批法举例

【例6-2】某厂根据客户的订单组织生产,采用分批法计算产品成本。该厂有两个生产车间,原材料在一车间生产开始时一次投入。20××年12月份的有关资料如下。

(1) 各批产品的生产情况见表6-15。

表6-15 产品的生产情况

产品批号	产品名称	开工日期	批量/台	完工产量/台		本月耗用工时/小时	
				11月	12月	一车间	二车间
07	甲产品	11月份	20	10	10	3 000	1 600
08	乙产品	12月份	15		15	1 500	2 000
09	丙产品	12月份	10			1 000	1 500

(2) 07批甲产品11月份的有关资料:
直接材料为10 500元,直接工资为18 900元,制造费用为6 050元。

(3) 12月份各批产品耗用材料的情况:
08批乙产品耗用材料40 500元,09批丙产品耗用材料9 500元。

(4) 12月份的直接人工费用资料见表6-16。

表6-16 直接人工费用资料

单位:元

项目	一车间	二车间
07批甲产品	9 900	4 000
08批乙产品	4 950	5 010
09批丙产品	3 300	3 750

(5) 12月份的制造费用资料:一车间为5 500元,二车间为6 120元。制造费用按生产工时比例分配。

(6) 计算完工产品成本的要求:对订单内跨月陆续完工的产品,月末计算完工产品时,按计划成本转出,待全部完工时再重新计算实际成本。07号产品11月完工10台,按计划成本结转,其中,原材料计划单位成本500元,工资计划单位成本950元,制造费用单位计划成本300元。

根据上述各项资料,登记各批产品成本明细账,详见表6-17至表6-19。

表6-17 基本生产成本明细账

批号:07　　　　　　　　　　产品名称:甲产品　　　　　　　　　　单位:元
开工日期:20××年11月　　　　完工日期:20××年12月　　　　完工数量:10台

20××年		凭证号数	摘要	直接材料	直接人工	制造费用	合计
月	日						
11	30	略	11月份成本合计	10 500	18 900	6 050	35 450
	30		完工10台转出成本	5 000	9 500	3 000	17 500
	30		11月末在产品成本	5 500	9 400	3 050	17 950

续表

20××年		凭证号数	摘要	直接材料	直接人工	制造费用	合计
月	日						
12	31	略	一车间成本分配		9 900	3 000	12 900
			二车间成本分配		4 000	1 920	5 920
	31		12月份成本合计		13 900	4 920	18 820
			12月份完工10台成本	5 500	23 300	7 970	36 770
			单位成本	2 700	664	260	3 624

表6-18 基本生产成本明细账

批号：08　　　　　　　　　产品名称：乙产品　　　　　　　　　　　　　单位：元

开工日期：20××年12月　　完工日期：20××年12月　　　　　　完工数量：15台

20××年		凭证号数	摘要	直接材料	直接人工	制造费用	合计
月	日						
12	31	略	一车间分配费用	40 500	4 950	1 500	46 950
	31	略	二车间分配费用		5 010	2 400	7 410
			生产费用合计	40 500	9 960	3 900	54 360
	31		完工产品成本	40 500	9 960	3 900	54 360
			单位成本	2 700	664	260	3 624

表6-19 基本生产成本明细账

单位：元

批号：09　　产品名称：丙产品　　　　　　　　　　　　开工日期：20××年12月

20××年		凭证号	摘要	直接材料	直接人工	制造费用	合计
月	日						
12	31	略	一车间分配费用	9 500	3 300	1 000	13 800
	31	略	二车间分配费用		3 750	1 800	5 550
			12月份累计成本	9 500	7 050	2 800	19 350

根据上述资料，分配制造费用，见表6-20。

表6-20 制造费用分配表

20××年12月　　　　　　　　　　　　　　　　　　　　　单位：元

产品批别	一车间			二车间			合计金额
	工时	分配率	分配金额	工时	分配率	分配金额	
07批	3 000		3 000	1 600		1 920	4 920
08批	1 500		1 500	2 000		2 400	3 900
09批	1 000		1 000	1 500		1 800	2 800
合计	5 500	1.00	5 500	5 100	1.2	6 120	11 620

一车间分配率＝5 500/5 500＝1

二车间分配率＝6 120/5 100＝1.2

四、简化分批法

(一)分批法的特点及适用范围

简化分批法也称"累计间接费用分配法"或"不分批计算在产品成本分批法"。

采用这种方法,仍要按照批别设置产品成本明细账,但在各批产品完工之前,账内只登记直接计入费用和生产工时。每月发生的间接计入费用,不是按月在各批产品之间进行分配,而是等有产品完工的月份,才对完工产品,按照其累计工时的比例,分配间接计入费用,计算完工产品成本;全部产品的在产品应负担的间接计入费用,则以总数反映在基本生产成本二级账中,不进行分配,不分批计算在产品成本。

简化分批法适用于同一月份投产的产品批数较多,且月末未完工批数也较多的企业。

(二)简化分批法的计算程序

(1) 按产品批别设立基本生产成本明细账及二级账。
(2) 计算间接费用分配率。
全部产品累计间接计入费用分配率=全部产品累计间接计入费用/全部产品累计工时
(3) 计算完工产品应分配的间接费用。
某批完工产品应负担的间接计入费用=该批完工产品累计工时×全部产品累计间接计入费用分配率

(三)简化分批法举例

【例6-3】某工业企业小批生产多种产品,由于产品批数多,为了简化成本计算工作,采用简化的分批法计算成本。该企业9月份的生产批号有:

第701批号:A产品8件,7月份投产,本月份完工;
第812批号:B产品10件,8月份投产,本月完工6件;
第824批号:C产品8件,8月份投产,尚未完工;
第901批号:D产品5件,9月份投产,尚未完工。
该企业设立的基本生产成本二级账如表6-21所示。

表6-21 基本生产成本二级明细账

单位:元

| 20××年 | | 凭证号数 | 摘要 | 生产工时 | 直接材料 | 直接工资 | 制造费用 | 合计 |
月	日							
9	1	略	期初余额	30 650	218 000	50 276	68 240	336 516
	30	略	本月发生额	30 150	81 600	54 300	70 384	206 284
	30	略	累计	60 800	299 600	104 576	138 624	542 800
	30	略	累计间接费用分配率			1.72	2.28	
	30	略	完工转出	38 450	198 304	66 134	87 666	352 104
	30	略	余额	22 350	101 296	38 442	50 958	190 696

在表 6-21 所示基本生产成本二级账中，9 月 1 日在产品的生产工时和各项费用是上月末根据上月的生产工时和生产费用资料计算登记的；本月发生的原材料费用和生产工时，应根据本月原材料费用分配表、生产工时记录，与各批产品成本明细账平行登记；本月发生的各项间接计入费用，应根据各该费用分配表汇总登记。全部产品累计间接计入费用分配率计算如下：

直接人工分配率 = 104 576/60 800 = 1.72

制造费用分配率 = 138 624/60 800 = 2.28

本月完工转出产品的直接材料费用和生产工时，应根据各批产品的产品成本明细账中完工产品的直接材料费用和生产工时汇总登记；完工产品的各项间接计入费用，可以根据明细账中完工产品的生产工时乘以各项费用的累计分配率计算登记。以账中累计行的各栏数分别减去本月完工产品转出数，即为 9 月末在产品的直接材料费用、生产工时和各项间接计入费用。月末在产品的直接材料费用和生产工时，也可以根据各批产品成本明细账中月末在产品的直接材料费用和生产工时分别汇总登记；各项间接计入费用也可以根据其生产工时分别乘以各该费用累计分配率计算登记。两者计算结果应该相符。

该企业设立的各批产品成本明细账详见表 6-22 至表 6-25。

表 6-22 基本生产成本明细账

批号：701　　　　　　　　　　开工日期：20××年 7 月　　　　　　　　完工日期：20××年 9 月
产品名称：A　　　　　　　　　产品批量：8 件　　　　　　　　　　　　单位：元

20××年		凭证号数	摘要	生产工时	直接材料	直接工资	制造费用	合计
月	日							
7	31	略	本月发生	9 460	64 850			
8	31	略	本月发生	5 940	36 650			
9	30	略	本月发生	9 800	28 200			
9	30	略	累计及累计间接费用分配率	25 200	129 700	1.72	2.28	
9	30		完工转出	25 200	129 700	43 344	57 456	230 500
			完工产品单位成本		16 212.5	5 418	7 182	28 812.5

表 6-23 基本生产成本明细账

批号：812　　　　　　　　　　开工日期：20××年 8 月　　　　　　　　投产 10 件完工 6 件
产品名称：B　　　　　　　　　完工日期：20××年 9 月　　　　　　　　单位：元

20××年		凭证号数	摘要	生产工时	直接材料	直接工资	制造费用	合计
月	日							
8	31		本月发生	7 410	74 420			
9	30		本月发生额	9 420	6 880			
	30		累计及累计间接费用分配率	16 830	81 300	1.72	2.28	
			完工转出	13 250	68 604	22 790	30 210	121 604
			完工产品单位成本		11 434	3 798	5 035	20 267
			月末在产品	3 580	12 696			

表 6-24　基本生产成本明细账

批号：824　　　　　　　　开工日期：20××年8月　　　　　　　　产品批量：8 件
产品名称：C 产品　　　　　完工日期：　　　　　　　　　　　　　单位：元

| 20××年 | | 凭证号数 | 摘要 | 生产工时 | 直接材料 | 直接工资 | 制造费用 | 合计 |
月	日							
8	31	略	本月发生	7 840	42 808			
9	30		本月发生	4 270	8 680			

表 6-25　基本生产成本明细账

批号：901　　　　　　　　开工日期：20××年9月　　　　　　　　产品批量：5 件
产品名称：D 产品　　　　　完工日期：　　　　　　　　　　　　　单位：元

| 20××年 | | 凭证号数 | 摘要 | 生产工时 | 直接材料 | 直接工资 | 制造费用 | 合计 |
月	日							
9	30	略	本月发生	6 660	37 840			

综上所述，简化的分批法与一般的分批法相比较，具有以下特点。

(1) 采用简化的分批法，必须设立基本生产成本二级账。

基本生产成本二级账的作用在于：①按月提供企业或车间全部产品的累计生产费用和生产工时(实际生产工时或定额生产工时)资料；②在有完工产品的月份，按照下列公式计算登记全部产品累计间接计入费用分配率，以及完工产品总成本和月末在产品总成本。

(2) 每月发生的各项间接计入费用，不是按月在各批产品之间进行分配，而是先在基本生产成本二级账中累计起来，在有完工产品的月份，按照完工产品累计生产工时的比例，在各批完工产品之间进行分配；对未完工的在产品则不分配间接计入费用，即不分配计算在产品成本。

(3) 各批产品之间分配间接计入费用的工作以及完工产品与月末在产品之间分配费用的工作，即生产费用的横向分配工作和纵向分配工作，是利用累计间接计入费用分配率，到产品完工时合并在一起进行的。

第三节　产品成本计算的分步法

一、分步法的特点及适用范围

分步法是按照产品的生产步骤归集生产费用，计算产品成本的一种方法。它主要适用于大量、大批的多步骤生产，因为在这些企业中，产品生产可以划分为若干个生产步骤进行。例如，纺织、冶金、造纸等。这种方法的主要特点如下。

(1) 以各个加工步骤的各种产品作为成本计算对象，并据以设置基本生产成本明细账。

在计算产品成本时，应按照产品的生产步骤设立产品成本明细账。如果只生产一种产品，成本计算对象就是该种产品及其所经过的各生产步骤，产品成本明细账应按照产品的生产步骤开设。如果是生产多种产品，成本计算对象应是各种产成品及其所经过的各生产步骤。产品成本明细账应该按照每种产品的各个步骤开设。

(2) 产品成本计算期与会计报告期一致。

在大量、大批的多步骤生产中，由于生产过程较长，可以间断，而且往往都是跨月陆续完工，因此，成本计算一般都是按月、定期地进行，即在分步法下，成本计算期与会计报告期一致，而与产品的生产周期不一致。

(3) 月末要将生产费用在完工产品与在产品之间进行分配。

由于大量、大批多步骤生产的产品往往跨月陆续完工，月末各步骤一般都有未完工的在产品。因此，在计算成本时，需要采用适当的分配方法，将生产费用在完工产品与在产品之间进行分配，计算各该产品、各该生产步骤的完工产品成本和在产品成本。

(4) 各步骤之间成本的结转。

在分步法下，由于产品生产是分步进行的，上一步骤生产的半成品是下一步骤的加工对象。所以，在分步法下，在各步骤之间还有个成本结转问题。

由于各个企业生产工艺过程的特点和成本管理要求对各步骤成本资料的要求不同，以及对简化成本计算工作的考虑，各生产步骤成本的计算和结转采用两种不同的方法：逐步结转和平行结转。因此，产品成本计算的分步法也相应地分为逐步结转分步法和平行结转分步法。

二、逐步结转分步法

(一)概念及适用范围

逐步结转分步法是将上一步骤半成品的成本，随着半成品实物的转移，从上一步骤的产品成本明细账中转入下一步骤的产品成本明细账中，依次逐步计算半成品成本和最后步骤产成品成本的一种分步法。它适用于大量大批多步骤连续式生产企业。例如，棉纺织企业的生产、钢铁联合企业的生产。

(二)逐步结转分步法的必要性

(1) 成本计算的需求。有些半成品，为本企业几种产品所耗用，为了分别计算各种产品的成本也要计算半成品的成本。

(2) 成本控制的要求。在实行厂内经济核算或责任会计的企业中，为了全面考核和分析各生产步骤等内部单位的生产耗费和资金占用水平，需要随半成品实物在各个生产步骤之间的转移，逐步计算并结转半成品成本。

(3) 对外销售的需要。各步骤所生产的半成品不仅供本企业进一步加工，而且还经常作为商品出售。为了计算对外销售半成品的盈亏，就需要计算这些产品的成本。

(三)逐步结转分步法成本结转程序

1. 半成品不通过仓库收发的成本结转程序(见图6-1)

第一步骤成本明细账	
直接材料	12 000
直接人工	6 300
制造费用	4 500
合计	22 800
完工半成品成本	20 000
在产品成本	2 800

第二步骤成本明细账	
半成品	20 000
直接材料	
直接人工	5 400
制造费用	2 700
合计	28 100
完工半成品成本	23 200
在产品成本	4 900

第三步骤成本明细账	
半成品	23 200
直接材料	
直接人工	3 000
制造费用	1 500
合计	27 700
产成品成本	24 500
在产品成本	3 200

图6-1 逐步结转分步法成本结转程序图之半成品不通过仓库收发

2. 半成品通过仓库收发的成本结转程序(见图6-2)

第一步骤成本明细账	
直接材料	12 000
直接人工	6 300
制造费用	4 500
完工半成品成本(10)	20 000
在产品成本(2)	2 800

自制半成品库(1)	
增加	20 000(10)
减少	16 000(8)
余额	4 000(2)

第二步骤成本明细账	
半成品	16 000
直接人工	5 250
制造费用	2 250
完工半成品成本	21 000 (7)
在产品成本	2 500 (1)

第三步骤成本明细账	
半成品	18 000
直接人工	6 075
制造费用	5 175
产成品成本(4)	22 000
在产品成本	7 250(2)

自制半成品库(2)	
增加	21 000(7)
减少	18 000(6)
余额	3 000(1)

图6-2 逐步结转分步法成本结转程序图之半成品通过仓库收发

在图 6-1 中，半成品不通过仓库收发，而直接转入下一个步骤，半成品成本应在各步骤的产品成本明细账之间直接结转，不编会计分录。半成品通过仓库收发(参见图 6-2)，应通过完工转出的半成品成本编制借记"自制半成品"科目，贷记"基本生产成本"科目的会计分录；下一步骤领用时再编制相反的会计分录。

通过图 6-1 和图 6-2 中的计算程序看出，采用这种方法，每月月末，各项生产费用在各步骤产品成本明细账中归集以后，如果该步骤既有完工的半成品，又有正在加工中的在产品，为了计算完工的半成品和正在加工中在产品的成本，还应将各步骤产品成本明细账中归集的生产费用，采用适当的分配方法，在完工产品与正在加工中的在产品之间进行分配，然后通过半成品的逐步结转，在最后一个步骤的产品成本明细账中，计算出完工产成品成本。

(四) 半成品成本的结转方式

1. 综合结转法

综合结转法的特点是将各步骤所耗用的上一步骤半成品成本，以"原材料"或专设的"半成品"项目综合计入各该步骤的产品成本明细账中。

综合结转可以按实际成本结转，也可以按照计划成本(或定额成本)结转。

1) 半成品成本按实际成本结转

采用这种结转方法，各步骤所耗上一步骤的半成品费用，应根据所耗半成品的实际数量乘以半成品的实际单位成本计算。由于各月所生产的半成品的实际单位成本不同，因而所耗半成品实际单位成本的计算，可根据企业的实际情况，选择适当的存货计价方法，如先进先出法、加权平均法，对半成品进行计价结转。

【例 6-4】某企业 A 产品生产分两个步骤，分别由第一、第二两个生产车间进行。第一车间生产半成品，交半成品库，第二车间按所需半成品数量向半成品库领用；第二车间所耗半成品费用按全月一次加权平均单位成本计算。两个车间月末在产品均按定额成本计价。该企业采用按实际成本综合结转的逐步结转分步法计算 A 产品成本。

第一、第二两个车间月初、月末在产品定额成本资料及本月生产费用资料见"产品成本明细账"(参见表 6-26)；自制半成品月初余额、本月第一车间完工半成品交库数量及本月第二车间领用自制半成品数量见"自制半成品明细账"(参见表 6-27)。

表 6-26 产品成本明细账

车间名称：第一车间　　　　　　　　　　　　　　　　　　　　　　产品名称：半成品 A

项目	直接材料	直接人工	制造费用	合计
月初在产品定额成本	6 000	3 800	2 900	12 700
本月生产费用	30 200	21 500	16 500	68 200
生产费用合计	36 200	25 300	19 400	80 900
完工半成品成本	29 900	22 500	17 600	70 000
月末在产品定额成本	6 300	2 800	1 800	10 900

根据第一车间的半成品交库单所列交库数量和 A 产品成本明细账中完工转出的半成品成本，编制下列会计分录：

借：自制半成品　　　　70 000
　　贷：基本生产成本　　　70 000

第六章 产品成本计算的基本方法

根据计价后的第一车间的半成品交库单和第二车间领用单,登记自制半成品明细账,详见表6-27。

表6-27 自制半成品明细账

半成品名称:半成品A　　　　　　　　　　　　　　　　　　　　　　　　　　单位:件

月份	月初余额		本月增加		合计			本月减少	
	数量	实际成本	数量	实际成本	数量	实际成本	单位成本	数量	实际成本
4	500	11 000	2 500	70 000	3 000	81 000	27	2 600	70 200
5			×	×	×	×	×	×	×

加权平均单位成本=(11 000+70 000)/(500+2 500)=27

本月减少=27×2 600=70 200

产品成本明细账如表6-28所示。

表6-28 产品成本明细账

车间名称:第二车间　　　　　　　　　　　　　　　　　　　　　　　　　产品名称:产成品A

项目	直接材料	直接人工	制造费用	合计
月初在产品定额成本	27 600	2 450	2 600	32 650
本月生产费用	70 200	19 600	15 400	105 200
生产费用合计	97 800	22 050	18 000	137 850
完工产成品成本	84 000	16 800	14 000	114 800
月末在产品定额成本	13 800	5 250	4 000	23 050

根据第二车间的产成品交库单编制下列会计分录:

借:库存商品　　　　　　　114 800

　　贷:基本生产成本　　　　114 800

2) 半成品成本按计划成本结转

采用这种结转方法,半成品日常收发的明细核算均按计划成本计价;在半成品实际成本计算出来后,再计算半成品成本差异率和差异额,调整领用半成品的计划成本。而半成品收发的总分类核算则按照实际成本计价。将半成品的计划成本调整为实际成本的方法:通过"自制半成品明细账"进行调整,详见表6-29。

表6-29 自制半成品明细账

	月份	1	2
月初余额	数量	①	
	计划成本	②	
	实际成本	③	
本月增加	数量	④	
	计划成本	⑤	
	实际成本	⑥	

续表

月　份			1	2
合计	数量	⑦=①+④		
	计划成本	⑧=②+⑤		
	实际成本	⑨=③+⑥		
	成本差异	⑩=⑨−⑧		
	成本差异率	⑪=⑩/⑧		
本月减少	数量	⑫		
	计划成本	⑬		
	实际成本	⑭=⑬+⑬×⑪		

与按实际成本综合结转半成品成本方法相比较，按计划成本结转半成品成本具有以下优点。

第一，可以简化和加速半成品核算和产品成本计算工作。按计划成本结转半成品成本，可以简化和加速半成品的收发凭证计价和记账工作；半成品成本差异率如果不是按照半成品品种，而是按类计算，更可以省去大量的计算工作；如果月初半成品存量较大，本月耗用的半成品大部分甚至全部是以前月份生产的，本月所耗半成品成本差异调整也可以根据上月半成品成本差异率计算。这样不仅简化了计算工作，各步骤的成本计算也可以同时进行，从而加速产品成本的计算工作。

第二，便于各步骤进行成本考核和分析。按计划成本结转半成品成本，在各步骤的产品成本明细账中，可以分别反映所耗半成品的计划成本、成本差异和实际成本，因而在分析各步骤产品成本时，可以剔除上一步骤半成品成本变动对本步骤产品成本的影响，有利于分清经济责任，考核各步骤的经济效益。

3) 成本还原

逐步综合结转分步法下，要结转半成品成本，上一步骤的半成品是下一步骤的"直接材料"，下一步骤的"直接材料"成本中不仅仅包括真正的原材料成本，还包括上一步骤的直接人工费和制造费用，由此导致最后一步的产品成本计算单中的"直接材料"名不副实，产成品的成本中的直接人工费用和制造费用仅仅是最后一步骤的费用，这种成本结构不能反映完工产品成本构成的原始项目，最后一步的产品成本计算单中的数据不能真实地反映产品成本中直接材料、直接人工费以及制造费用的比例关系，不符合产品成本构成的实际情况，不能满足管理上考核的需要。为了弥补综合结转分步法不能反映完工产品成本构成的原始项目的矛盾，要进行成本还原。

所谓成本还原，就是从最后一个步骤起，把所耗上一步骤半成品的综合成本还原为按直接材料、直接人工、制造费用等原始成本项目反映的产成品成本资料。

成本还原的具体方法有两种，分别是半成品比重法和综合比率还原法。

(1) 半成品比重法。即按半成品各成本项目占全部成本的比重还原。

它是根据本月产成品耗用上步骤半成品的成本乘以还原分配率计算半成品成本还原的方法。其成本还原的计算程序如下。

① 计算成本还原分配率。这里的成本还原分配率是指各步骤完工产品成本构成，即各成本项目占全部成本的比重。其计算公式如下：

还原分配率=上步骤完工半成品某成本项目的金额/上步骤完工半成品成本合计×100%

② 将半成品的综合成本进行分解。分解的方法是用产成品成本中半成品的综合成本乘以上一步骤生产的该种半成品的各成本项目的比重。其计算公式如下：

半成品成本还原＝本月产成品耗用上步骤半成品的成本×还原分配率

③ 计算还原后成本。还原后成本是根据还原前成本加上半成品成本还原计算的，其计算公式如下：

还原后产品成本＝还原前产品成本＋半成品成本还原

④ 如果成本计算有两个以上的步骤，第一次成本还原后，还有未还原的半成品成本，乘以前一步骤该种半成品的各个成本项目的比重。后面的还原步骤和方法同上，直到还原到第一步骤为止，才能将本成品成本还原为原来的成本项目。

(2) 综合比率还原。即按各步骤耗用半成品的总成本占上一步骤完工半成品总成本的比重还原。

这种方法是将本月产成品耗用上一步骤半成品的综合成本，按本月所生产这种半成品成本结构进行还原。采用这种方法进行成本还原的计算程序如下：

① 计算成本还原分配率，它是指产成品成本中半成品成本占上一步骤所产该种半成品总成本的比重，其计算公式如下：

成本还原分配率＝本月产成品耗用上步骤半成品成本合计／本月生产该种半成品成本合计×100%

② 计算半成品成本还原，它是用成本还原分配率乘以本月生产该种半成品成本项目的金额，其计算公式如下：

半成品成本还原＝成本还原分配率×本月生产该种半成品成本项目金额

③ 如果成本计算需经两个以上的步骤，则需重复①至③步骤进行再次还原，即从最后一个步骤起，把所耗上一步骤半成品成本，按照本月所产该种半成品的成本构成进行分解、还原，逐步向前，直到第一步骤为止。

④ 最后，将各步骤相同的项目相加，得出按原始成本项目反映的产成品成本。

【例6-5】资料。

生产步骤半成品直接材料直接人工制造费用合计

生产步骤		半成品	直接材料	直接人工	制造费用	合计
一车间	完工半成品成本		10 000	6 000	4 000	20 000
	月末在产品成本		2 000	300	500	2 800
二车间	完工半成品成本	16 000		4 800	2 400	23 200
	月末在产品成本	4 000		600	300	4 900
三车间	完工产成品成本	20 300		2 800	1 400	24 500
	月末在产品成本	2 900		200	100	32 00

要求：

将产成品成本还原为按原始成本项目反映的成本(见表6-30)。

表6-30 产成品成本还原计算表(方法2)

行次	项目	还原分配率	半成品(第二步骤)	半成品(第一步骤)	直接材料	直接人工	制造费用	合计
1	还原前产成品成本		20 300			2 800	1 400	24 500
2	第二步骤半成品成本		23 200	16 000		4 800	2 400	23 200

续表

行次	项目	还原分配率	半成品(第二步骤)	半成品(第一步骤)	直接材料	直接人工	制造费用	合计
3	第一次成本还原	0.875	−20 300	14 000		4 200	2 100	
4	第一步骤半成品成本				10 000	6 000	4 000	20 000
5	第二次成本还原		0.7	−14 000	7 000	4 200	2 800	
6	还原后产成品成本				7 000	11 200	6 300	24 500
7	还原后产成品单位成本				1 000	1 600	900	3 500

综上所述,可以看出,采用综合结转逐步结转分步法,从各步骤的产品成本明细账中可以看出各步骤产品所耗上一步骤半成品费用的水平和本步骤加工费用的水平,从而有利于各生产步骤的管理。但如果管理上要求提供原始成本项目反映的产成品成本资料,就需要进行成本还原。如果生产多种产品,成本还原工作繁重。因此,这种结转方法只在管理上要求计算各步骤完工产品所耗半成品费用,而不要求进行成本还原的情况下采用。

2. 分项结转法

分项结转法是指将各步骤所耗用的上一步骤半成品成本,按照成本项目分项转入各该步骤产品成本明细账的各个成本项目中。如果半成品通过半成品库收发,在自制半成品明细账中登记半成品成本时,也要按照成本项目分别登记。

分项结转,可以按照半成品的实际成本结转,也可以按照半成品的计划成本结转,然后按成本项目分项调整成本差异。由于后一种做法计算工作量较大,因而一般多采用按实际成本分项结转的方法。

这种结转方法一般适用于管理上不要求分别提供各步骤完工产品所耗半成品费用和本步骤加工费用资料,但要求按原始成本项目反映产品成本的企业。

【例6-6】假定甲产品生产分两个步骤,分别由两个车间进行。第一车间生产半成品,交半成品库验收;第二车间所需数量从半成品库领用,所耗半成品费用按综合加权平均单位成本计算。两个车间的月末在产品均按定额成本计价。成本计算程序如下:

(1) 根据上月第一车间甲产品成本明细账月末在产品成本和本月各种生产费用分配表、半成品交库单和第一车间在产品定额成本资料,登记第一车间甲产品成本明细账,如表6-31所示。

表6-31 产品成本明细账

第一车间:甲半成品　　　　　　　　　　　　　　　　　　　　　　　　　　　单位:元

摘要	产量	直接材料	直接人工	制造费用	成本合计
月初在产品		3 060	2 700	4 260	10 040
本月费用		5 080	3 010	6 600	14 690
合计		8 140	5 710	10 880	24 730
完工转出半成品	100	5 040	3 110	6 480	14 630
月末在产品		3 100	2 600	4 400	10 100

(2) 根据计价后的半成品交库单和第二车间领用半成品的领用单,登记自制半成品明细账,如表6-32所示。

表 6-32 自制半成品明细账

甲半成品　　　　　　　　　　　　　　　　　　　　　　　　　　　　　　单位：元

月份	摘要	数量	实际成本			
			直接材料	直接人工	制造费用	合计
1	月初余额	20	1 062	650	1 298	3 010
	本月增加	100	5 040	3 110	6 480	14 630
	合计	120	6 102	3 760	7 778	17 640
	单位成本		50.85	31.33	64.82	147
	本月减少	105	5 339.25	3 289.65	6 806.10	15 435
	月初余额	15	762.75	470.35	971.90	2 205

根据第一车间的半成品交库单所列交库数量和甲产品成本明细账中完工产品成本转出，编制会计分录如下：

借：自制半成品　　　　　14 360
　　贷：基本生产成本　　　14 360

根据第二车间半成品领用单，编制会计分录如下：

借：基本生产成本　　　　15 435
　　贷：自制半成品　　　　15 435

(3) 根据各种生产费用分配表、第二车间半成品领用单、自制半成品明细账、第二车间产成品交库单和第二车间在产品定额成本资料，登记第二车间甲产品成本明细账，如表 6-33 所示。

表 6-33 产品成本明细账

第二车间：甲产成品　　　　　　　　　　　　　　　　　　　　　　　　　单位：元

摘要	产量	直接材料	直接人工	制造费用	成本合计
月初在产品		2 310	2 500	5 320	10 130
本月本步生产费用			2 800	5 925	8 725
本月耗用半成品费用		5 339.25	3 289.65	6 806.10	15 435
合计		7 649.25	8 589.65	1 8051.10	34 290
完工转出产成品成本	100	5 369.25	6 129.65	1 2751.10	24 250
产成品单位成本		53.69	61.30	127.51	242.50
月末在产品		2 280	2 460	5 300	10 040

根据第二车间的产成品交库单所列产成品交库数量和上述第二车间产品成本明细账中完工转出产成品成本，编制下列会计分录：

借：库存商品　　　　　24 250
　　贷：基本生产成本　　　24 250

采用分项结转逐步结转分步法，可以较为直接、准确地提供按原始成本项目反映的产成品成本资料，便于从整体企业角度考核和分析产品成本计划的完成情况，不需要进行成本还原。但是这种方法的成本结转工作比较复杂，而且在各步骤的完工产品成本中看不出所耗上一步骤半成品的费用和本步骤加工费用水平,不便于进行完工产品成本分析。

综上所述,逐步结转分步法的优缺点可以概括如下:

第一,逐步结转分步法的成本计算对象是企业产品成本及其各步骤的半成品,这就为分析和考核企业产品成本计划和各生产步骤半成品成本计划的完成情况,为正确计算半成品销售成本提供了资料。

第二,不论是综合结转还是分步结转,半成品成本都是随实物的转移而结转,各生产步骤产品成本明细账中的生产费用余额,反映了留存在各个生产步骤的在产品成本,因而能为在产品的实物管理和生产资金管理提供资料。

第三,采用综合结转法结转半成品成本时,由于各步骤的产品成本中包含所耗上一步骤的半成品成本,从而能全面反映各步骤完工产品所耗上一步骤半成品水平和本步骤加工费用水平,有利于各步骤的成本管理。采用分项结转分步法结转半成品成本时,可以直接提供按原始成本项目反映的产品成本,满足企业分析和考核产品成本构成和水平的需要,而不必进行成本还原。

第四,这一方法的核算工作比较复杂,核算工作的及时性也比较差。如果采用综合结转法,需要进行成本还原;如果采用分项结转法,结转的核算工作量比较大。如果半成品按计划成本结转,还需要进行半成品成本差异的调整。

三、平行结转分步法

(一)平行结转分步法的概念、特点及计算程序

在采用分步法计算成本的大量、大批、多步骤生产企业中,有的企业(如生产类型的机器制造业)各步骤所产半成品的种类比较多,但不需要计算半成品成本。在这种情况下,为了简化和加快成本计算工作,可以不计算各步骤所产半成品成本,也不计算各步骤所耗上一步骤的半成品成本,而只计算本步骤所发生的各项费用以及本步骤应该计入产成品的"份额"。将相同产品各步骤产品成本明细账中应计入产成品的份额进行平行相加,即可计算出该种产品的产成品成本。这种方法就是平行结转分步法,也称为不列计半成品成本法。这种方法的计算程序如图6-3所示。

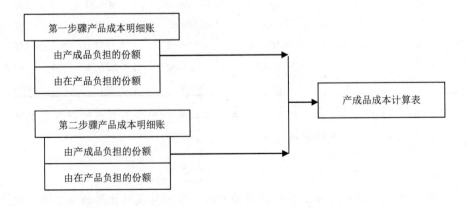

图6-3 平行结转分步法计算程序

从上述成本计算程序中，可以看出平行结转分步法的特点：

(1) 在计算产品成本时，可以不计算各步骤所产半成品成本，只计算本步骤所发生的各项生产费用。

(2) 不计算各步骤所耗上一步骤的半成品成本。无论半成品实物是在各步骤之间直接结转还是通过半成品库收发，都不进行总分类核算。也就是说，半成品成本不随实物的结转而结转。

(3) 计算各步骤发生的费用应计入产成品的份额。在平行结转分步法下，必须将各步骤发生的生产费用划分为用于产成品部分和尚未最后制成的在产品部分。这里的在产品是广义在产品。

(4) 将各步骤应计入产成品的份额，平行结转、汇总计算该种产品的总成本和单位成本。

(二) 各步骤应计入产成品成本"份额"的计算

如何确定各步骤应计入产成品的份额，即每一步骤的生产费用如何正确地在完工产品和广义在产品之间分配，是采用这一方法正确计算产成品成本的关键所在。

1. 按定额比例法分配

某企业生产乙产品，生产费用在完工产品与在产品之间分配采用定额比例法，其中原材料按定额原材料费用比例分配；其他各项费用按定额工时比例分配。其成本核算程序如下。

【例 6-7】(1) 有关乙产品的定额资料详见表 6-34。

表 6-34 定额资料表

车间份额	月初在产品		本月投入		本月产成品				
	定额材料费用	定额工时	定额材料费用	定额工时	单件定额材料费用	工时	产量	定额材料费用	定额工时
第一车间份额	10 560	4 880	6 400	2 800	50	30	200	10 000	6 000
第二车间份额		2 600		6 910		40	200		8 000
合计	10 560	7 480	6 400	9 710	50	70	200	10 000	14 000

(2) 根据乙产品的定额资料、各种费用分配表和产成品交库单，登记第一、二车间的产品成本明细账(见表 6-35、表 6-36)。

表 6-35　产品成本明细账

第一车间乙产品　　　　　　　　　　　　　　　　　　　　　　　　　　　　　　　　　单位：元

摘要	产成品产量	原材料		定额工时	工资及福利费	制造费用	成本合计
		定额	实际				
月初在产品		10 560	11 210	4 880	5 020	9 810	26 040
本月生产费用		6 400	7 446	2 800	4 196	6 318	17 960
合计		16 960	18 656	7 680	9 216	16 128	44 000
费用分配率		1.1	1.1		1.2	2.1	
产成品成本中本步份额	200	10 000	11 000	6 000	7 200	12 600	30 800
月末在产品		6 960	7 656	1 680	2 016	3 528	13 200

表 6-36　产品成本明细账

第二车间乙产品　　　　　　　　　　　　　　　　　　　　　　　　　　　　　　　　　单位：元

摘要	产成品产量	原材料		定额工时	工资及福利费	制造费用	成本合计
		定额	实际				
月初在产品				2 600	2 910	4 870	7 780
本月生产费用				6 910	7 551	7 493	15 044
合计				9 510	10 461	12 363	22 824
费用分配率					1.1	1.3	
产成品成本中本步份额	200			8 000	8 800	10 400	19 200
月末在产品				1 510	1 661	1 963	3 624

（3）将第一、二车间产品成本明细账中应计入产成品成本的份额，平行结转、汇总计入乙产品成本汇总表 6-37。

表 6-37　乙产品成本汇总表

20××年××月　　　　　　　　　　　　　　　　　　　　　　　　　　　　　　　　　单位：元

车间份额	产量	直接材料	直接人工	制造费用	成本合计
第一车间份额	200	11 000	7 200	12 600	30 800
第二车间份额	200	8 000	8 800	10 400	19 200
合计		19 000	16 000	23 000	50 000
单位成本		95	80	115	250

2. 按约当产量法分配

在平行结转分步法下，将生产费用在产成品与广义在产品之间进行分配是最为关键的问题。以上的例题中，生产费用在最终完工产品与广义在产品之间的分配采用的是定额比例法。在实际工作中常常采用约当产量比例法,下面我们采用约当产量比例法,将生产费用在最终完工产品与广义在产品之间进行分配,相关资料见表 6-38～表 6-42。

某一步骤约当产量=本步骤月末在产品折合本步骤半成品数量+以后各步骤月末在产品数量+最后步骤完工产成品数量

表 6-38　产品产量资料

工序	1	2
月初在产品	200	400
本月投产	2 300	2 200
本月完工	2 200	2 000
月末在产品	300	600
月末在产品的加工进度	50%	60%

表 6-39　产品生产费用

	直接材料成本	直接人工成本	制造费用
月初在产品成本			
1	13 600	5 000	6 000
2		4 120	4 500
本月费用			
1	172 000	116 000	137 000
2		3 600	40 340

约当产量计算:

(1) 直接材料:300+600+2 000=2 900
(2) 第一车间直接人工和制造费用:300×50%+600+2 000=2 750
(3) 第二车间直接人工和制造费用:600×60%+2 000=2 360

表 6-40　产品成本明细账

第一车间　　　　　　　　　　　　　　　　　　　　　　　　　　　　　　　　单位:元

项目	直接材料	直接人工	制造费用	合计
月初在产品	13 600	5 000	6 000	24 600
本月生产费用	172 000	116 000	137 000	425 000
生产费用合计	185 600	121 000	143 000	449 600
约当产量	2 900	2 750	2 750	
分配率	64	44	52	
产成品负担的份额	128 000	88 000	104 000	320 000
月末在产品	57 600	33 000	39 000	129 600

表 6-41　产品成本明细账

第二车间　　　　　　　　　　　　　　　　　　　　　　　　　　　　　　　　　单位：元

项目	直接材料	直接人工	制造费用	合计
月初在产品		4 120	4 500	8 620
本月生产费用		36 000	40 340	76 340
生产费用合计		40 120	44 840	84 960
约当产量		2 360	2 360	
分配率		17	19	
产成品负担的份额		34 000	38 000	72 000
月末在产品成本额		6 120	6 840	12 960

表 6-42　产品成本计算表

	直接材料	直接人工	制造费用	合计
第一车间成本	128 000	88 000	104 000	320 000
第二车间成本		34 000	38 000	72 000
总成本	128 000	122 000	142 000	392 000
单位成本	64	61	71	196

(三)平行结转分步法与逐步结转分步法相比较的优缺点

1. 优点

平行结转分步法与逐步结转分步法相比较，具有以下优点：

(1) 采用这一方法，各步骤可以同时计算产品成本，然后将应计入完工产品成本的份额平行结转、汇总计入产品成本，不必逐步结转半成品成本，从而可以简化和加快成本计算工作。

(2) 采用这一方法，一般是按照成本项目平行结转、汇总各步骤成本应计入产成品成本的份额，因而能够直接提供按原始成本项目反映的产成品成本资料，不必进行成本还原，省去了大量烦琐的计算工作。

2. 缺点

在平行结转分步法下各步骤不计算也不结转半成品成本，因而存在以下缺点：

(1) 不能提供各步骤半成品成本资料及各步骤所耗上一步骤半成品费用资料，因而不能全面地反映各步骤生产耗费的水平，不利于各步骤的成本管理。

(2) 由于各步骤间不结转半成品成本，使半成品实物转移与费用结转脱节，因而不能为各步骤在产品的实物管理和资金管理提供资料。

【知识链接】

链接 1

分批法在新兴产业成本控制中的演进发展：伴随着我国市场经济不断完善，并逐渐与国际接轨,这就使得对成本的管理控制尤为重要,企业要想求生存、谋发展,就要了解并且融入市场,根据市场信息确定生产产品,制定产品生产计划。企业对成本核算的过程就是对企业本身产品生产的事先预测、事中控制、事后分析的过程。再加上企业之间的竞争更是白热化,成本的管理显然成了企业存亡的关键,企业能否根据确切的成本信息做出正确的经营决策在市场竞争中起到了决定性的作用。现代网络的飞速发展,催生一大批新兴产业和小微企业,而它们赖以生存的法宝就是选择适合自己管理模式的成本核算方法,正是它单件、小批量的灵活生产作业,使得分批法在企业的成本核算中运用自如。(摘自:张玉伟,分批法在新兴产业成本控制中的演进发展研究,2016年6月。详见原文)

链接2

从国内外文献的检索情况来看,学术界已经认识到会计信息电算化将朝着开放、智能的方向发展,开始就网络技术、数据库技术、人工智能技术和会计信息处理相结合,建立智能型会计信息系统和人机模式的构造等焦点问题进行研究。其实,这些问题已经成为适应未来信息化浪潮,最终促进企业管理信息化实现所刻不容缓需要解决的问题。工业企业成本核算智能化核算方法也将是成本核算方法的发展趋势。(摘自:王文莲、王晓晖,企业成本核算方法的发展趋势研究,2009年2月。详见原文)

自 测 题

1. 简化的分批法

某企业的生产组织属于小批生产,产品批数多,每月末都有很多批号没有完工,因而采用简化的分批法计算产品成本。资料如下。

(1) 8月份生产的产品批号及产品完工情况:

801号:甲产品10件,6月1日投产,8月25日完工;

802号:乙产品10件,7月5日投产,月末完工5件;

803号:丙产品5件,7月15日投产,尚未完工;

804号:丁产品5台,8月20日投产,尚未完工。

(2) 各批号的本月直接材料费用(材料在生产开始时一次投入)和生产工时:

801号:直接材料6 120元,工时3 250小时;

802号:直接材料3 680元,工时750小时,其中完工5件产品工时480小时,在产品5件工时270小时。

803号:直接材料1 360元,工时2 840元;

804号:直接材料1 290元,工时2 120小时。

(3) 8月末全部产品的直接材料费用12 450元,工时8 960小时,直接人工3 584元,制造费用5 376元。

要求:采用简化的分批法:

(1) 登记基本生产成本二级账(见表6-43)和各批产品成本明细账(见表6-44至表6-47)。

(2) 计算和登记累计间接费用分配率。

(3) 计算各批完工产品成本。

表 6-43　基本生产二级账

月	日	摘要	原材料	生产工时	直接人工	制造费用	合计
8		期初在产品	7 550	3 350	1 725	2 350	11 625
		本月生产费用					
		生产费用合计					
		累计费用分配率					
		完工产品成本					
		在产品成本					

表 6-44　产品成本明细账

产品批号：801

月	日	摘要	原材料	生产工时	直接人工	制造费用	合计
8		月初在产品	3 750	1 800			
		本月发生					
		合计					
		费用分配率					
		完工产品成本					
		在产品成本					

表 6-45　产品成本明细账

产品批号：802

月	日	摘要	原材料	生产工时	直接人工	制造费用	合计
8		月初在产品	2 200	590			
		本月发生					
		合计					
		费用分配率					
		完工产品成本					
		在产品成本					

表 6-46　产品成本明细账

产品批号：803

月	日	摘要	原材料	生产工时	直接人工	制造费用	合计
8		月初在产品	1 600	960			
		本月发生					
		合计					
		费用分配率					
		完工产品成本					
		在产品成本					

表 6-47　产品成本明细账

产品批号：804

月	日	摘要	原材料	生产工时	直接人工	制造费用	合计
8		月初在产品					
		本月发生					
		合计					
		费用分配率					
		完工产品成本					
		在产品成本					

2. 分步法

资料：某企业甲产品经过三个车间连续加工制成，一车间生产 A 半成品，直接转入二车间加工制成 B 半成品，B 半成品直接转入三车间加工成甲产成品。其中，1 件甲产成品耗用 1 件 B 半成品，1 件 B 半成品耗用 1 件 A 半成品。原材料于生产开始时一次投入，各车间月末在产品完工率均为 50%。各车间生产费用在完工产品和在产品之间的分配采用约当产量法。本月各车间产量资料如表 6-48 所示，各车间月初及本月费用资料如表 6-49 所示。

表 6-48　本月各车间产量资料

单位：件

摘要	一车间	二车间	三车间
月初在产品数量	20	50	40
本月投产数量或上步转入	180	160	180
本月完工产品数量	160	180	200
月末在产品数量	40	30	20

表 6-49　各车间月初及本月费用资料

单位：元

摘要		直接材料	半成品	直接人工	制造费用	合计
一车间	月初在产品成本	1 000		60	100	1 160
	本月生产费用	18 400		2 200	2 400	23 000
二车间	月初在产品成本	5 752	7 248	200	120	
	本月生产费用			3 200	4 800	8 000
三车间	月初在产品成本	4 825	7 000	180	160	
	本月生产费用			3 450	2 550	6 000

要求：(1)编制各步骤成本计算单，采用综合结转法计算各步骤半成品成本及产成品成本，进行成本还原；(2)编制各步骤成本计算单，采用分项逐步结转法计算各步骤半成品成本及产成品成本。(3)采用平行结转法计算产成品成本，编制各步骤成本计算单及产品成本汇总表。

直接填写表 6-50 至表 6-59。

(1) 综合结转法。

表 6-50　第一车间成本计算单

产品名称：A 半成品

摘要	直接材料	直接人工	制造费用	合计
月初在产品成本	1 000	60	100	1 160
本月发生费用	18 400	2 200	2 400	23 000
费用合计	19 400	2 260	2 500	24 160
约当产量合计	200	180	180	
单位成本	97	12.56	13.89	
完工产品成本	15 520	2 009.6	2 222.4	19 752
月末在产品成本	3 880	250.4	277.6	4 408

表 6-51　第二车间成本计算单

产品名称：B 半成品

摘要	半成品	直接人工	制造费用	合计
月初在产品成本				
本月发生费用				
费用合计				
约当产量合计				
单位成本				
完工产品成本				
月末在产品成本				

表 6-52　第三车间成本计算单

产品名称：甲产品

摘要	半成品	直接人工	制造费用	合计
月初在产品成本				
本月发生费用				
费用合计				
约当产量合计				
单位成本				
完工产品成本				
月末在产品成本				

(2) 分项结转分步法(同综合结转法第一车间成本计算单)。

表6-53　第二车间成本计算单

产品名称：B半成品

摘要	直接材料	直接人工	制造费用	合计
月初在产品成本				
本月本步骤加工费用				
本月耗用上步骤半成品费用				
合计				
约当产量合计				
单位成本				
完工产品成本				
月末在产品成本				

表6-54　第三车间成本计算单

产品名称：甲产品

摘要	直接材料	直接人工	制造费用	合计
月初在产品成本				
本月本步骤加工费用				
本月耗用上步骤半成品费用				
合计				
约当产量合计				
单位成本				
完工产品成本				
月末在产品成本				

(3) 平行结转分步法。

表6-55　各步骤约当产量的计算

摘要	直接材料	直接人工	制造费用
一车间约当产量	290(=200+30+20+40)	270(=200+30+20+40×50%)	270
二车间约当产量			235
三车间约当产量			210

表6-56　第一车间成本计算单

摘要	直接材料	直接人工	制造费用	合计
月初在产品成本	1 000	60	100	1 160
本月发生费用	18 400	2 200	2 400	23 000
合计	19 400	2 260	2 500	24 160
约当产量	290	270	270	

续表

摘要	直接材料	直接人工	制造费用	合计
单位成本	66.9	8.37	9.26	
应计入完工产品成本份额	13 380	1 674	1 852	16 906
月末在产品成本	6 020	586	648	7 254

表 6-57　第二车间成本计算单

摘要	直接人工	制造费用	合计
月初在产品成本			
本月发生费用			
合计			
约当产量			
单位成本			
应计入完工产品成本份额			
月末在产品成本			

表 6-58　第三车间成本计算单

摘要	直接人工	制造费用	合计
月初在产品成本			
本月发生费用			
合计			
约当产量			
单位成本			
应计入完工产品成本份额			
月末在产品成本			

表 6-59　产品成本汇总计算表　产品名称：甲产品

项目	数量	直接材料	直接人工	制造费用	总成本	单位成本
一车间						
二车间						
三车间						
合计						

第七章

产品成本计算的辅助方法

【学习要点及目标】

- 理解分类法、定额法的特点和适用范围；
- 掌握分类法和定额法的成本核算程序和方法；
- 理解副产品的概念及其成本计算特点，掌握副产品的成本计算方法。

【核心概念】

系数法　定额成本　成本差异　主副产品

【引导案例】

　　某制鞋厂生产的男式和女式牛皮鞋包括 10 个型号的产品，本月男、女式牛皮鞋全部产品实际总成本为 727 800 元，如果按 10 种产品分别计算成本，工作量较大。该厂先按类别计算出本月男式牛皮鞋总成本为 397 800 元、女式牛皮鞋总成本为 330 000 元；再将各自的总成本采用系数分配法分别在男式牛皮鞋、女式牛皮鞋内部进行分配。例如，男式牛皮鞋包括 38 码至 42 码 5 种号型，定额成本分别为 108 元、114 元、120 元、126 元、132 元，根据定额成本资料计算的系数分别为 0.9、0.95、1.0、1.05、1.1；5 种号型男式牛皮鞋本月实际产量分别为 200 双、200 双、1 500 双、1 000 双、300 双，按系数折算的标准产量分别为 180 双、190 双、1 500 双、1 050 双、330 双，标准总产量为 3 250 双。用实际总成本 397 800 元除以标准总产量 3 250 双，可以计算出标准产量的单位成本为 122.4 元；用单位成本乘以标准产量，可以计算出 5 种号型男式牛皮鞋的总成本分别为 22 032 元、23 256 元、183 600 元、128 520 元、40 392 元；再用各号型的总成本除以对应的实际产量，求得 5 种号型男式牛皮鞋单位成本分别为 110.16 元、116.28 元、122.40 元、128.52 元、134.64 元。

　　思考：该厂对男式牛皮鞋、女式牛皮鞋两类产品总成本的计算是采用的品种法吗？该厂 5 种号型男式牛皮鞋的成本是如何计算的？该厂的成本核算对象是什么？

第一节　产品成本计算的分类法

　　成本计算的分类法是指按产品的类别归集生产费用，在计算出某类产品总成本的基础上，按一定标准分配类内各种产品成本的一种成本计算方法。类内产品成本的计算方法有系数法和定额比例法。

　　分类法是一种简化的成本计算方法，必须与成本计算的各种基本方法结合使用。分类法主要适用于产品品种或规格较多的企业或车间。分类法应当根据产品的性质、结构、所用原材料以及工艺过程的特点等进行产品类别的划分。分类法下某类产品的总成本是采用成本计算的各种基本方法计算出来的。

一、系数法

　　在实际工作中采用分类法计算产品成本时，为了简化类内不同品种、规格产品成本分配的计算工作，一般是将类内产品的分配标准折合为系数，按系数分配计算类内每种产品的成本。

　　系数法成本的计算程序如下：

　　(1) 确定标准产品：在同类产品中选择一种产量大、生产稳定或规格折中的产品作为标准产品，把这种产品的分配标准系数确定为 1。

　　(2) 计算单位系数：以其他产品的单位产品的分配标准数据与标准产品相比，求出的比例即为其他产品的系数。

　　(3) 计算产品的总系数：把各种产品的实际产量乘上系数，换算成标准产品产量，或称为总系数。某种产品综合总系数=该种产品的产量×该种产品综合系数。

(4) 计算类内每种产品的成本：

$$某种产品的综合系数 = \frac{某种产品的定额成本(售价)}{类内标准产品的定额成本(售价)}$$

计算产品总系数：

某种产品总系数=该种产品产量×该种产品综合系数

按成本项目分别进行费用分配：

$$某成本项目费用分配比率 = \frac{某类产品某成本项目费用总额}{类内产品某成本项目总系数之和}$$

某产品分配的某成本项目费用=该产品总和总系数×某成本项目费用分配率

按单项系数进行费用分配的计算公式：

$$直接材料成本系数 = \frac{某种产品分配标准(如直接材料定额成本)}{标准产品的分配标准(如直接材料定额成本)}$$

$$直接人工(其他)成本系数 = \frac{某种产品分配标准(如定额成本工时、定额费用)}{标准产品的分配标准(如定额成本工时、定额费用)}$$

根据单项系数计算产品总系数：

某种产品直接材料总系数=该种产品产量×该种产品直接材料成本系数

某种产品直接人工项目总系数=该种产品产量×该种产品直接人工项目成本系数

某种产品其他成本项目总系数=该种产品产量×该种产品其他项目成本系数

根据总系数分配费用：

$$直接材料费用分配率 = \frac{某类产品直接材料费用总额}{类内各种产品直接材料总系数之和}$$

某种产品应分配的直接材料费用=该种产品直接材料总系数×直接材料费用分配率

【例7-1】某工业企业大量生产A、B、C三种产品，这三种产品结构相似，使用原材料相同，生产工艺过程相同，只是规格不同。为简化成本计算，将三种产品归为一类——甲类，采用分类法计算产品成本。甲类产品的月末在产品成本按定额成本计算，该类产品2015年5月初在产品成本、本月生产耗费及月末在产品成本资料如表7-1所示。

表7-1 产品成本资料表

单位：元

项目	直接材料	直接人工	制造费用	合计
月初在产品成本	4 500	2 000	1 500	8 000
本月生产耗费	23 700	14 360	10 770	48 830
月末在产品成本	3 800	1 600	1 200	6 600

该类各种产品的耗费分配标准为：

直接材料按各种产品的原材料费用系数分配；

原材料费用系数按原材料消耗定额确定；

选定B产品作为标准产品；

直接人工、制造费用等加工费用按定额工时比例分配。

甲类各种产品产量、原材料消耗定额和工时定额资料如表 7-2 所示。

表 7-2　甲类各种产品产量、原材料消耗定额和工时定额资料

产品名称	产量/件	原材料消耗定额/千克	工时定额/小时
A 产品	300	8	20
B 产品	500	10	18
C 产品	400	12	24

甲类产品成本计算单如表 7-3 所示。

表 7-3　产品成本计算单

产品类别：甲类　　　　　　　　　　2015 年 5 月　　　　　　　　　　金额单位：元

日期	摘要	直接材料	直接人工	制造费用	合计
1	月初在产品定额成本	4 500	2 000	1 500	8 000
31	本月生产耗费	23 700	14 360	10 770	48 830
31	生产耗费累计	28 200	16 360	12 270	56 830
31	完工产品成本	24 400	14 760	11 070	50 230
31	月末在产品定额成本	3 800	1 600	1 200	6 600

根据原材料消耗定额计算原材料费用系数，如表 7-4 所示。

表 7-4　原材料费用系数计算表

产品名称	原材料消耗定额/千克	系数
A 产品	8	0.8
B 产品	10	1
C 产品	12	1.2

分配计算甲类中 A、B、C 三种产品的总成本和单位成本，如表 7-5 所示。

表 7-5　甲类内各种产品成本计算表

产品类别：甲类　　　　　　　　　　2015 年 5 月　　　　　　　　　　金额单位：元

项目	产量	原材料费用系数	原材料总系数	工时定额	定额总工时	直接材料	直接人工	制造费用	合计	单位成本
分配率						20	0.6	0.45		
A 产品	300	0.8	240	20	6 000	4 800	3 600	2 700	11 100	37
B 产品	500	1	500	18	9 000	10 000	5 400	4 050	19 450	38.9
C 产品	400	1.2	480	24	9 600	9 600	5 760	4 320	19 680	49.2
合计			1 220		24 600	24 400	14 760	11 070	50 230	

表中各种耗费分配率计算如下：

原材料费分配率 = 24 400 ÷ 1 220 = 20

直接人工分配率 = 14 760 ÷ 24 600 = 0.6

制造费用分配率= 11 070 ÷ 24 600 = 0.45
根据产成品入库单和表 7-5 编制结转甲类各种完工产品成本的会计分录。
借：库存产品——A 产品　　　　　　11 100
　　　　　　——B 产品　　　　　　19 450
　　　　　　——C 产品　　　　　　19 680
　　贷：基本生产成本——甲类　　　　　　　　50 230

二、定额比例法

按定额比例法进行类内产品成本分配，是指在计算出类内产品的总成本后，按类内各种产品的定额比例进行成本分配，从而计算出类内每一种产品成本的一种方法。

这种方法一般适用于定额比较健全、稳定的企业。具体进行计算时，材料费用可按各种产品材料定额耗用量比例进行分配，加工费用可采用定额工时比例进行分配。

三、联产品、副产品、等级品的成本计算

1. 联产品

联产品是指企业在生产过程中，利用同一种原材料，经过同一个生产过程，同时生产出几种产品，并且这些产品都是企业的主要产品。联合成本的分配方法有实物计量分配法和标准产量分配法。

1) 实物计量分配法

$$联产品分配率 = \frac{联合成本}{各种联产品实物量之和}$$

某产品应分配的联合成本 = 该种联产品实物量×联合成本分配率

2) 标准产量分配法

确定各种联产品的系数；用每种产品的产量乘上各自的系数，计算出标准产量；再将联合成本除以各种联产品标准产量之和，求得联合成本分配率；最后，用联合成本分配率乘以每种产品的标准产量，就可以计算出各种联产品应负担的联合成本。

销售价值分配法：

$$联合成本分配率 = \frac{联合成本}{各种联产品销售价值之和}$$

某联产品应分配的联合成本 = 该种联产品销售价值×联合成本分配率

2. 副产品

副产品是指企业在生产主要产品的过程中附带生产出来的一些非主要产品。一般是将副产品和主要产品归为一类，按照分类法归集费用，计算其总成本。主、副产品分离前的成本可视为联合成本。副产品的价值相对较低，可将副产品按照简化的方法计价，从主、副产品的总成本中扣除，从而确定主要产品的成本。

计价方法：副产品不计价；副产品按分离后的成本计价；副产品按固定成本计价；副

产品按销售价格扣除销售税金、销售费用后的余额计价。

3. 等级品

等级品是指品种相同,但在质量上有差别的产品。按造成产品质量差别的原因不同,等级品可以分为两种:一种是由于材料的质量、工艺过程不同或由于自然的原因造成的等级品;另一种是由于经营管理或技术操作的原因形成的等级品。

【例 7-2】某工厂在生产乙产品的同时,产生的副产品 601 产品与乙产品分离后不能直接出售,只能作为丙产品的原料,进一步加工为丙产品后才能出售。为了简化计算,丙产品发生的费用合并在乙产品成本计算单中。乙产品本月完工交库 100 000 千克,产品成本计算单归集的成本总额为 1 011 000 元,其中,直接材料 601 000 元,直接人工 299 500 元,制造费用 110 500 元。本月产生的 601 产品 1 000 千克已加工为丙产品 500 千克。丙产品计划单位成本为 102 元,其中,直接材料 42 元,直接人工 39 元,制造费用 21 元。

要求:根据资料采用副产品按计划单位成本计算的方法,计算并结转乙产品和丙产品成本。

(1) 计算丙产品成本。

丙产品总成本=500×102=51 000(元)

其中:直接材料=500×42=21 000(元)

直接人工=500×39=19 500(元)

制造费用=500×21=10 500(元)

(2) 计算乙产品成本。乙产品成本计算结果如表 7-6 所示,完工产品成本汇总表如表 7-7 所示。

表 7-6 南华工厂产品成本计算单

产品:乙产品　　　　　　　　　　　　产量:100 000 千克　　　　　　　　　　　金额单位:元

摘　要	直接材料	直接人工	制造费用	合计
生产费用合计	601 000	299 500	110 500	1 011 000
结转本月完工入库丙产品成本	-21 000	-19 500	-10 500	-51 000
本月完工入库甲产品总成本	580 000	280 000	100 000	960 000

表 7-7 南华工厂完工产品成本汇总表

金额单位:元

成本项目	乙产品(产量 100 000 千克)		丙产品(产量 500 千克)	
	总成本	单位成本	总成本	单位成本
直接材料	580 000	5.8	21 000	42
直接人工	280 000	2.8	19 500	39
制造费用	100 000	1	10 500	21
合　计	960 000	9.6	51 000	102

(3) 结转完工入库产品成本。根据成本计算结果(表 7-7),编制结转本月完工入库产品成本的会计分录如下:

借:库存商品——乙产品　　　　　　　　960 000

　　　　　　——丙产品　　　　　　　　 51 000

　贷:生产成本——基本生产成本——乙产品　1 011 000

第二节 产品成本计算的定额法

定额法是以产品的品种(或批别)作为成本计算对象,根据产品的实际产量,计算产品的定额生产费用以及实际费用脱离定额的差异,用完工产品的定额成本,加上或减去定额差异、定额变动差异,从而计算出完工产品成本和在产品成本的一种方法。

定额法一般适用于产品已经定型,产品品种比较稳定,各项定额比较齐全、准确,原始记录健全的企业采用。

采用定额法的优点是能及时反映、监督生产费用和产品成本脱离定额的差异,加强日常定额管理和成本控制;同时,它还弥补了成本计算其他方法只有在月末才能确定成本定额差异的缺陷;采用定额法由于能够及时核算并确定定额成本差异,并分析产生差异的原因,因而能将成本核算与成本分析、成本控制、成本考核有机地结合起来。

定额成本一般是通过编制"定额成本计算表"的方式进行的。在定额成本计算表中,各成本项目的计算方法如下:

"直接材料""燃料及动力"项目,应根据现行的消耗定额、材料及燃料的计划价格计算;"直接工资"项目,应根据产品的现行工时消耗定额及每小时的计划工资率计算;"制造费用"项目应根据制造费用预算数额以及分配标准来计算,如果制造费用是以定额工时作为分配标准进行分配的,则应按现行分配标准和计划小时制造费用率计算。

定额法的计算公式如下:

某产品直接材料定额成本=该产品材料消耗定额×材料计划单位成本

某产品直接工资定额成本=该产品工时定额×计划小时工资率

某产品制造费用定额成本=该产品工时定额×计划小时费用率

某产品的定额成本=直接材料定额成本+直接工资定额成本+制造费用定额成本

产品实际成本=定额成本±定额差异±定额变动差异

一、直接材料定额差异的核算

直接材料定额差异的核算一般采用如下三种方法。

1. 限额领料法

某产品直接材料脱离定额的差异 = (该产品材料实际耗用量 − 该产品材料定额耗用量) × 材料计划单位成本

计算本期直接材料的实际消耗量:

本期直接材料实际消耗量=本期领用材料数量+期初结余材料数量-期末结余材料数量

2. 整批分割法

采用整批分割法时,是按切割材料的批别设置"材料切割单"进行的。在"材料切割单"内,应详细填明送交切割材料的名称、数量、成材率、消耗定额、应切割成毛坯数量等资料。在材料切割完成后,根据实际切割成毛坯数量乘上消耗定额计算出材料的定额消耗量，将定额消耗量与材料的实际消耗量进行比较，计算出材料定额差异，并将差异数额填入材料切割单内，同时注明产生差异的原因。

采取整批切割法的优点是能及时反映和控制材料的耗用情况，但是材料切割单的填制工作量很大，因而只适用于按批核算材料定额差异的一些贵重材料。

3. 盘存法

盘存法是根据定期盘点的方法来计算材料的定额消耗量和脱离定额差异的方法，计算的时间可以是每天，也可以是每周或每旬。

这种方法的核算程序是，首先用本期完工产品数量加上期末在产品数量，减去期初在产品数量，计算出本期投产数量。其中，期末在产品数量是根据盘存数量(或账面数量)计算的；其次，根据材料的消耗定额，计算出产品材料的定额消耗量；然后，根据材料的定额领料凭证、差异凭证及车间的盘存资料，计算出产品的材料实际消耗量；最后，将产品的实际消耗量和定额消耗量进行比较，计算出材料脱离定额的差异。

在按盘存法核算定额差异时，应尽量缩短材料定额差异的核算期，只有这样，才能及时地揭露出差异，控制材料的消耗，找出产生差异的原因，提出进一步改进的措施。同时，能将差异的核算工作分散在平时进行，有利于核算工作的及时性。但采用这种方法计算投产量时，期末盘存数是通过倒挤的方法进行的，计算结果不够准确，这种方法一般适用于连续式大量生产的企业。

二、工资定额差异的核算

由于企业所采用的工资形式不同，工资定额差异的核算方法也不一样。

1. 计件工资下工资定额差异的核算

在直接计件工资形式下，如果工资定额不变，则生产工人劳动生产率的提高，并不会影响单位产品成本中的工资额。单位产品成本中工资额的变动，可能是由于变更工作条件或支付了补加工资和发给工人的奖励工资的变动，以及加班加点津贴而造成的。在这些情况下，为了便于及时查明工资差异的原因，符合定额的生产工人工资，可以反映在产量记录中；对于脱离定额的差异，应该经过一定的手续，反映在专设的工资差异凭证中，并填明差异原因，以便根据工资差异凭证进行分析。

2. 计时工资下工资定额差异的核算

生产工人工资不直接计入产品成本中的核算：
某产品工资脱离定额的差异＝该产品实际生产工人工资－
(该产品实际产量×单位产品定额工资)
生产工人工资根据实际工时比例分配计入产品成本中的核算：
某产品工资脱离定额的差异＝(该产品实际产量的实际生产工时×实际单位小时工资)－
该产品实际产量的定额生产工时×计划单位小时工资

$$实际单位小时工资 = \frac{某车间实际生产工人工资总额}{某车间实际生产工时总数}$$

$$计划单位小时工资 = \frac{某车间计划产量的定额生产工人工资总额}{某车间计划产量的定额生产工时总数}$$

计算工时差异:

$$工时差异 = (实际工时 - 定额工时) \times 计划单位小时工资率$$

计算工时率差异:

$$工资率差异 = (实际小时工资率 - 定额小时工资率) \times 实际工时$$

三、制造费用定额差异的核算

制造费用属于间接费用,不能在费用发生时直接按产品确定其定额的差异。在平时核算时,主要是通过制定费用预算,按照费用的性质下达给各车间,并采用费用限额手册对各车间的费用支出进行核算和管理,计算费用脱离定额(即费用预算)的差异额。这项差异一般是在月末实际费用分配到产品之后才能确定。

某车间制造费用定额的差异 = 该产品实际的制造费用 - 该产品实际产量的定额工时×计划小时制造费用

影响制造费用高低的因素分为工时差异和制造费用分配率差异。其计算公式如下:

$$工时差异 = (实际工时 - 定额工时) \times 计划单位小时制造费用率$$

$$制造费用率差异 = (实际单位小时制造费用率 - 计划单位小时制造费用率) \times 实际工时$$

四、定额差异的处理

如果期末在产品数量较少,占用的成本也较少,为了简化成本核算工作,可将定额差异全部计入完工产品的成本当中,即在产品按定额成本计算。这样,不仅简化了计算手续,而且产成品成本水平能够正确地反映当期工作的成果;如果期末在产品数量变动较大,占用的成本也较高,则定额差异应按完工产品和在产品的定额成本的比例,在完工产品和在产品之间进行分配。

公式:

$$定额差异分配率 = \frac{定额差异合计}{完工产品定额成本 + 在产品定额成本}$$

完工产品应分摊的定额差异 = 完工产品定额成本 × 定额差异分配率
在产品应分摊的定额差异 = 在产品定额成本 × 定额差异分配率
或 = 定额差异合计 - 完工产品应分摊的定额差异

五、定额变动差异的计算

定额变动差异是指由于对旧定额进行修改而产生的新旧定额之间的差额。定额变动差异的产生,说明企业生产技术水平的提高和生产组织的改善对定额的影响程度。定额变动差异的产生，是由于定额本身变动的结果，与生产费用的节约或超支无关。

定额变动差异不是经常发生的，因而不需要经常核算，只有在发生变动的情况下，才需要核算。一般情况下定额不是经常变动；定额差异是经常发生的，因为定额与实际发生的数额毕竟不会完全一样。为了及时了解定额差异产生的主要目的就要核算定额差异，以便于对成本进行及时的控制。定额变动差异是与某一产品相联系的，对哪一种产品的定额进行修改，定额变动差异就可以直接计入该种产品成本中，而不能转入其他产品中；定额差异一般不是由某一种产品所引起的，它是企业各方面工作的综合结果，因而不一定直接计入某种产品的成本中，往往采用分配的方法在各有关产品当中进行分配。

定额法下产品实际成本计算的程序如下。

1. 设置产品成本计算单

定额法下，应按产品品种分别设置产品成本计算单。在成本计算单中，月初在产品成本、本月生产费用、生产费用合计、完工产品成本和在产品成本各栏中，应分别设置"定额成本""定额差异"和"定额变动差异"等栏目。

2. 计算定额变动差异

若本月份定额有变动，则应计算月初在产品的定额变动差异数额，并填入相应的栏目中。

3. 分配费用

在本月发生的费用中，应区别定额成本和定额差异两部分。对于定额成本，应列入本月费用的"定额成本"项目下；对于定额差异，则应列入"定额差异"栏中。

4. 计算费用合计

费用合计是在月初在产品成本的基础上，加上本月发生的费用计算的。在计算时，应分别进行定额成本、定额差异和定额变动差异计算。

5. 计算完工产品和在产品的定额成本

完工产品的定额成本是按完工产品的数量乘上完工产品的定额成本计算的；在产品的定额成本是用定额成本合计减去完工产品的定额成本计算的。

6. 分配定额差异和定额变动差异

若定额差异和定额变动差异不大，为了简化成本核算工作，可将定额差异和定额变动差异全部计入完工产品，由完工产品成本负担，在产品不负担定额差异和定额变动差异。若定额差异和定额变动差异较大，则应将定额差异和定额变动差异按定额成本的比例，在完工产品和在产品之间进行分配。

7. 计算完工产品的成本

将完工产品的定额成本、定额差异和定额变动差异相加，就是完工产品的实际成本。

【例7-3】某工厂大量生产甲、乙、丙三种产品，采用定额法计算产品成本，脱离定额差异按定额成本比例在本月完工产品和月末在产品之间分配，材料成本差异和定额变动差异全部由完工产品负担。

第七章 产品成本计算的辅助方法

要求：根据下列资料采用定额法计算并结转甲产品成本。

(1) 定额成本。甲产品本月单位产品定额成本为 33 750 元，其中，直接材料 11 250 元，直接人工 15 000 元，制造费用 7 500 元；本月直接人工计划分配率为每小时 16 元；制造费用计划分配率为每小时 8 元；甲产品从本月 1 日起实行新的材料消耗定额，上月单位产品直接材料费用定额为 11 718.75 元，直接人工和制造费用定额没有变动。

(2) 月初在产品成本。甲产品月初在产品定额成本为 1 167 187.50 元，其中，直接材料 585 937.50 元，直接人工 387 500 元，制造费用 193 750 元；月初在产品脱离定额差异为节约 2 687.50 元，其中，直接材料为节约 10 625 元，直接人工为超支 5 125 元，制造费用为超支 2 812.50 元。

(3) 本月发生生产费用。本月生产甲、乙、丙三种产品发生实际直接人工费用为 10 260 000 元，实际制造费用为 5 162 500 元。甲产品本月投入直接材料定额成本为 3 093 750 元，按材料计单价和实际消耗量计算的直接材料成本为 3 031 250 元，材料成本差异率为超支 1.1%。

(4) 生产工时及产量。本月生产甲、乙、丙三种产品的实际生产工时为 625 000 小时，其中，甲产品 265 625 小时，乙产品 156 250 小时，丙产品 203 125 小时；实际完成定额工时为 640 625 小时，其中，甲产品 268 750 小时，乙产品 171 875 小时，丙产品 200 000 小时。甲产品本月完工交库 300 件。

根据资料，甲产品月初在产品定额变动差异计算如下：

定额变动系数 = 11 250 ÷ 11 718.75 = 0.96

月初在产品定额变动差异 = 585 937.50 × (1 − 0.96) = 23 437.5(元)

月初在产品定额成本调整的数额，与计入产品实际成本的定额变动差异之和，应当等于零。甲产品月初在产品定额成本调整减少 23 437.5 元，甲产品实际成本中应当加上定额变动差异 23 437.5 元。直接材料费用脱离定额差异计算表如表 7-8 所示。

表 7-8 直接材料费用脱离定额差异计算表

金额单位：元

产品名称	实际投产量	定额材料费用		实际材料费用	直接材料脱离定额差异
		单位定额	总定额		
甲产品	275	11 250	3 093 750	3 064 593.75	−29 156.25
合 计	275	11 250	3 093 750	3 064 593.75	−29 156.25

按材料计划单价和实际消耗量计算的直接材料成本为 3 031 250 元，材料成本差异率为超支 1.1%。则实际材料费用为 3 031 250 × (1 + 1.1%) = 3 064 593.75 元。

根据"直接材料费用脱离定额差异计算表"(见表 7-8)编制会计分录如下：

借：生产成本——基本生产成本——甲产品(定额成本)　　3 093 750
　　　　——基本生产成本——甲产品(脱离定额差异)　　−29 156.25
　　贷：原材料　　　　　　　　　　　　　　　　　　　3 064 593.75

该工厂本月材料成本差异率为超支 1.1%，根据材料费用资料，编制"材料成本差异计算表"，如表 7-9 所示。

表7-9 材料成本差异计算表

金额单位：元

产品名称	定额材料费	脱离定额差异	实际材料费	材料成本差异率	材料成本差异
甲产品	3 093 750	-29 156.25	3 064 593.75	1.1%	33 343.75
合　计	3 093 750	-29 156.25	3 064 593.75	1.1%	33 343.75

根据"材料成本差异计算表"编制会计分录如下：

借：生产成本——基本生产成本——甲产品(材料成本差异)　　33 343.75
　　　贷：材料成本差异　　　　　　　　　　　　　　　　　　33 343.75

该工厂本月产品实际生产工时为 625 000 小时，其中，甲产品 265 625 小时，乙产品 156 250 小时，丙产品 203 125 小时；实际完成定额工时为 640 625 小时，其中，甲产品 268 750 小时，乙产品 171 875 小时，丙产品 200 000 小时。甲产品本月完工交库 300 件。本月产品生产工人实际薪酬总额为 10 260 000 元。本月直接人工计划分配率为每小时 16 元，实际分配率为每小时 16.416 元(10 260 000÷625 000)。根据资料编制"直接人工费用脱离定额差异计算表"，如表7-10所示。

表7-10 某工厂直接人工费用脱离定额差异计算表

金额单位：元

产品名称	定额人工费用			实际人工费用			直接人工脱离定额差异
	定额工时	计划小时人工费用率	定额直接人工费用	实际工时	实际小时人工费用率	实际直接人工费用	
甲产品	268 750		4 300 000	265 625		4 360 500	60 500
乙产品	171 875		2 750 000	156 250		2 565 000	-185 000
丙产品	200 000		3 200 000	203 125		3 334 500	134 500
合　计	640 625	16	10 250 000	625 000	16.416	10 260 000	10 000

根据"直接人工费用脱离定额差异计算表"编制会计分录如下：

借：生产成本——基本生产成本——甲产品(定额成本)　　　4 300 000
　　　　　　——基本生产成本——甲产品(脱离定额差异)　　　60 500
　　贷：应付职工薪酬　　　　　　　　　　　　　　　　　4 360 500

海丰工厂本月产品实际生产工时为 625 000 小时，其中，甲产品 265 625 小时，乙产品 156 250 小时，丙产品 203 125 小时；实际完成定额工时为 640 625 小时，其中，甲产品 268 750 小时，乙产品 171 875 小时，丙产品 200 000 小时。甲产品本月完工交库 300 件。本月产品实际制造费用总额为 5 162 500 元。本月制造费用计划分配率为每小时 8 元，实际分配率为每小时 8.26 元(5 162 500÷625 000)。根据资料编制"制造费用脱离定额差异计算表"，如表7-11所示。

根据"制造费用脱离定额差异计算表"编制会计分录如下：

借：生产成本——基本生产成本——甲产品(定额成本)　　　2 150 000
　　　　　　——基本生产成本——甲产品(脱离定额差异)　　44 062.5
　　贷：制造费用　　　　　　　　　　　　　　　　　　　2 194 062.5

表 7-11 某工厂制造费用脱离定额差异计算表

金额单位：元

产品名称	定额制造费用			实际制造费用			制造费用脱离定额差异
	定额工时	计划小时费用率	定额制造费用	实际工时	实际小时费用率	实际制造费用	
甲产品	268 750		2 150 000	265 625		2 194 062.5	44 062.5
乙产品	171 875		1 375 000	156 250		1 290 625	−84 375
丙产品	200 000		1 600 000	203 125		1 677 812.5	77 812.5
合 计	640 625	8	5 125 000	625 000	8.26	5 162 500	37 500

该工厂甲产品月初在产品为 50(585 937.50÷11718.75)件，本月投产 275 件，完工 300 件，月末在产品(25 件)原材料已经全部投入。甲产品本月发生的各项生产费用在成本计算单中的登记如表 7-23 所示。为了简化计算，甲产品材料成本差异和定额变动差异全部由完工产品负担，脱离定额差异按照本月完工产品和月末在产品定额成本的比例进行分配，脱离定额差异分配率的计算如表 7-12 所示，脱离定额差异的分配结果如表 7-13 所示。

表 7-12 某工厂脱离定额差异分配率计算表

产品：甲产品　　　　　　　　　　　　　　　　　　　　　　　　　　　　　　金额单位：元

成本项目	脱离定额差异分配率
直接材料	(−39 781.35)÷3 656 250=−0.010 88
直接人工	65 625÷4 687 500=0.014
制造费用	46 875÷2 343 750=0.02

表 7-13 某工厂脱离定额差异分配表

产品：甲产品　　　　　　　　　　　　　　　　　　　　　　　　　　　　　　金额单位：元

项 目	分配脱离定额差异						材料成本差异	定额变动差异
	直接材料 (分配率−0.010 88)		直接人工 (分配率 0.014)		制造费用 (分配率 0.02)			
	定额成本	分配金额	定额成本	分配金额	定额成本	分配金额		
完工产品	3 375 000	−36 720.00	4 500 000	63 000	2 250 000	45 000	33 343.75	23 437.5
在产品	281 250	−3 061.35	187 500	2 625	93 750	1 875	0	0
合 计	3 656 250	−39 781.35	4 687 500	65 625	2 343 750	46 875	33 343.75	23 437.5

该工厂甲产品成本计算结果见表 7-14，本月投产的乙产品和丙产品已经全部完工，不需要在完工产品和月末在产品之间分配脱离定额差异，根据本月成本计算结果(乙产品和丙产品成本计算单请自行设计)编制的完工产品成本汇总表如表 7-15 所示。

表7-14 某工厂产品成本计算单

产品：甲产品　产量：300件　　　　　　　　　　　　　　　　　　　　　金额单位：元

项目	行次	直接材料	直接人工	制造费用	合计
一、月初在产品成本					
定额成本	1	585 937.5	387 500	193 750	1 167 187.50
脱离定额差异	2	-10 625	5 125	2 812.50	-2 687.50
二、月初在产品定额调整					
定额成本调整	3	-23 437.5	0	0	-23 437.5
定额变动差异	4	23 437.5	0	0	23 437.5
三、本月发生生产费用					
定额成本	5	3 093 750	4 300 000	2 150 000	9 543 750
脱离定额差异	6	-29 156.25	60 500	44 062.5	75 406.25
材料成本差异	7	33 343.75	0	0	33 343.75
四、生产费用合计					
定额成本	8	3 656 250	4 687 500	2 343 750	10 687 500
脱离定额差异	9	-39 781.35	65 625	46 875	72 718.65
材料成本差异	10	33 343.75	0	0	
定额变动差异	11	23 437.5	0	0	
五、脱离定额差异分配率	12	-0.010 88	0.014	0.02	
六、完工产品成本					
定额成本	13	3 375 000	4 500 000	2 250 000	10 125 000
脱离定额差异	14	-36 720.00	63 000	45 000	71 280
材料成本差异	15	33 343.75	0	0	33 343.75
定额变动差异	16	23 437.5	0	0	23 437.5
实际总成本	17	3 395 061	4 563 000	2 295 000	10 253 061.25
实际单位成本	18	11 316.87	15 210	7 650	34 176.87
七、月末在产品					
定额成本	19	281 250	187 500	93 750	562 500
脱离定额差异	20	-3 061.35	2 625	1 875	1 438.65

表7-15 某工厂完工产品成本汇总表

金额单位：元

产品	产量	定额成本	脱离定额差异				材料成本差异	定额变动差异	实际总成本	单位成本
			直接材料	直接人工	制造费用	小计				
甲	300	10 125 000	-36 720.00	63 000	45 000	71 280	33 343.75	23 437.5	10 253 061.25	34 176.87

根据产品成本计算结果，编制结转本月完工入库产品实际总成本的会计分录如下：
　　借：库存商品——甲产品　　　　　　　　　　　　　10 253 061.25

  贷：生产成本——基本生产成本——甲产品(定额成本)   10 125 000
     ——基本生产成本——甲产品(脱离定额差异)   71 280
     ——基本生产成本——甲产品(材料成本差异)   33 343.75
     ——基本生产成本——甲产品(定额变动差异)   23 437.5

  定额法有利于加强成本的日常控制。由于采用定额成本计算法可以计算出定额与实际费用之间的差异额，并采取措施加以改进，所以采用这种方法有利于加强成本的日常控制，有利于进行成本的定期分析。由于采用定额成本计算法可计算出定额成本、定额差异、定额变动差异等项指标，所以有利于进行产品成本的定期分析，有利于提高成本定额和成本计划的制订水平。通过对定额差异的分析，可以对定额进行修改，从而提高定额的管理和计划管理水平，有利于各项费用定额差异及定额变动差异在完工产品和在产品之间的合理分配。由于有了现成的定额成本资料，可采用定额资料对定额差异和定额变动差异在完工产品和在产品之间进行分配。但是定额法要分别核算定额成本、定额差异和定额变动差异，工作量较大，推行起来比较困难；不便于对各个责任部门的工作情况进行考核和分析；定额资料若不准确，则会影响成本计算的准确性。

【知识链接】

链接 1

  红旗服装加工厂定额管理制度比较健全：一是定额管理工作的基础比较好；二是产品的生产已经定型，消耗定额比较准确、稳定。因此，在成本核算当中采用的是分步法与定额法相结合的成本核算方法。新毕业的大学生张磊进入成本会计工作岗位后，发现定额法核算产品成本的工作量很大，并且完工产品和月末在产品之间费用的分配方法掌握的不好。因此他建议企业采用平行结转分步法核算产品成本。

  问题：请代张磊回答定额法对企业的益处，并帮助他分析如何在完工产品和在产品之间按照定额成本比例分配产品成本费用。

  定额法的优点是：

  (1) 能够在各项耗费发生的当时反映和监督脱离定额费用(或计划)的差异，加强成本控制，从而及时、有效地促进节约生产耗费，降低产品成本；

  (2) 便于进行产品成本的定期分析，有利于进一步挖掘降低成本的潜力；

  (3) 有利于提高成本的定额管理和计划管理工作的水平；

  (4) 能够比较合理和简便地解决完工产品和月末在产品之间分配费用(即分配各种差异的问题)。

  定额法的缺点是：

  由于要制定定额成本，单独计算脱离定额的差异，正在定额变动时还要修订定额成本并计算定额变动差异，因而计算的工作量比较大。但尽管计算的工作量很大，如果企业在管理当中需要严格控制生产实际脱离定额的差异，实时有效地加强成本控制，最好采用定额法与其他成本结算方法相结合的方法。

  完工产品实际成本=完工产品定额成本+本期完工产品承担的脱离定额差异+材料成本差异+定额变动差异

  期末在产品实际成本=期末在产品定额成本+期末在产品应承担的脱离定额成本差异

某项差异的分配率=(期初在产品承担的差异+本期投入的差异)/(期末在产品定额成本+完工产品定额成本)

完工产品应负担的差异=完工产品定额成本×某项差异的分配率

期末在产品应负担的差异=期末在产品定额成本×某项差异的分配率

链接2

宏大工厂生产A、B、C、D、E、F六种产品,根据产品的生产工艺流程及产品性质可将六种规格产品分为两类。A、B、C三种规格为甲类产品,该种产品的原材料是生产开始时一次投入的,月末没有在产品。5月份甲类产品的直接材料费用为613 800元,有关资料如表7-16所示。

表7-16 甲类产品产量及定额资料

产品	产量(件)	单位产品材料定额(元)	材料定额总成本(元)	单位产品工时定额(小时)	定额总工时(小时)
A	3 000	60	180 000	2	6 000
B	4 000	72	288 000	3	12 000
C	1 000	90	90 000	4	4 000
合计			558 000		22 000

该企业新来的大学生贾某认为应该采用定额比例法分配类内产品成本。而老会计王某认为只有采用系数分配法才准确。贾某说,没关系,在现有条件下,完全可以采用定额比例法,而且来年该种方法的结果一样。

问题:你认为他们两个人谁的观点正确?并进行说明分析。

理解要点:采用系数分配法,既可按综合系数分配,也可分成本项目采用单项系数分配。如果采用单项系数分配法,分配直接材料费用时,可以按照单位产品材料定额来进行分配,比如将A产品作为标准产品,系数为1,那么B产品的系数为1.2,C产品的系数为1.5,所有产品在分配直接材料费用时总标准产量为 9 300(3 000+4 000×1.2+1 000×1.5)件。甲类产品的直接材料费用本月为 613 800 元,那么单位直接材料费用为 66(613 800÷9 300)元,A产品分得的材料费用为 19 800(66×3 000)元,B产品分得的材料费用为 31 680 元,C产品分得的材料费用为 99 000 元。如果采用定额比例法,仍然是采用单位产品材料定额作为分配标准进行分配计算,材料定额总成本为 558 000(3 000×60+ 4 000×72+1 000×90)元,直接材料费用分配率为 1.1(613 800÷558 000),A、B、C 三种产品分配的材料费用依次为 198 000 元、316 800 元、99 000 元,计算结果是一样的。分配其他成本项目时采用定额总工时作为分配标准,无论采用定额比例法还是系数分配法,其结果也是一样的,原因在于都采用了材料定额成本和定额工时法作为分配标准。但是,如果采用综合系数分配法,那么两种方法的计算结果就会不一样了。

第七章 产品成本计算的辅助方法

自 测 题

1. 某厂生产的产品按所用原材料和工艺技术过程分为 A、B 两类，其中 A 类包括 A1、A2、A3 三种产品。在类别内各种产品之间分配费用时，以 A2 产品作为标准产品，直接材料费用按单位产品重量确定系数，其他费用按单位计划成本确定系数。2016 年 10 月生产完工 A1 产品 100 台，A2 产品 120 台，A3 产品 200 台。A 类产品成本计算单及各产品系数如表 7-17 和表 7-18 所示。

表 7-17 产品成本计算单

产品名称：A 类产品　　　　　　　2016 年 10 月　　　　　　　　　　单位：元

项　目	直接材料	直接人工	制造费用	合计
月初在产品成本	4 150	1 820	1 400	7 370
本月发生费用	15 700	6 550	4 195	26 445
合计	19 850	8 370	5 595	33 815
产成品成本	15 050	6 370	4 095	25 515
月末在产品成本	4 800	2 000	1 500	8 300

表 7-18 产品系数表

产品名称	单位产品重量 (kg)	直接材料系数	单位计划成本 (元)	其他成本项目系数
A1 产品	10.8	0.9	51	0.85
A2 产品	12	1	60	1
A3 产品	13.2	1.1	75	1.25

问题：根据上述计算材料编制各种产成品成本计算表。

2. 假定某轴承厂生产 9626 轴承和 9638 轴承两大类产品，每类产品又有各种不同规格的轴承。根据生产特点，采用分类法归集生产费用，结合定额比例法计算成本。为便于说明，成本项目分为直接材料、直接人工、制造费用。同类产品生产费用的归集同品种法。假定该厂 20××年 5 月份 9626 类别产品的成本资料如表 7-19 所示。

表 7-19 产品成本计算单

类别：9626　　　　　　　　　　20××年 5 月　　　　　　　　　　　单位：元

20××年		凭证号数	摘要	成本项目			合计
月	日			直接材料	直接人工	制造费用	
5	1		月初在产品成本	23 800	32 500	47 180	317 680
	31		本月发生费用	482 000	65 900	101 620	649 520
	31		合计	720 000	98 400	148 800	967 200

该厂5月份9626类别产品的产量、定额资料如表7-20所示。

表7-20 产品产量及其定额计算表

20××年5月

产品类别	产品名称	数量	材料定额成本		定额工时	
			单位	合计	单位	合计
9626	产成品					
轴承	HA800	2 000	80	160 000	20	40 000
	HA500	4 000	50	200 000	15	60 000
	HA90	1 000	120	120 000	30	30 000
	HA30	2 500	60	150 000	10	25 000
	小计			630 000		155 000
	期末在产品			170 000		85 000
	合计			800 000		240 000

问题：根据表7-19、表7-20的资料计算各种产品成本。

第八章

其他行业成本核算

【学习要点及目标】

- 了解商品流通企业、物流企业、施工企业及旅游、饮食服务企业和农业企业的特点、运营流程;
- 掌握其他行业企业成本计算的多种方法;
- 理解各种方法的特点和适用范围。

【核心概念】

采购成本　存货成本　销售成本　数量进价金额　数量售价金额　进价金额核算

【引导案例】

除了制造企业外，其他行业企业同样存在成本计算问题。如商品流通企业需要计算商品采购成本与商品销售成本；物流运输企业要计算运输成本；旅游、餐饮、酒店服务业需要计算服务成本。大川即将参加工作了，由于对服务业情有独钟，多次参加流通、酒店、物流等服务业的招聘工作会，虽然在校期间学习了不少会计专业知识，但对这类企业的核算情况一无所知，他很担忧。如果大川所应聘的公司是既经营生活日用品，又经营服装、鞋帽等的百货公司，你能告诉大川不同类型的商品销售有哪些不同的成本核算方法吗？你能够说出这样的公司该采用怎样的一套成本核算方案吗？

第一节　商品流通企业成本核算

商品流通企业是组织商品流转，以获取商品进销差价为主要目的的企业。它的基本任务是将社会产品通过货币交换形式，从生产领域转移到消费领域，企业经营资金的运动形态主要表现为"货币资金—商品资金—货币资金"，通过低价格购进商品、高价格出售商品的方式实现商品进销差价，以进销差价弥补企业的各项费用和税金，从而获得利润。

按照商品流通企业在社会再生产中的作用，商品流通企业可分为批发企业和零售企业两大类。批发企业是以从事批发业务为主，使商品从生产领域进入流通领域，在流通领域中继续，或进入生产性消费领域。零售企业以从事零售业务为主，使商品从生产领域或流通领域进入非生产性消费领域。

一、商品流通企业的成本构成

商品流通企业不同于制造企业，其经营活动中没有产品的生产过程，因此也就不存在生产资金的耗费过程。商品流通企业的基本经济活动是商品的购进和销售，因此，其成本主要是商品购进过程中的进价成本和商品销售过程中的销售成本。商品流通企业的成本还包括：在商品采购的过程中，还会发生采购费用；要保证商品销售活动能够持续不断地正常进行，需要存储一定数量的商品，就要发生存储费用；在销售商品的过程中，会发生销售费用；这些采购、存储和销售商品所发生的费用，统称为经营费用。企业行政管理部门为组织和管理经营活动，需要发生管理费用。企业为筹集业务所需资金，要承担财务费用。因此，商品流通企业在经营过程中还会发生经营费用、管理费用和财务费用，这三种费用统称为商品流通费用。

(一)商品进价成本

商品进价成本是因购进商品而发生的有关支出。按照商品购进的来源不同，商品进价成本可以分为国内购进商品进价成本和国外购进商品进价成本。

1. 国内购进商品进价成本

国内购进商品的进价成本一般是指增值税专用发票上记载的应计入采购成本的金额，

即实际支付的款项扣除增值税的金额。如果企业购进免税农业产品,进价成本为买价扣除按规定的扣除率计算的增值税进项税额。如果企业购入货物直接用于非应税项目、免税项目或者直接用于集体福利或个人消费,其增值税专用发票上已注明的增值税不得进项抵扣,应当计入购进商品的进价成本。购进商品所发生的进货费用,应当作为当期损益列入经营费用。

2. 国外购进商品进价成本

国外购进商品的进价成本,是指进口商品在到达目的地港口以前发生的各种支出,主要包括:

(1) 商品进价。商品进价是指进口商品按对外承付货款日国家外汇牌价结算的到岸价(CIF)。如果进口合同签订的价格不是到岸价,在商品到达目的港以前由我方以外汇支付的运费、保险费和佣金等,均计入商品进价成本。

(2) 进口税金。进口税金是指商品进口报关时应交纳的进口关税、消费税和按规定计入商品成本的增值税。

(3) 其他费用。其他费用包括企业使用外汇向国外购进商品所分摊的外汇价差,委托其他单位代理进口商品所支付给受托单位的实际价款。

对于企业在购进商品过程中,供货方给予的购货折扣、购货退回和购货折让以及购进商品发生的已经确认的索赔收入,应冲减商品进价成本及增值税进项税额。

(二)商品销售成本

商品销售成本包括已销商品的进价成本和商品削价准备两部分内容。由于商品流通企业分为商品批发企业和商品零售企业,不同类型的商品流通企业,其已销商品的进价成本,可根据企业的实际情况选择适当的方法进行计算并确定。

商品销售成本的另一个组成部分——商品削价准备,是按期末库存商品的一定比例计提的。如果企业存在出口商品应退的税金,应当抵扣当期出口商品销售成本。

(三)商品流通费用

如前所述,商品流通费用包括经营费用、管理费用和财务费用这三种费用。

1. 经营费用

经营费用是指商品流通企业在组织采购、销售、库存等经营活动过程中所发生的各项费用,主要包括进货运杂费、整理费、装卸费、保险费、包装费、商品损耗、保管费、广告费、展览费、检验费、进出口商品累计佣金、经营人员的工资及福利费等。

2. 管理费用

管理费用是指企业行政管理部门为组织和管理企业经营活动而发生的费用,包括管理人员工资及福利费、职工教育经费、工会会费、业务招待费、技术开发费、技术转让费、涉外费、修理费、劳动保险费、折旧、董事会会费、商标注册费、咨询费、审计费、诉讼费、坏账损失、土地使用税、房产税、车船使用税、印花税等。

3. 财务费用

财务费用是指企业为筹集业务经营所需的资金等发生的费用,包括利息支出(减利息收入)以及支付给金融机构的手续费等。

商品流通费用,不计入企业的经营成本,而是作为期间费用在其发生的会计期间全部计入当期损益,直接从当期利润表的销售利润项目中减去,从而确定企业的利润。

二、商品批发企业的成本核算

(一)商品批发企业的成本计算

商品批发企业是以从事批发业务为主,使商品从生产领域进入流通领域,在流通领域中继续,或进入生产性消费领域。商品批发企业一般按照商品进价进行库存商品的核算。购进单价因时间、批量、地点等原因往往不相同,在发出存货时,就涉及采用哪一种单价的问题,计算发出存货单价的计价问题,常用的方法有:先进先出法、加权平均法、移动加权平均法、个别计价法和毛利率法等。

1. 先进先出法

先进先出法,是以先购进的存货先发出为假设前提。日常发出存货的实际成本,要按库存存货中最先购进的那批存货的实际成本计价,如果发出的存货属于最先购入的两批或三批,且单价不同,就要用两个或三个不同的单价计价,这种计价方法的特点是使存货的账面结存价值接近于近期市场价格。

先进先出法,适合于商品批发企业中需要保鲜、容易变质、时间性强的商品销售成本的计算。如果商品采购、收发工作频繁且价格经常变动,采用这种方法计算工作量会比较大。另外,在物价上涨时,用这种方法计算的商品销售成本会偏低,虚增销售毛利。

2. 加权平均法

加权平均法是指在一个计算期内(通常采用一个月)以月初库存商品的进价成本与本月购入商品的进价成本之和,除以月初库存商品的数量与本月购入商品的数量之和,求得存货平均单位成本。其计算公式为

$$平均单位成本 = \frac{月初库存商品的进价成本 + 本月购入商品的进价成本}{月初库存商品的数量 + 本月购入商品的数量}$$

$$发出商品的销售成本 = 发出商品数量 \times 平均单价$$

采用这种方法,只有期末才能根据上述数字计算存货的平均单价,并对发出存货进行计价,进而计算存货结存的金额。平时从存货明细账中看不出存货的结存价值,不利于存货的日常管理工作,但这种方法能够减少计价的工作量。

3. 移动加权平均法

移动加权平均法,是指以每次进货的成本加上原有库存存货的成本,除以每次进货数量与原有库存存货数量之和,据以计算加权平均单位成本,以此为基础计算当月发出存货的成本和期末存货的成本的一种方法。其计算公式为

$$\text{平均单位成本} = \frac{\text{以前库存商品的实际成本} + \text{本批增加存货的实际成本}}{\text{以前结存存货的数量} + \text{本批增加存货的数量}}$$

发出商品的销售成本 = 发出商品数量 × 平均单价

采用这种方法,每购进一批存货,就要重新计算一次单价,每发出一次存货,都要按上次结存存货的平均单价作为本次发出存货的单价,因而存货的计价工作量较大。其优点是存货计价工作可以在期中进行,可以随时计算出存货的库存价值和发出价值。

4. 个别计价法

采用个别计价法是假设存货的成本流转与实物流转一致,按照各种存货,逐一辨认各批发出存货和期末存货所属的购进批别或生产批别,分别按其购入或生产时所确定的单位成本作为计算各批发出存货和期末存货成本的方法。在这种方法下,是把每一种存货的实际成本作为计算发出存货成本和期末存货成本的基础。

这种方法的优点是,能正确地计算出发出存货的实际成本,并随时掌握实际库存情况,但采用这种方法要求确认发出存货和期末结存存货所属购进的批别。因此,必须按购进批别设置存货明细账,对其进行详细记录,入库时应挂上标签,分别存放、分别保管,以便于发出时便于识别是哪批购进的。这种计价方法一般只适用于价值高、数量少的存货。在采用个别计价法时,发出存货价值及期末存货价值的计算公式如下:

发出存货价值 = 发出存货数量 × 该批存货实际单位成本
期末存货价值 = 期末存货数量 × 该批存货实际单位成本

5. 毛利率法

毛利率法是指根据本期销售总金额乘以上期实际(或本期计划)毛利率匡算本期销售毛利,并据以计算发出存货和期末结存存货成本的一种方法。

销售毛利 = 本期销售总额 × 上季度实际毛利率(或本季度计划毛利率)
商品销售成本 = 本期销售收入 − 本期商品销售毛利
= 本期销售收入 × (1 − 上季度实际毛利率或本季度计划毛利率)

通常,企业采用这种方法并不是按销售产品的品种分别计算销售成本,而是按销售总额或产品大类销售总额来计算销售成本,这样可以简化计算。但是由于当月的销售毛利是根据上季度实际毛利率或本季度计划毛利匡算的,因而采用本方法计算的销售成本是不够准确的。所以,毛利率计算法一般只在一个季度的前两个月份中使用,季度末就必须按照前面介绍的方法(先进先出法、加权平均法等)进行调整,以保证本季度商品销售成本和结存商品成本数据的准确性。

(二)商品批发企业的账务处理

批发企业可根据其经营的实际情况,任选一种方法,计算出商品销售成本,期末结转销售成品。企业一旦选定某种计算方法,不能随意改动。

企业在采购商品时,按照增值税专用发票上列明的商品货款金额,借记"商品采购"账户,按照列明的增值税额,借记"应交税费——应交增值税(进项税额)"账户,按照价税合计数,贷记"银行存款""应付账款"等账户。企业采购支付的其他相关税费,按照实际发生数借记"销售费用"账户,贷记"银行存款"等账户。

商品采购完毕，验收入库时，将"商品采购"转入"库存商品"，借记"库存商品"账户，贷记"商品采购"账户。

企业销售商品时，根据取得的价税合计数，借记"银行存款""应收账款"等账户，根据取得的货款，贷记"主营业务收入"账户，根据增值税额贷记"应交税费——应交增值税(销项税额)"账户，同时编制结转商品销售成本的会计分录，借记"主营业务成本"账户，贷记"库存商品"账户。

三、商品零售企业成本核算

(一)商品零售企业的成本计算

零售企业以从事零售业务为主，使商品从生产领域或流通领域进入非生产性消费领域。零售企业是商品流通的最后环节。商品零售企业与批发企业相比，其经营特点是：经营的商品品种繁多、交易频繁、数量较少，销售对象主要是广大消费者，销货时不一定都要填制销货凭证，销售部门对其所经销的商品负有物资保管责任。

根据商品零售企业购销活动的特点和经营管理的要求，提高营业员的工作效率，简化记账工作，除少数贵重物品及鲜活商品外，商品零售企业的库存商品一般采用售价金额法进行核算。售价金额核算法是指平时商品的购入、加工收回、销售均按售价记账，售价与进价的差额通过"商品进销差价"科目核算，期末计算进销差价率和本期已售商品应分摊的进销差价，并据以调整本期销售成本的一种方法。零售企业确定已销商品的进销差价的计算方法主要有两种：进销差价率法和实地盘存差价法。

1. 进销差价率法

进销差价率法是一种按商品的存销比例分摊商品进销差价的方法，其计算公式如下：

$$商品进销差价率=\frac{月末结账前"商品进销差价"账户余额}{月末"库存商品"账户借方余额+本月"商品销售成本"账户借方发生额}$$

本月已销商品应分摊的进销差价=本月商品销售成本账户借方发生额×商品进销差价率

因企业可自行选择商品范围核算进销差价，进销差价又可按照核算范围的不同区分为综合进销差价率和分类(分组柜)进销差价率两种。综合进销差价率是指按企业全部商品的销售及库存比例计算的差价率。这种计价法计算简便，但计算结果的准确性较差，适用于经营商品进销差价大致相同的企业。分类(分组柜)进销差价率是指按照分类商品(分组柜商品)分别计算的差价率。这种计价法计算范围较小，计算结果比综合进销差价率法准确，但工作量较大，适用于经营的商品品种较少的企业。

2. 实地盘存差价法

实地盘存差价法是根据期末盘点结存商品的实际数，计算出结存商品应保留的进销差价，再倒推求出已销商品进销差价的一种方法。这种方法的优点是，其计算结果比进销差价率法更为准确；缺点是要查找各种商品的进价，并且要进行实地盘点，所以工作量较大。因而，该方法在企业的实际使用中受到限制。

(二)商品批发企业的账务处理

企业在采购商品时,按照增值税专用发票上列明的商品货款金额,借记"商品采购"账户,按照列明的增值税额,借记"应交税费——应交增值税(进项税额)"账户,按照价税合计数,贷记"银行存款""应付账款"等账户。企业采购支付的其他相关税费,按照实际发生数借记"销售费用"账户,贷记"银行存款"等账户。

商品采购完毕,验收入库时,将"商品采购"转入"库存商品",按照商品售价金额借记"库存商品"账户,按照商品采购进价贷记"商品采购"账户,差额计入"商品进销差价"账户。

企业销售商品时,根据取得的价税合计数,借记"银行存款""应收账款"等账户,根据取得的货款,贷记"主营业务收入"账户,根据增值税额贷记"应交税费——应交增值税(销项税额)"账户,同时编制结转商品销售成本的会计分录,借记"主营业务成本"账户,贷记"库存商品"账户。月末,还需要按照售价金额核算法核算本月已销商品应分摊的进销差价,借记"商品进销差价"账户,贷记"主营业务成本"账户。

第二节 物流企业成本核算

物流企业(Logistics enterprise)指从事物流活动的经济组织,至少从事运输(含运输代理、货物快递)或仓储一种经营业务,并能够按照客户物流需求对运输、储存、装卸、包装、流通加工、配送等基本功能进行组织和管理,具有与自身业务相适应的信息管理系统,实行独立核算、独立承担民事责任的经济组织。

物流企业的生产营运有其自身的特点:

(1) 物流企业在营运生产过程中,不产生新的实物形态的产品,而是提供运输劳务,其劳务的生产过程和销售过程是统一而不可分的,生产的完成也是销售的完成。

(2) 在生产过程中只消耗劳动工具,不消耗劳动对象,也不改变劳动对象的属性及性态,只是改变其空间位置。

(3) 营运生产过程具有较大的流动性和分散性。

一、物流企业成本核算的特点

物流企业为客户提供的是物流服务,即无形产品,具有无形性、瞬时性和多样性的特点。其"产品"特性决定了物流企业的成本核算特性,主要有以下几个方面:

(1) 由产品的无形性决定了物流企业中的成本构成主要属于营运间接费用,直接费用所占的比例较少,特别是直接材料,有的物流服务几乎不需要使用直接材料。

(2) 由于产品的多样性,使得物流服务合同之间有着较大差异,进而使物流产品之间的成本差异较大,使得成本费用的分摊与归集复杂化。

(3) 由产品的瞬时性决定了产品的生产过程和销售过程同时进行,因此物流企业成本不存在营运间接费用在上下期分摊的问题。

二、物流企业营运成本的构成内容

物流企业营运成本是指在一定期间内发生在产品的生产过程、销售和管理过程中的费用,具体分为营运成本和非营运成本两项,营运成本包括直接材料、直接人工、营运间接费用,非营运成本包括销售费用、管理费用和其他费用。

1. 直接材料

直接材料,是指企业提供的与特定"物流产品"的生产直接相关的材料。由于物流企业生产的是无形产品,所以直接材料相对来说很少。通常是在某个物流环节中为了操作的便利性、高效性或者是为了实现标识、记录及认证功能而产生的辅助性材料。如用于包装的包扎带和纸箱,方便装卸搬运的木制或塑料托盘,记录货物出入的各种单证纸张,利于辨认、记录管理所使用的条形码标签和手写标签等,都可以归结为某种物流服务产品的直接材料。

2. 直接人工

直接人工,是指企业提供的特定"物流产品"所发生的人工费用。"物流产品"所耗用的人工费用可根据相关费用记录来计算。如跟踪单证的跟单员、仓库管理的保管员、售后服务部门经理等所发生的相应服务产品的人工费用。

3. 营运间接费用

营运间接费用,是指企业营运成本中除了直接材料和直接人工费用外的其他费用,相当于工业企业所发生的制造费用。由于物流企业主要为客户提供物流服务产品,故营运间接费用占营运成本及总成本中的绝大部分。在物流企业中,营运间接费用包含的范围较大、种类较多,如设备的折旧费、维护费、水电费等。

4. 销售费用

销售费用是指订单(服务合同)的取得和处理所发生的费用,一般包括广告费、销售人员的职工薪酬、售后服务费等。

5. 管理费用

管理费用是指物流企业在研究、开发"物流产品"时所发生的费用。通常包括:新"物流产品"的开发、库存管理的优化、运输线路的优化、运输方式的优化、为不同客户开发的不同增值服务等。

6. 其他费用

物流企业中的其他费用一般包括:支付给其他物流公司的劳务费、企业日常经营税收支出等费用。

三、物流企业营运成本的账户设置

物流企业核算营运成本主要设置以下几个账户。

1. "主营业务成本"账户

因物流企业的生产过程与销售过程是统一的,生产过程本身就是销售过程,生产过程的结束也是销售过程的结束,所以物流企业在运输过程中发生的各项成本实际上就是"主营业务成本",可以直接计入"主营业务成本"账户。在主营业务成本总账科目下设置"运输支出""装卸支出"等二级科目,在"运输支出"二级科目下设置"客运""货运"等三级账户进行核算。为了减少账户的层次,也可以直接将"运输支出""装卸支出"等设为一级科目,月末,再将"运输支出""装卸支出"等科目的发生额全部转入"主营业务成本"账户。

1) "运输支出"账户

该账户属于成本类账户,借方登记运输过程中发生的各项费用,贷方登记期末结转到主营业务成本账户的运输成本,月末一般无余额。

企业可以根据需要在该账户下设置"客运""货运"等二级科目。

"客运""货运"等二级科目应采用多栏式明细账进行核算。账内按成本项目设置专栏。明细账格式如表8-1所示。

表8-1 运输支出明细账

二级科目:客运(货运)

摘要	借方金额						销售费用	管理费用	其他费用	合计	贷方	余额
	直接材料	直接人工	营运间接费用									
			折旧费	维护费	水电费	其他						

2) "装卸支出"账户

该账户属于成本类账户,借方登记装卸过程中发生的各项费用,贷方登记期末结转到主营业务成本账户的装卸成本,月末一般无余额。

企业可以根据需要在该账户下设置"客运""货运"等二级科目。

"客运""货运"等二级科目应采用多栏式明细账进行核算,账内按成本项目设置专栏。明细账格式如表8-2所示。

表 8-2　装卸支出明细账

二级科目：客运(或货运)

摘要	借方金额										贷方	余额
	直接材料	直接人工	营运间接费用				销售费用	管理费用	其他费用	合计		
			折旧费	维护费	水电费	其他						

2. "辅助营运费用"账户

物流企业的辅助生产主要是修理车间。该账户用来归集修理车间等辅助车间发生的辅助生产费用。借方登记修理车间发生的全部费用，贷方登记期末转入管理费用的辅助营运费用。明细账也应采用多栏式，账内按成本项目设置专栏。明细账格式如表 8-3 所示。

表 8-3　辅助营运费用明细账

二级科目：修理车间

摘要	借方金额							贷方	余额
	职工薪酬	材料费	燃料费	折旧费	水电费	办公费	合计		

3. "营运间接费用"账户

该账户核算汽车物流企业对车辆运输直接进行管理的车站、车队、车场等单位在营运过程中发生的各种间接费用，包括职工薪酬、材料费、办公费、水电费、差旅费、劳动保护费、房屋和设备的折旧费等。该账户借方登记发生的各项间接费用，贷方登记分配转入

"运输支出"账户的各项间接费用。结转后该账户应无余额。该账户应按站点(地区物流中心)设置明细科目进行明细核算。如:"营运间接费用——某物流中心",营运间接费用明细账也需采用多栏式格式,明细账格式如表 8-4 所示。

表 8-4 营运间接费用明细账

二级科目:××物流中心

摘要	借方金额							贷方	余额
	职工薪酬	材料费	燃料费	折旧费	水电费	办公费	合计		

第三节 施工企业成本核算

工程施工企业,又称为建筑安装企业,指主要承揽工业与民用房屋建筑、设备安装、矿山建设和铁路、公路、桥梁等施工的生产经营性企业。

一、施工企业成本核算对象

企业应当根据企业自身施工组织的特点和承包工程的实际情况以及加强成本管理的要求确定建筑安装工程成本核算对象。

(1) 建筑安装工程一般应以每一独立编制施工图预算的单位工程为成本核算对象。

(2) 一个单位工程由几个施工单位共同施工时,各施工单位都应以同一单位工程为成本核算对象,各自核算自行完成的部分。

(3) 规模大、工期长的单位工程,可以将工程划分为若干部位,以分部位的工程作为成本核算对象。

(4) 同一建设项目,由同一个单位施工、同一施工地点、同一结构类型、开竣工时间相接近的若干个单位工程,可以合并作为一个成本核算对象。

(5) 改建、扩建的零星工程,可以将开竣工时间接近、属于同一建设项目的各个单位工程,合并作为一个成本核算对象。

(6) 土石方工程、打桩工程,可以根据实际情况和管理需要,以一个单项工程为成本核算对象,或将同一施工地点的若干个工程量较小的单项工程合并作为一个成本核算对象。

成本核算对象确定后,在成本核算过程中不得随意变更。所有原始记录都必须按照确定的成本核算对象填写清楚，以便于归集和分配生产费用。

二、施工企业成本的构成内容

施工企业成本由直接成本和间接成本组成，直接成本包括直接人工费用、直接材料费用、机械使用费用、其他直接费用，因而企业通常设置直接人工费用、直接材料费用、机械使用费用、其他直接费用和间接成本五个成本项目。

1. 直接人工费

直接人工费是指企业应支付给施工工人的各种薪酬。

2. 材料费

材料费是指工程施工过程中耗用的各种材料物资的实际成本以及周转材料的摊销额和租赁费用。

3. 机械使用费

机械使用费是指在施工过程中使用施工机械发生的各种费用，包括自有施工机械发生的作业费用，租入施工机械支付的租赁费用，以及施工机械的安装、拆卸和进出场费用等。

4. 其他直接费用

其他直接费用是指在施工过程中发生的除人工费用、材料费用、机械使用费用以外的直接与工程施工有关的各项费用。

5. 间接成本

间接成本是指企业下属的各施工单位(如施工队、项目部等)为组织管理工程施工所发生的费用。

三、施工企业成本的账户设置

为了核算和监督各项施工费用的发生和分配情况，正确计算工程成本，施工企业在工程成本核算中应设置以下几个成本核算账户。

1. "工程施工"账户

该账户核算施工企业进行工程施工发生的合同成本和合同毛利，其借方登记施工过程中实际发生的各项直接费用、应负担的间接费用以及确认的工程毛利，贷方登记确认的工程亏损，期末借方余额表示工程自开工至本期累计发生的施工费用及各期确认的毛利。工程竣工后，本账户应与"工程结算"账户对冲后结平。

本账户应按照建造合同分"合同成本""合同毛利"两个二级账户进行明细核算。

1) "合同成本"二级账户

该明细账户核算企业进行工程施工发生的各项施工生产费用，并确定各个成本对象的成本。借方登记施工过程中实际发生的直接费用和应负担的间接费用，贷方登记工程竣工后与"工程结算"账户对冲的费用,期末借方余额表示工程自开工至本期累计发生的施工费用。该账户应采用借方多栏式账页格式,账内按成本项目设置专栏。明细账格式如表8-5所示。

表8-5 工程成本明细账

二级科目:合同成本

摘要	借方金额						贷方	余额
	直接人工	直接材料	机械使用费用	其他直接费用	间接费用	合计		

在该二级账下,应按不同的工程项目(成本计算对象)设置三级账户——工程成本卡。工程成本卡格式与工程成本二级账格式相同。明细账格式如表8-6所示。

表8-6 工程成本卡

成本核算对象:甲工程

摘要	借方金额						贷方	余额
	直接人工	直接材料	机械使用费用	其他直接费用	间接费用	合计		

2) "合同毛利"二级账户

该二级账户核算各个成本核算对象各期确认的毛利,其借方登记期末确认的工程毛利,贷方登记确认的工程亏损。期末借方余额表示工程自开工至本期累计确认的毛利;期末若为贷方余额,则表示工程自开工至本期累计确认的亏损。工程竣工后,本账户应与"工程结算"账户对冲后结平。

2. "间接费用"账户

"间接费用"可以设置为"工程施工"账户的一个二级账户，也可以设置为总分类一级账户。该账户核算企业所属的施工单位为组织管理施工生产而发生的各项费用，包括施工单位管理人员的职工薪酬、固定资产折旧费、差旅费、办公费、财产保险费等间接费用，借方登记实际发生的各项间接费用，贷方登记期末分配转入各工程成本的间接费用，期末结转后一般无余额。

该账户应按不同的施工管理单位下设二级明细账，进行明细核算，明细账应采用借方多栏式账户结构，账内按成本项目设置专栏。明细账格式如表 8-7 所示。

表 8-7 间接费用明细账

单位名称：工程一处

摘要	借方金额									贷方	余额
	职工薪酬	折旧费	物料消耗	办公费	水电费	劳动保护费	差旅交通费	保险费	合计		

3. "辅助生产成本"账户

该账户核算企业所属的非独立核算的辅助生产部门为工程施工生产材料和提供劳务所发生的费用。借方登记实际发生的费用，贷方登记生产完工验收入库的产品成本或者按受益对象分配结转的费用。期末余额在借方，表示在产品的成本。

该账户应按不同的车间下设"供电车间""机修车间"等二级明细账，账内按成本项目设置专栏。明细账格式如表 8-8 所示。

表 8-8 辅助生产成本明细账

车间：供电车间(或机修车间)

摘要	借方金额						贷方	余额
	人工费用	物料消耗	折旧费用	水电费	其他费用	合计		

4. "机械作业"账户

该账户核算施工企业使用自有的施工机械和运输设备进行机械作业(包括机械化施工和运输作业)所发生的各项费用。该账户借方登记发生的各项机械作业费用,贷方登记月末分配计入"工程施工—合同成本"的机械化施工和运输作业成本。本账户期末结转后应无余额。

该账户应按不同的施工机械作为成本核算对象,设置明细账,分设明细账户。对大型施工机械,应按单机或机组设置明细账户;对小型施工机械,可按类别设置明细账户,如"施工机械""运输设备"等。明细账应采用借方多栏式账户格式,账内按成本项目设置专栏。明细账格式如表 8-9 所示。

表 8-9 机械作业成本明细账

成本核算对象：施工机械

摘要	借方金额						贷方	余额
	人工费	燃料动力费	折旧费	其他直接费	间接费	合计		

5. "工程结算"账户

该账户核算施工企业根据建造合同约定向发包方(即业主或甲方)办理工程价款结算的累计金额。贷方登记企业向发包方办理工程价款结算的金额,借方登记合同完工时,与"工程施工"账户对冲的金额。本账户期末贷方余额反映尚未完工建造合同已办理结算的累计金额。

四、工程成本核算的基本程序

工程施工企业工程成本核算的基本程序如下。

1. 归集各项生产费用

将本期发生的职工薪酬、材料费、折旧费等各项要素费用,按其用途和发生地点,归集到有关成本费用账户中。

2. 分配辅助生产费用

期末,向各受益对象分配归集在"辅助生产成本"账户的费用,分别计入"机械作业""工程施工"等账户。

3. 分配机械作业费用

期末向各受益对象分配归集在"机械作业"账户的费用，分别计入"工程施工"的有关明细账户。

4. 分配施工间接费用

期末，向各工程分配归集在"间接费用"账户的费用，分别计入"工程施工"各有关明细账户。

5. 计算和结转工程成本

期末计算本期竣工工程的实际成本，将竣工工程的实际成本从"工程施工"账户转出，与"工程结算"账户对冲。尚未竣工工程的实际成本仍然保留在"工程施工"账户，不予结转。

第四节 旅游、饮食服务企业成本核算

旅游、饮食服务企业是国民经济中第三产业的重要组成部分，包括旅游业、饮食业和服务业。旅游业，国际上称为旅游产业，是凭借旅游资源和设施，专门或者主要从事招徕、接待游客，为其提供交通、游览、住宿、餐饮、购物、文娱等六个环节的综合性行业。旅游业务包含三部分：旅游业、交通客运业和以饭店为代表的住宿业。它们是旅游业的三大支柱。饮食业是为顾客加工烹制饮食品，并提供就地消费的场所、设备和服务的行业，包括各种饭店、菜馆、小吃店、酒楼、茶馆、咖啡馆等。服务业是利用具有特殊设施的场所和具有特殊技能的劳动，为满足消费者特殊需要而提供服务的企业。

一、旅游、饮食服务企业成本核算的特点

(1) 旅游、饮食服务企业经营的项目多，因而会计核算也有不同的内容和方法。经营项目有旅行社、客房、客车出租等服务业务，也有商品经销业务，还有餐饮生产服务性业务。对生产服务性业务，在成本费用核算上有归集成本费用的核算，对商品经营项目要核算经营成本，对旅行社、客房服务，则主要是核算销售费用和管理费用。

(2) 旅游、饮食服务企业与工业企业比较，其主要特点在于后者为物质产品生产企业，会计核算的主要对象是生产制造过程；而前者为旅游服务性企业，会计核算的主要对象是商品经销和各项服务过程。因此，旅游、饮食服务企业的营业成本和费用核算有其自身的特点。

(3) 旅游、饮食服务企业的成本项目和费用主要是按营业成本和销售费用划分的。管理费用和财务费用作为当期费用单独核算，从每期的营业收入中直接扣除。

二、旅游、饮食服务企业成本核算的内容

旅游、饮食服务企业的成本和费用项目一般是按费用要素划分，即分为"营业成本"

"管理费用""辅助营业支出""销售费用"和"财务费用"五项。其中,辅助营业支出在期末要分配摊入各项销售费用中。因此,主要是使用"营业成本"和"销售费用"两个科目核算企业各营业部门的成本费用开支。管理费用是核算公司管理机构的和非营业性的费用开支。"财务费用"则是核算企业的利息支出、汇兑损失和金融机构手续等费用开支。

1. 营业成本

营业成本主要包括以下几项。

(1) 餐饮营业成本,包括餐厅、酒吧、咖啡厅等部门在经营中耗用的各种食品原材料、饮料、调料、配料等的实际成本。

(2) 商品销售成本,指售出商品的进价。

(3) 汽车营业成本,应比照运输企业会计制度,即出租汽车经营中所产生的实际成本,包括司机工资、燃料费、材料费、轮胎费、折旧费、维修费、养路费、低值易耗品摊销、制服费和其他直接费用等。

(4) 旅行社的营业成本,包括各项代收代付费用,如代收的房费、餐费、交通费、文娱费、行李托运费、票务费、门票费、专业活动费、签证费、陪同费、劳务费、宣传费、保险费、机场费等。

(5) 照相、洗染、修理等服务企业营业成本主要指耗用的原材料成本。

企业的营业成本应当与其营业收入相互配比。当月实现的销售收入,应当与其相关的营业成本同时登记入账。旅行社之间的费用结算,由于有一个结算期,当发生的费用支出不能与实现的营业收入同时入账时,应按计划成本先行结转,待算出实际成本后再结转其差额。结转营业成本时,借记"营业成本"科目,贷记"原材料""库存商品""应付账款""银行存款"等科目。期末,应将"营业成本"科目余额转入"本年利润"科目。结转后本科目应无余额。"营业成本"科目的明细账应与"营业收入"科目的明细账设置相适应。

2. 销售费用

销售费用主要包括以下两类。

(1) 职工薪酬,包括部门管理人员和服务人员的工资,按国家规定企业应支付给职工的洗澡费、交通费、独生子女费、奶费、书报费、探亲路费等各项费用,企业按规定为职工提供工作餐而支付的费用等。

(2) 其他,包括企业销售部门的日常用品、办公用品、日常维修材料、零配件等支出的物料消耗费;企业在销售商品等经营活动中消耗的包装物品的包装费开支;为客人提供行李、服装等物品的保管发生的保管费开支;为举办展览而发生的展览费开支;为保持服务场所和设备的清洁卫生而发生的清洁卫生费开支;使用的低值易耗品摊入本期的低值易耗品摊销;企业内部按提供经营服务的固定资产和有关规定计算的折旧费;实际支付的煤气费用,客车出租等所耗用汽油、柴油费用的燃料费;部门财产修理的修理费支出;内部各部门实际水电费支出;向外单位租赁财产支付的租赁费;部门财产向保险公司投保支付的保险费等。

销售费用发生时,借记"销售费用"科目,贷记"银行存款""累计折旧""应付职工薪酬"等科目。期末，应将"销售费用"科目余额转入"本年利润"科目。结转后该科目应无余额。"销售费用"科目应按费用项目设置明细账。

3. 管理费用

管理费用核算公司管理机构的和非营业性的费用开支，包括企业管理机构的日常用品、办公用品、日常维修材料、零配件等支出的物料消耗费；企业内部按提供经营服务的固定资产和有关规定计算的折旧费；部门财产修理的修理费支出；内部各部门实际水电费支出；向外单位租赁财产支付的租赁费；部门财产向保险公司投保支付的保险费等。

管理费用发生时，借记"管理费用"科目，贷记"银行存款""累计折旧""应付职工薪酬"等科目。期末，应将"管理费用"科目余额转入"本年利润"科目。结转后该科目应无余额。"管理费用"科目应按费用项目设置明细账。

4. 财务费用

财务费用核算企业的利息支出、汇兑损失和金融机构手续等费用开支。

财务费用发生时，借记"财务费用"科目，贷记"银行存款"等科目。收到银行存款利息时，应冲减"财务费用"，借记"银行存款"，贷记"财务费用"。期末，应将"财务费用"科目余额转入"本年利润"科目。结转后该科目应无余额。"财务费用"科目应按费用项目设置明细账。

第五节　农业企业成本核算

农业企业是指从事农、林、牧、副、渔业等生产经营活动，具备较高的商品率，实行自主经营，独立经济核算，具有法人资格的营利性的经济组织。

农业生产的对象是动植物，其生产过程、组织形式、经营方式和管理体制等方面与制造企业有着明显的区别：

(1) 土地是农业生产的重要生产资料，是农业生产的基础。在农业生产中，土地不需要考虑磨损，不计提折旧，但会发生一定的土地开发和使用费用，因此土地不但要计算农业产品产量成本，还要计算单位土地面积成本，以反映土地的利用情况。

(2) 农业生产具有明显的季节性和地域性，劳动时间与生产时间不一致性，生产周期长。农业生产的对象是有生命的动植物，动植物都有自然生长过程，人们进行农业生产时，有时依靠自然作用，有时依靠劳动，因而农业生产中的劳动时间和生产时间是不一致的。

(3) 农业生产中部分劳动资料和劳动对象可以相互转化，部分农产品可作为生产资料重新投入生产。

(4) 种植业和养殖业之间存在相互依赖、相互促进的关系，从而要求经营管理上必须与之相适应，一般都实行一业为主、多种经营、全面发展的经营方针，而且在管理上实行联产承包、统分结合、双层经营的体制。由于行业的多样性，这就要求其成本核算上要适应这种经营特点，计算各行业的费用成本，以便确定财务成果。

一、农业企业成本核算的特点

农业企业自身特殊的经营特点和成本管理要求,决定了其成本核算的特点,主要有以下几个方面。

(一)成本计算对象:农业企业以主要产品为成本计算对象

企业应根据种植业的生产特点和成本管理要求,按照主要从细、次要从简的原则确定种植业成本核算对象。农业企业以主要产品为成本计算对象。农业企业的主要产品确定为小麦、水稻、大豆、玉米、棉花、糖料、烟叶、草、剑麻纤维、牛奶、羊毛、肉类、禽蛋、蚕茧、林产品、水产品等。对主要产品,应单独核算其生产成本;对其他农产品可合并核算其生产成本。

林业产品生产一般是指经济林木的生产,不包括用材林生产。经济林木是指橡胶、水果、蚕桑、茶叶等。经济林木和农作物一样,都属于种植业,但林木是多年生植物,生长期较长,按其生长过程一般要经过苗圃育苗、幼树培育和成林管理三个阶段。苗圃育苗是培育树苗的阶段;幼树培育是从树苗起土、移植到成林投产为止的抚育管理阶段;成林管理是正式投产后的抚育管理阶段。

畜牧业生产是指对猪、牛、羊、鸡、鸭、鹅等畜禽产品的生产。对畜牧业产品进行成本核算,首先要确定成本计算对象,可以实行分群核算,也可以实行混群核算。实行分群核算可以按不同种类畜禽的不同畜龄,划分为若干群,按群归集生产费用,分群计算畜禽产品成本。混群核算是指按畜禽种类划分,不按畜禽的畜龄分群,其生产费用的归集和成本计算都按畜群种类进行。实行分群核算,以各种畜禽的群别作为成本计算对象。如养猪业可分为基本猪群、2~4个月的幼猪、4个月以上的幼畜和育肥猪等作为成本计算对象。

渔业生产是指从事水产品养殖和捕捞作业的生产。企业的水产品,应分别计算苗种培育和成品饲养成本。鱼虾混养、贝藻类混养可以分品种计算成本,也可以合并计算一个混养成本。

(二)成本计算期:不同产品的成本计算期不同

(1) 农产品。农业企业的农产品成本应在产品产出月份进行核算。对于经常有产品产出的农产品生产,应按月计算产品的实际成本;一年只收获一次或几次的产品,应在产品收获月份计算产品的实际成本。种植业产品生产成本计算的截止时间因农作物产品的特点而异。粮豆的成本算至入库或在场上能够销售;棉花算至皮棉;纤维作物、香料作物、人参、啤酒花等算至纤维等初级产品;草成本算至干草;不入库的鲜活产品算至销售;入库的鲜活产品算至入库;年底尚未脱粒的作物,其产品成本算至预提脱粒费用。下年度实际发生的脱粒费用与预提费用的差额,由下年同一产品负担。

(2) 林产品。经济林木在幼树成林后,按规定转为固定资产管理。此后采摘果品,收割胶水等发生的生产费用,均为培育林业产品的成本。成本计算期一般是一年计算一次。

(3) 畜牧业产品。畜牧业产品的成本计算期,一般规定为一年计算一次,对经常有产品产出的单位,也可以按月计算成本。

(4) 水产品。水产品在产品产出月份计算成本,其成本计算期与生产周期一致。

(三)完工产品和在产品的费用分配:不同的产品有不同的在产品计价

产品的生长周期不同就会导致其成本计算期也不相同。当成本计算期和生产周期一致时,产品完工时生产费用一次性由在产品转入产成品,也就是生产费用不需要在产成品与在产品之间进行分配;当成本计算期与生产周期不一致时,就需要将生产费用在产成品与在产品之间进行分配。农业企业的农产品成本应在产品产出月份进行核算,因而不需要将生产费用在产成品和在产品之间进行分配。对于经常有产品产出的农产品生产,应按月计算产品的实际成本;一年只收获一次或几次的产品,应在产品收获月份计算产品的实际成本。这种情况下,则需要将生产费用在产成品和在产品之间进行分配。林产品、畜牧业产品和水产品的成本计算期一般是一年计算一次,在这种情况下,生产在月末或季末一般有在产品存在,则需要将归集的生产费用在产成品和在产品之间分配。

二、农业企业生产成本的构成内容及会计科目的设置

(一)生产成本的构成

农业组织生产成本是指企业在种植农作物生产过程中发生的全部费用,主要包括产品所耗费的种子、饲料、燃料、生产工人工资、农机具的折旧以及因管理生产和为生产服务而发生的各种费用。企业的生产费用按其经济用途可以划分为直接成本和间接成本两种。直接成本是指农业企业为生产产品所发生的能直接计入有关成本计算对象的各项成本,包括直接材料、直接人工和其他直接支出。间接成本指各项制造费用。

(1) 直接材料,指在农业生产中直接耗用的自产或外购的种子、种苗、肥料、农药等材料。

(2) 直接人工,指直接从事农业生产人员的工资及按规定计提并交纳的社会保险费用及住房公积金等。

(3) 其他直接费用,指除直接材料、直接人工以外的其他直接支出,包括机械作业费、灌溉费、田间运输费等。

(4) 制造费用,指按一定标准分配计入农产品成本的制造费用,包括生产单位(如生产队)为组织和管理生产所发生的管理人员工资及社保费用、住房公积金、折旧费、修理费、差旅费、业务招待费、水电费、办公费等。

(二)会计科目的设置

企业为了归集农业生产费用和计算产品成本,应设置"生产成本"账户,该账户是成本类账户,借方归集农业生产所发生的各项费用,贷方登记转出完工农产品的实际成本,期末余额一般在借方,表示期末在产品成本。对于能直接计入农产品生产成本的费用,如直接材料、直接人工、其他直接费等,借记"生产成本"账户;"生产成本"账户应按成本核算对象(按作物或作物组)设置明细分类账,并按成本项目分设专栏。生产成本明细账的格式如表8-10 所示。

第八章 其他行业成本核算

表 8-10 农业生产成本明细账

作物或作物组名称：

总第　　页
字第　　页

年		凭证号数	摘要	借方									贷方	
				直接材料				直接工资	其他直接费用	制造费用	往年费用	合计	数量	金额
月	日			种子和种苗	肥料	农药	小计							

对于发生的间接费用，先在"制造费用"账户的借方进行归集，期末按一定的标准分配后转入"生产成本"账户。

农产品生产应增设"往年费用"项目，指多年生作物投产前发生的按规定的摊销方法计算并摊入本期产品成本的费用。由上年结转本年的农业在产品成本，如秋耕地、越冬作物等的成本，应按成本项目还原后，再计入本年各有关农产品的成本，不在本项目核算。

农业生产费用的归集和分配方法与工业企业生产费用归集和分配的方法类似，可比照处理。

【知识链接】

链接 1

(1) 离岸价指 FOB(Free on Board)价，是货物成本价，卖方只要按期在约定地点完成装运，并向买方提交合同约定的提单等有关单据就算完成了交货义务。即：货物越过船舷后，卖方就有根据合同约定向对方索取货款的权利。卖方不需要承担国际运费及货运保险等方面的费用。

(2) 到岸价指 CIF(COST=产品出厂价，INSURANCE=保险，FREIGHT=运费)价，即成本+运费+保险，与 FOB 价一样，指的是货物越过船舷后，卖方就有根据合同约定向对方索取货款的权利。虽然运费和保险费都是卖方先支付，不过是方便买家的做法，因为货物越过船舷后所产生的风险已转移至买方。FOB 价格说成离岸价格是符合其含义的形象说法，因为 FOB 价格包含的是出口产品在越过船舷之前的所有成本与费用，风险也在装运港的船舷由卖方转移给买方，但把 CIF 价说成是到岸价格就是一种不科学的说法了。人们之所以误称 CIF 为"到岸价"，是由于从表面上看 CIF 价格术语的确包含至目的港的运费和保险费，人们只是单纯地从价格构成来为其命名。

链接 2

物流的功能：①运输功能；②包装功能；③装卸功能；④储存功能；⑤流通加工；⑥配送功能；⑦物流信息处理功能。同时，物流被称为"第三利润源"，而运输则是第三利润源的源泉。运输是用各种设备和工具，将物品从一个地方运送到另一个地方的物流活动，其中包括集货、分配、搬运、中转、装入、卸下和分散等一系列操作，而高效低价的运输能力，是企业实现高效的生产和大量的销售的必备条件，运输通过改变商品的地点或位置所创造出的价值或商品能够在适当的时间达到消费者的手中，这就产生了空间效用和时间效用。运输使得商品扩大了市场范围，企业通过运输将商品运送到更远的地方销售，大大地增加了企业的发展机会；运输可以保证商品市场价格的稳定性，实现供求平衡，稳定市场经济；运输还能够促进社会分工的发展，在商品的生产和销售两大功能分开之后，运输成为这两方面之间连接不可少的纽带。在物流的现代化中，运输系统的建立是必不可少的。在运输系统中，目的是能够准确、安全并以较低的成本运输商品。它将铁路、公路、船舶、航空等以较低的运输方式有机地结合起来，吸取它们的长处，实行多环节、多区段和多工具相互衔接进行运输的一种方式。它追求迅速性、准确性、安全性和经济性，还运用科学的信息系统进行科学管理。

自 测 题

1. 某百货商店(一般纳税人，税率 17%)月末计算已销商品应分摊的进销差价，计算调整前的有关资料为："商品进销差价"账户余额 89 600 元，"库存商品"账户余额 257 400 元，"主营业务成本"账户发生额 491 400 元。

要求：

(1) 计算本月已销商品进销差价，并根据计算结果编制结转进销差价的会计分录；

(2) 计算已销商品实现的增值税销项税额，并编制相关的会计分录。

2. 某批发企业采用毛利率法计算商品销售成本，该企业第二季度家电类商品销售收入为 800 万元，销售成本为 500 万元，第三季度 7、8、9 三个月份该类商品销售收入分别为 200 万元、140 万元、210 万元。

要求：

(1) 计算 7、8 月份家电类商品销售成本；

(2) 假设第三季度季初、季末采用先进先出法计算的家电类商品的结存金额分别为 100 万元、70 万元，本季度购进家电类商品为 400 万元，请计算 9 月份家电类商品销售成本。

第九章

作业成本法和标准成本法

【学习要点及目标】
- 了解作业成本法产生的背景及其发展;
- 掌握作业成本法的基本概念和基本核算方法;
- 理解作业成本法的基本原理和一般程序;
- 了解作业基础成本法与传统成本法的区别,以及它的优缺点。

【核心概念】

作业成本法　成本动因　作业成本的基本原理　作业基础成本法　传统成本法

【引导案例】

某施工项目的两项基础工程：基础工程 A 和基础工程 B。生产过程为：平整场地、挖带形基槽、毛石基础、回填土。该施工项目的制造费用合计为 80 000 元，包括三项费用：租用车辆的租金、运输相关人员的工资和占用设备的折旧费。两种结构的工程量均为 1 000m^3。运用传统的成本计算法，成本项目中包括直接材料、直接人工、制造费用三项。在传统成本计算法下，制造费用按照直接人工的比例来分配，基础工程 A 分得 20 000 元，基础工程 B 分得 60 000 元。最终，基础工程 A 的单位成本为 70 元，基础工程 B 的单位成本为 130 元。而作业成本法以作业动因和作业量作为分配制造费用的基础得出的两工程的单位成本分别为 94.9 元和 105.1 元。

思考：两种计算方法产生差异的原因是什么？哪种方法计算的结果更合理？

第一节　作业成本法概述

一、作业成本法的定义

作业基础成本法(Activity-Based Costing，ABC)，是以作业为基础，通过对作业成本动因的分析来计算产品生产成本，并为企业作业管理提供更为相关、相对准确成本信息的一种成本计算方法。

二、作业成本法的产生

作业基础成本法的兴起和运用与新的制造环境密不可分。随着企业 IT 技术的运用，MRPⅡ、ERP、CIM、JIT 等系统应用范围不断扩大，企业新制造环境逐渐形成。企业使用计算机管理信息系统来管理、经营与生产，最大限度地发挥现有设备、资源、人、技术的作用，最大限度地产生企业经济效益，已成为制造业企业的一致选择。从最早的物料需求计划(Material Requirements Planning，MRP)、制造资源计划(Manufacturing Resource Planning，MRP Ⅱ)到近年出现的企业资源计划(Enterprise Resource Planning，ERP)等，为越来越多的企业采用。目前流行的 MRPⅡ有助于管理当局进行及时、有效的投资与生产经营决策；ERP 则是建立在信息技术基础上，以系统化的管理思想，为企业决策层及员工提供决策运行手段的管理平台。

不仅是 MRP 和 ERP，促成新制造环境形成的新系统还包括：弹性制造系统(FMS)、电脑整合制造系统(CIM)和准时制(JIT)等。FMS 是指使用机器人及控制的材料处置系统，结合各种独立的电脑程式机器工具进行生产，它有益于产品制造程序的弹性化。CIM 则是指以电脑为核心，结合电脑辅助设计、电脑辅助工程及电脑辅助制造系统等所有新科技的系统，以形成自动化的制造程序，实现工厂无人化管理，可减少人工成本、节省时间并提高工作效率。JIT 是根据需要来安排生产和采购，以消除企业制造周期中的浪费和损失的管理系统。在 JIT 下，企业的供、产、销各个环节在时间上必须周密衔接，材料应适时到达现场，前一生产程序的半成品应适时送达后一生产程序，产成品要适时供给顾客，力争使生产经营各个环节无库存储备。

面对新制造环境的冲击,企业如果继续使用传统的成本会计技术与方法,至少会造成两大方面的后果。

1. 产品成本计算不准

因为在新制造环境下,机器和电脑辅助生产系统在某些工作上已经取代了人工,人工成本比重从传统制造环境下的20%~40%降到了现在的不足5%。但同时制造费用剧增并呈多样化,其分摊标准如果只用人工小时已难以正确反映各种产品的成本。

2. 成本控制可能产生负功能行为

传统成本会计中将预算与实际业绩编成差异报告,即将实际发生的成本与标准成本相比较。但在新制造环境下,这一控制系统将产生负功能的行为,例如为获得有利的效率差异,可能导致企业片面追求大量生产,造成存货的增加;另外,为获得有利价格差异,采购部门可能购买低质量的原材料,或进行大宗采购,造成质量问题或材料库存积压等。

为解决新制造环境下传统成本会计的难题,作业成本法作为新的成本核算方法应运而生。传统成本法是一种通用的解决方案,不考虑企业的目标,但新兴的作业成本从一开始就考虑企业的实施目标和范围,结合企业的实际情况实施,并把成本核算与成本信息分析和应用结合起来,直至采取作业成本法改善行动,为企业提供一个整体的解决方案。

三、作业成本法的理论基础

作业成本法的理论基础认为生产过程应该描述为:生产导致作业发生,产品耗用作业,作业耗用资源,从而导致成本发生。这与传统的制造成本法中产品耗用成本的理念是不同的。这样,作业成本法就以作业成本的核算追踪了产品形成和成本积累的过程,对成本形成的"前因后果"进行追本溯源:从"前因"上讲,由于成本由作业引起,对成本的分析应该是对价值链的分析,而价值链贯穿于企业经营的所有环节,所以成本分析首先从市场需求和产品设计环节开始;从"后果"上讲,要搞清作业的完成实际耗费了多少资源,这些资源是如何实现价值转移的,最终向客户(即市场)转移了多少价值、收取了多少价值,成本分析才算结束。由此出发,作业成本计算法使成本的研究更加深入,成本信息更加详细,更具有可控性。

四、作业成本法涉及的基本概念

(一)价值链

价值链是分析企业竞争优势的根本,它紧紧地与服务于顾客需求的"作业链"相关联。按照作业会计的原理,产品消耗作业,作业消耗资源,于是就有下述关系:每完成一项作业就消耗一定量的资源,同时又有一定价值量和产出转移到下一个作业,照此逐步结转下去,直至最后一个步骤将产品提供给顾客。作业的转移同时伴随着价值的转移,最终产品是全部作业的集合,同时也表现了全部作业的价值集合。因此可以说:作业链的形成过程,也就是价值链的形成过程。

(二)作业

作业是企业为提供一定量的产品或劳务所消耗的原材料、人力、技术、方法和环境等的集合体，它是与产成品的独特特性无关的重复执行的标准化方法或技术。

按照作业的受益对象，可将作业分为：单位水平作业、批次水平作业、产品维持作业和工厂维持作业。

1. 单位水平作业

单位水平作业是指使每一单位产品都能受益的作业，如直接材料、直接人工等。这类作业在生产过程中不断发生，并与产品产量成比例变动。

2. 批次水平作业

批次水平作业是指与产品批次相关并能使一批产品受益的作业。如为生产某批产品而进行的设备调整、材料处理、订单处理、检验等。

3. 产品维持作业

产品维持作业是为生产特定产品而进行，并能使该产品每一单位都受益的作业，如编制产品生产流程、产品数控规划、材料清单等。这种作业与产量和批次无关，仅与产品品种相关。

4. 工厂维持作业

工厂维持作业是为使各项生产条件保持正常工作状态而发生的作业，如企业管理，设备和场地的维护、保养等。这类作业与产品种类、产品批次和产品产量都无关。

(三)成本动因

成本动因是驱动或产生成本、费用的各种因素，它是作业基本成本体系中非常重要的一个概念。在作业成本法中，成本动因可以分为两种：一是资源动因；二是作业动因。

1. 资源动因

资源动因是指将资源成本分配到作业中心的标准。它反映了作业中心对资源的耗费情况。

2. 作业动因

作业动因是将作业中心的成本分配到产品或劳务的标准。它反映了产品消耗作业的情况。

五、作业成本法的计算程序

作业成本法是以产品消耗作业、作业消耗资源的概念为基础的。作业成本法的计算程序为：先将各类资源价值分配到各作业成本库，然后再把各作业成本库所归集的成本分配给各种产品。具体步骤如下。

(1) 确定成本计算对象。如以产品的品种、批次或步骤作为成本计算对象。

(2) 确定直接生产成本类别，如直接材料、直接人工等。

(3) 确认作业类别，建立作业中心。

(4) 将资源分配到各作业中心，计算各作业成本。

(5) 分配作业成本，选择成本分配基础，即作业动因，计算间接成本动因率，用成本动因率乘以产品或批次耗用的成本动因量，即得该产品或批次所分得的该项间接成本。

(6) 计算各产品成本，将各产品发生的直接生产成本和各成本库中的作业成本分别汇总，即得该产品总成本或单位成本。作业成本法成本计算程序如图9-1所示。

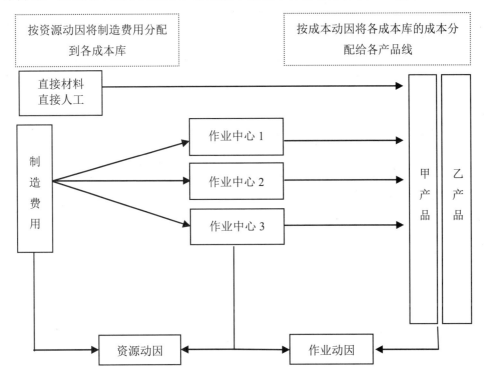

图9-1 作业成本法成本计算程序

【例9-1】某公司本月生产甲、乙两种产品，其中甲产品生产工艺过程较为简单，生产批量较大；乙产品生产工艺过程较为复杂，生产批量较小。其他有关资料见表9-1。

表9-1 某公司生产甲、乙两种产品其他有关资料

项目	甲产品	乙产品
产量	10 000	2 000
直接人工工时	25 000	4 000
单位产品直接人工成本	12	10
单位产品直接材料成本	20	20
制造费用总额	232 000	

假如经作业分析，该公司根据各项作业的成本动因性质设立了机器调整准备、质量检验、设备维修、生产订单、材料订单、生产协调等六个作业成本库；各作业成本库的可追溯成本、成本动因、作业量以及作业成本分配率等有关资料如表 9-2 所示。

表 9-2　各作业成本库的成本动因分配率

作业成本库	可追溯成本	成本动因	作业量 甲产品	作业量 乙产品	作业量 合计	成本动因分配率
机器调整准备	50 000	准备次数	300	200	500	100
质量检验	45 000	检验次数	150	50	200	225
设备维修	30 000	维修工时	200	100	300	100
生产订单	55 000	订单份数	195	80	275	200
材料订单	25 000	订单份数	140	60	200	125
生产协调	27 000	协调份数	50	50	100	270
合计	232 000					

根据表 9-2 所示的有关资料，编制制造费用分配表，如表 9-3 所示。

表 9-3　各作业成本库的制造费用分配表

作业成本库	成本动因分配率	甲产品 作业量	甲产品 作业成本	乙产品 作业量	乙产品 作业成本	制造费用合计
机器调整准备	100	300	30 000	200	20 000	50 000
质量检验	225	150	33 750	50	11 250	45 000
设备维修	100	200	20 000	100	10 000	30 000
生产订单	200	195	39 000	80	16 000	55 000
材料订单	125	140	17 500	60	7 500	25 000
生产协调	270	50	13 500	50	13 500	27 000
合计			153 750		78 250	232 000
产量		10 000		2 000		
单位产品应分摊的制造费用		15.38		39.13		

根据表 9-1 的资料及表 9-3 的计算结果可以得出甲、乙两种产品的单位成本如下：

甲产品单位成本 = 12 + 20 + 15.38 = 47.38(元)

乙产品单位成本 = 10 + 20 + 39.13 = 69.13(元)

如果采用传统成本计算方法，产品成本计算如下：

制造费用分配率=232 000/(25 000 + 4 000) = 8

单位甲产品应分配制造费用=8×25 000/10 000 = 20(元)

单位乙产品应分配制造费用=8×4 000/2 000 = 16(元)

甲产品单位成本 = 12 + 20 + 20 = 52(元)

乙产品单位成本 = 10 + 20 + 16 = 46(元)

根据以上结果,对作业成本法与传统成本法的产品成本计算结果进行比较,如表 9-4 所示。

表 9-4 产品成本计算结果比较表

产　品	作业成本法	传统成本法	绝对差	相对差
甲产品	47.38	52	4.62	9.75%
乙产品	69.13	46	-23.13	-33.44%

通过上述比较,可以看出,采用传统成本法时,成本信息严重失真,进而会使管理决策和方针确定方面产生潜在的失误;而作业成本法则较好地反映了制造费用成本的同质性,并且按不同成本动因进行分配,提供的成本信息相对比较准确。

六、作业成本法与传统成本法的比较

作业成本核算与传统成本核算既有区别又有联系。作业成本法与传统成本法的区别(见表 9-5)主要体现在以下几方面。

(1) 成本核算对象不同。传统产品成本的核算对象是产品,作业成本的核算对象是作业。

(2) 成本计算程序不同。在传统成本核算制度下,所有成本都分配到产品中去,与传统成本核算制度相比,作业成本制度要求首先要确认费用单位从事了什么作业,计算每种作业所发生的成本。然后,以这种产品对作业的需求为基础,将成本追踪到产品。作业成本采用的分配基础是作业的数量化,是成本动因。

(3) 成本核算范围不同。在传统成本核算制度下,成本的核算范围是产品成本;在作业成本核算制度下,成本核算范围有所拓宽,建立了三维成本模式:第一维是产品成本,第二维是作业成本,第三维是动因成本。作业成本产出的这三维成本信息,不仅消除了传统成本核算制度扭曲的成本信息缺陷,而且信息本身能够使企业管理当局改变作业和经营过程。

(4) 费用分配标准不同。在传统成本核算制度下,是用数量动因将成本分配到产品里,间接费用或间接成本的分配标准是工时或机器台时。在作业成本核算制度下,作业成本法是根据成本动因将作业成本分配到产品中去。首先要确认费用单位从事了什么作业,计算每种作业所发生的成本。然后,以产品对这种作业的需求为基础,经过原材料、燃料和人力资源转换成产成品的过程,将成本追踪到产品,因而作业成本采用的分配基础是作业的数量化,是成本动因。

作业成本核算与传统成本核算的联系主要体现在以下两点。

(1) 作业成本是责任成本与传统成本核算的结合点。责任成本按内部单位界定费用,处于相对静止状态,传统成本核算是按工艺过程进行归属,处于一种动态。两项内容性质不同,很难结合,我国会计理论界进行了多年探讨,未能奏效。在作业成本制度下,作业成本的实质是一种责任成本,更严谨一点说,它是一种动态的责任成本,其原因是它与工艺过程和生产组织形式紧密结合。

(2) 二者的最终目的是计算最终产出成本。在传统成本核算制度下,成本计算的目的是通过各种材料、费用的分配和再分配,最终计算出产品生产成本;在作业成本制度下,发生的间接费用或间接成本先在有关作业间进行分配,建立成本库,然后再按各产品耗用作业的数量,把作业成本计入产品成本。

表 9-5 传统成本法与作业基础成本法比较

序号	传统成本法	作业基础成本法
1	每个部门或整个工厂只有一个或很少几个间接成本库,这些成本库通常缺乏同质性	存在较多的同质间接成本库
2	间接生产费用分配基础不一定是成本动因	间接生产费用分配基础极可能为成本动因
3	间接生产费用分配基础通常是财务变量,如直接人工成本	间接生产费用分配基础常为非财务变量,如产品的部件数量、测试时间等
4	间接生产费用的分配仅满足了与产出量相关的费用分配	兼顾了非产出量相关的费用分配
5	不精确的成本信息,成本决策相关性较弱	较精确的成本信息,成本决策相关性较强

通过上述分析可以看出:作业基础成本法比传统的成本会计方法需要更多的数据,也提供了较多的有关产品成本的估计数据,这将使产品成本信息更具价值;更具价值的产品成本信息能够帮助管理人员制定产品价格,并能对特殊订货的价格做出真实的判断,或有利于企业管理人员做出继续或停止生产某产品的决策;此外,通过确认各种作业的成本,使管理人员知道哪些作业消耗的资源较多,哪些作业消耗的资源较少,从而便于采取措施,降低成本。

第二节 标准成本法

一、标准成本法的特点

标准成本法,是以预先制定的标准成本为基础,将实际发生的成本与标准成本进行比较,核算和分析成本差异的一种成本计算方法,也是加强成本控制、评价经营业绩的一种成本控制制度。

标准成本法的核心是按标准成本记录和反映产品成本的形成过程和结果,并借以实现对成本的控制。其主要特点是:

(1) 标准成本制度只计算各种产品的标准成本,不计算各种产品的实际成本,"生产成本""产成品""自制半成品"等账户的借贷方,均按标准成本入账。

(2) 实际成本与标准成本发生的各种差异,分别设置各种差异账户进行归集。

(3) 可以与变动成本法相结合,达到成本管理和控制的目的。

二、标准成本的种类

(一)理想标准成本

理想标准成本是指在最优的生产条件下,利用现有规模和设备能够达到的最低成本,它不能作为考核的依据。它是理论上的业绩标准、生产要素的理想价格和可能实现的最高生产能力的利用水平。理想的业绩标准是指生产过程中毫无技术浪费时的生产要素消耗量，最熟练的工人全力以赴工作、不存在废品损失和停工时间等条件下可能实现的最优业绩。最高生产能力的利用水平是指理论上可能达到的设备利用程度，只扣除不可避免的机器修理、改换品种、调整设备的时间，而不考虑产品销路不畅、生产技术故障造成的损失。

(二)正常标准成本

正常标准成本是指在效率良好的条件下，根据下一期应该发生的生产要素消耗量、预计价格和预计生产经营能力利用程度制定出来的标准成本。它是用科学方法根据客观实验和过去实践经充分研究后制定出来的，具有客观性和科学性；它排除了各种偶然性和意外情况，又保留了目前条件下难以避免的损失，代表正常情况下的消耗水平，具有现实性；它是应该发生的成本，可以作为评价业绩的尺度，成为督促职工去努力争取的目标，具有激励性；它可以在工艺技术水平和管理有效性水平变化不大时持续使用，不需要经常修订，具有稳定性。

(三)现实标准成本

现实标准成本又称可达到标准成本，是在现有生产技术条件下进行有效经营的基础上，根据下一期最可能发生的各种生产要素的耗用量、预计价格和预计的生产经营能力利用程度而制定的标准成本。这种标准成本可以包含管理当局认为短期内还不能完全避免的某些不应有的低效、失误和超量消耗。因为这种标准成本最接近实际、最切实可行，所以标准成本法一般采用这种标准成本。

三、标准成本的制定

(一)直接材料标准成本的制定

直接材料标准成本的制定，包括直接材料价格标准的制定和直接材料用量标准的制定两个方面。

直接材料价格标准的确定相对较难，因为价格受诸多因素的影响。在制定直接材料价格标准时，不仅要考虑目前市价及未来市场的变化，而且要结合最佳采购批量和最佳运输方式等其他影响价格的因素。

直接材料用量标准就是材料的消耗定额。直接材料用量标准通常应根据产品的设计、生产工艺状况，并结合企业的生产经营管理水平、降低材料消耗的可能性等条件制定。

直接材料标准成本=直接材料数量标准×直接材料价格标准

【例9-2】光明公司某油漆耗用材料的消耗定额如下：A材料1.50千克，正常损耗0.01千克，单位产品的原材料消耗定额1.51千克。该公司所用的材料价格标准如下：每千克买价10元，每千克运输成本0.5元，每千克运输途中的合理损耗0.1元，购货折价0.05元，每公斤的标准价格10.55元。

该产品的直接材料标准成本=10.55×1.51=15.93(元)

(二)直接人工标准成本的制定

直接人工标准成本,包括工时标准的制定和标准工资率的制定两个方面。

工时标准是指生产单位产品应耗用的生产工时。这里的工时既包括直接人工工时,也包括机器工时。

在不同的工资制度下,标准工资率的表示形式有所不同。在计件工资制度下,标准工资率就是标准计件工资单价;在计时工资制度下,标准工资率是指单位工时标准工资率。

工资率标准=标准工资总额÷标准总工时

直接人工标准成本=工时标准×工资率标准

【例9-3】光明公司工资率标准如下:单位小时工资率为8元,附加福利工资为1.12元,直接人工工资率标准为9.12元。工时标准如下:单位产品的基本工时为2小时,机器停工、清理工时为0.2小时,工人休息时间为0.15小时,单位产品工时为2.35小时。

该产品的直接人工标准成本 = 9.12 × 2.35 = 21.432(元)

(三)制造费用的标准成本

根据成本习性,制造费用可以分为变动性制造费用和固定性制造费用,因此制造费用的标准成本可以分为变动性制造费用标准成本和固定性制造费用标准成本。

1. 变动性制造费用标准成本的制定

变动性标准成本的制定,包括工时标准的制定和变动制造费用标准分配率的制定。

变动制造费用标准分配率=变动制造费用预算总额/标准工时

变动制造费用标准成本=工时标准×变动制造费用标准分配率

2. 固定制造费用标准成本的制定

在变动成本法下,固定制造费用作为期间费用全部计入当期损益,因而不包括在产品成本中。在完全成本法下,固定制造费用要在产品之间进行分配,因而需要制定单位产品的固定制造费用的标准成本。

固定制造标准成本的制定,包括工时标准的制定和固定制造费用分配率的制定两个方面。

固定制造费用标准分配率=固定制造费用预算总额/标准工时

固定制造费用标准成本=工时标准×固定制造费用标准分配率

【例9-4】光明公司制造费用的预算如下:生产量1 000千克,直接人工工时2 350小时,变动制造费用4 700元,固定制造费用2 350元。

变动制造费用分配率标准=4 700/2 350=2(元/小时)

固定制造费用分配率标准=2 350/2 350=1(元/小时)

单位产品变动制造费用标准成本=2×2.35=4.7(元)

单位产品固定制造费用标准成本=1×2.35=2.35(元)

单位产品制造费用标准成本=4.7+2.35=7.05(元)

产品成本中直接材料、直接人工、制造费用项目标准成本确定好了以后,即可以编制该产品标准成本单,如表9-6所示。

表 9-6　光明公司产品标准成本单

成本项目	单价标准	用量标准	标准成本
直接材料	10.55 元/千克	1.51 元/千克	15.93 元/千克
直接人工	9.12 元/小时	2.35 小时/千克	21.345 元/千克
变动制造费用	2 元/小时	2.35 小时/千克	4.7 元/千克
固定制造费用	1 元/小时	2.35 小时/千克	2.35 元/千克
单位产品标准成本			44.412 元/千克

四、标准成本差异分析

(一)直接材料标准成本差异的计算和分析

直接材料成本差异是指直接材料的实际总成本与实际产量下标准总成本之间的差异，可以进一步分解为直接材料价格差异和直接材料用量差异，计算公式如下：

材料数量差异=(实际用量 − 标准用量)× 标准价格

材料价格差异=(实际价格 − 标准价格)× 实际用量

计算结果如果是正数表示超支，即逆差，为不利差异；如果为负数表示节约，即顺差，为有利差异。

【例 9-5】光明公司某种油漆实际耗用原材料为 1 480 千克，产量为 1 000 千克，原材料实际价格为每千克 10 元，该产品的标准成本见标准成本卡。材料差异计算如下：

直接材料成本差异 = 10 × 1 480 − 1 000 × 10.55 × 1.51 = −1 130.50

直接材料价格差异 = (10 − 10.55) × 148 = −81.4

直接材料用量差异 = (1 480 − 1000 × 1.51) × 10.55 = −316.50

上述结果表明，直接材料成本差异总体上为有利差异 1 130.50 元，其中，价格差异为有力差异 81.4 元，用量差异为有利差异 316.50 元。

直接材料的价格差异应由采购部门负责。其业绩报告中应说明差异产生的原因，诸如市场供求变化引起的采购价格变化，采购过程中是否享受优惠，运输费用变化等。管理人员应该注意，较大金额的有利差异是否是由于大量购买廉价质次的原料所致。

直接材料的用量差异应由生产部门负责，其产生差异的原因很多，应从多方面进行分析。

(二)直接人工标准成本差异的计算和分析

直接人工成本差异是直接人工实际成本与实际产量下标准成本的差异，分为直接人工效率差异和直接人工工资率差异。

直接人工效率差异 = (实际工时 − 标准工时) × 标准工资率

直接人工工资率差异 = (实际工资率 − 标准工资率) × 实际工时

【例 9-6】光明公司某种油漆生产耗用实际总工时为 2 400 小时，实际每小时工资率为 9.10，其他资料如前例。

直接人工成本总差异 = 2 400 × 9.10 − 1 000 × 21.432 = 408

直接人工工资率差异 = (9.10 − 9.12) × 2400 = −48
直接人工效率差异 = (2 400 − 1 000 × 2.35) × 9.12 = 456

上述结果表明，直接人工成本差异总体上为不利差异 408 元，其中，直接人工工资率为有利差异 48 元，直接人工效率差异为不利差异 456 元。

直接人工工资率差异一般较少产生，因为企业制定的工资率不会频繁改变，除非员工的整体工资水平进行了调整。上例中有利差异的产生，可能是公司引进了许多非熟练工人，由于他们的工资水平较低，使工人小时工资率标准比原来标准有所下降。

直接人工效率差异是企业生产过程中实际投入量与标准的差异，反映了劳动生产率的高低。差异的产生可能受到工人生产效率、生产合理安排、生产设备状况、原材料质量等因素影响，这部分差异是生产部门最有可能控制的。

(三)变动制造费用差异的分析

变动制造费用差异是实际发生的变动制造费用总额与实际产量下标准变动制造费用总额之间的差额。它由变动制造费用耗费差异和变动制造费用效率差异构成。计算公式如下：

变动制造费用耗费差异 = (实际费用分配率 − 标准费用分配率) × 实际工时
变动制造费用效率差异 = (实际工时 − 标准工时) × 标准费用分配率

【例 9-7】 光明公司生产某油漆的变动制造费用实际分配率为 1.8 元/小时，生产工时借用直接人工工时，资料见标准成本卡和前例。

变动制造费用总差异 = 2 400 × 1.8 − 1 000 × 4.7 = −380
变动制造费用耗费差异 = (1.8 − 2) × 2 400 = −480
变动制造费用效率差异 = (2400 − 1 000 × 2.35) × 2 = 100

计算结果表明，变动制造费用总体差异为有利差异 380 元，由变动制造费用耗费差异的有利差异 480 元和变动制造费用效率差异的不利差异 100 元构成。

变动制造费用耗费差异是变动制造费用分配率差异，也是一种价格差异，它是由变动制造费用实际分配率与标准分配率差异引起的。上例变动制造费用耗费差异为节约 480 元，这可能是由于其中某些费用项目，如动力费用、间接材料的实际价格与标准价格不同，也可能是实际耗用量与标准耗用量不同造成的。

变动制造费用效率差异是实际耗用的工时与标准工时之间的差额，该差异的产生与费用分配标准有关。一般情况下，变动制造费用的分配标准是采用直接人工工时。所以，直接人工存在效率差异，则变动制造费用必定也产生效率差异。因此，选择的分配标准就决定了变动制造费用的高低。

(四)固定制造费用差异的分析

固定制造费用差异是固定制造费用实际发生额与实际产量下标准数额之间的差异，计算公式如下：

固定制造费用总差异=实际总成本-实际产量下的标准成本
由于固定制造费用与变动生产成本的习性不同，其差异分析模式也不一样。

1. 两差异分析法

固定制造费用能量差异=固定费用预算 − 实际产量 × 单位产品标准费用分配率
　　　　　　　　　=(计划产量标准工时 − 实际产量标准工时) × 标准费用分配率
固定制造费用耗费差异=固定制造费用实际数 − 固定制造费用预算
　　　　　　　　　=实际固定制造费用 − 计划产量标准工时 × 标准费用分配率

【例 9-8】光明公司某油漆应负担的固定制造费用预算总额为 2 585 元，预算产量为 1 100 千克，固定制造费用实际发生额为 2 500 元，其他资料同前例。

固定制造费用总差异 = 2 500 − 1 000 × 2.35 = 150
固定制造费用耗费差异 = 2 500 − 2 585 = −85
固定制造费用能量差异 = 2 585 − 1 000 × 2.35 = 235

上例中，固定制造费用耗费差异主要是由固定制造费用内各项间接费用实际发生额与预算发生额不同造成的，属于一种耗费差异。固定制造费用能力差异是由于实际生产量与预算产量不同，使得分配至产品上的固定制造费用与预算分配数产生差额。

2. 三差异分析法

将上述能量差异进一步分解为能力差异和效率差异。
固定制造费用能力差异 = (计划产量标准工时 − 实际产量实际工时)
　　　　　　　　　　×标准费用分配率
固定制造费用效率差异 = (实际产量实际工时 − 实际产量标准工时)
　　　　　　　　　　× 标准费用分配率

依据光明公司上述资料，固定制造费用三差异分析如下：
固定制造费用总差异 = 2 500 − 1 000 × 2.35 = 150
固定制造费用耗费差异 = 2 500 − 2 585 = −85
固定制造费用能力差异 = 2 585 − 2 400 × 1 = 185
固定制造费用效率差异 = 2 400 × 1 − 1 000 × 2.35 = 50

从上述计算结果显示，固定制造费用的能力差异(185 元)与固定制造费用效率差异(50 元)之和等于固定制造费用的生产量差异 235 元。

五、标准成本法的会计核算及账务处理

(一)标准成本法的账户设置

企业应设置的成本差异账户有"直接材料数量差异""直接材料价格差异""直接人工效率差异""直接人工工资率差异""变动制造费用效率差异""变动制造费用耗费差异""固定制造费用能量差异""固定制造费用耗费差异"。

如果固定制造费用标准成本差异采用三差异分析法，其中"固定制造费用能量差异"科目可改设"固定制造费用能力差异"和"固定制造费用效率差异"两个科目。

成本差异科目的借方登记超支差异，贷方登记节约差异和差异转销额(超支用篮字，节约用红字)。

(二)差异处理

下面以光明公司业务为例说明差异的账务处理。

1. 直接材料成本差异

借：生产成本(实际数)	14 800
直接材料价格差异	814
直接材料数量差异	316.50
贷：原材料(标准数)	15 930.50

2. 直接人工成本差异

借：生产成本(实际数)	21 840
直接人工工资率差异	48
贷：应付职工薪酬(标准数)	21 432
直接人工效率差异	456

3. 变动制造费用差异

借：生产成本(实际数)	4 320
变动制造费用耗费差异	480
贷：制造费用(标准数)	4 700
变动制造费用效率差异	100

4. 固定制造费用差异

借：生产成本(实际数)	2 500
固定制造费用耗费差异	85
贷：制造费用(标准数)	2 350
固定制造费用能量差异	235

期末编制对外会计报表时，各差异账户的余额有两种处理方法：一是将当期的成本差异按标准成本比例在期末存货和当期销售成本之间进行分摊，以反映它们的实际成本；二是当差异金额较小时，可将各差异账户余额全部转入到利润表上的销售成本中，由本期收入补偿，反映当期的业绩。现在常用的是第二种方法。

借：产品销售成本	(952.50)
贷：直接材料价格差异	(814)
直接材料数量差异	(316.50)
直接人工工资率差异	(48)
直接人工效率差异	456
变动制造费用耗费差异	(480)
变动制造费用效率差异	100
固定制造费用耗费差异	(85)
固定制造费用能量差异	235

【知识链接】

链接1：作业成本法国外研究的现状

作业成本法最初是由埃里克·科勒(Eric Kohler)教授于1952年提出的，在他的著作中对作业会计思想进行了详细的阐述，随后由乔治·斯托布斯(George I.Staubus)教授将这一理论进行系统和完善，他提出了在作业成本法中使用的一些基本概念，如"动因""成本""作业会计"。

Homgern等学者(1970)提出了作业的3个基本特征：①产品与成本耗费的中介是作业；②企业的生产过程是由不同的作业连接而成的；③作业能够精确地计算产品的成本。

Robert.C.Kee(1973)认为作业的连接使短期资源配置达到最优，通过对作业的成本计算得到短期变动成本，并分析了通过作业所达到的企业最佳的产品组合。

Aminah Robinson Fayek(1988)认为在企业中应用作业分析法，首先要了解企业的生产经营全过程，并在此基础上分析作业成本，使其成为一个有效的控制成本的方法，从而为企业的会计核算提供了更为准确的依据。

Lawrence Maisel 和 Ronald.M.Oehm于1992年在8家公司应用作业成本法，将实践的结论整理写出《推进作业基础成本管理：从行动到分析》，完美地回答了业界对作业成本法实施的三大疑惑"作业成本法系统能为组织带来多大的利益？""怎样设计和推行作业成本法系统才能获得这些潜在的利益？""如何确保一定能获得这些利益？"

据统计在美国20世纪90年代，采用作业成本法核算产品成本的制造性企业由1990年的12%上升至1996年的51%，如此快的上升速度证明了作业成本法强大的实用性。目前，作业成本法已扩展至澳洲、亚洲和一些欧洲国家。在制造业、零售业、电信业和金融保险机构以及会计师事务所、咨询公司等中介机构均有所采用。许多大型的跨国公司也通过采用作业成本法取得了良好的效益。

进入21世纪，作业成本法经过在企业中的广泛应用，凸显了一些问题，学者们开始对作业成本法进行新的研究，Roger Miller(2010)提出在作业成本法中对成本动因进行精确分析，建立成本控制模型，从实际成本、时间期限、效率和质量四个方面进行有效的成本控制。此时对作业成本法的研究已经由单纯的成本核算上升至一种战略成本控制思想。

Rezaie、Ostaadi(2008)以锻造企业为例实证分析了作业成本法比传统的标准成本法更能有效地增强产品成本计量的可靠性，准确地反映产品信息，更加适合灵活制造企业的成本计量。

Velmurugan Manivannan(2010)分析了作业成本法的优缺点，认为在20世纪80年代作业成本法没有能够在企业中大规模运用的主要原因是企业管理层的不认可以及计量模式的复杂，并指出作业成本法实施不同阶段可能存在的障碍。Khataie、Defersha和Bulgak(2010)应用作业成本法的作业计量核算方法来改进供应链中的多目标最优化决策，通过使用以作业成本法为基础的多目标混合整数规划求解模型的设计来实现高效的供应链决策。Cokins(2011)介绍了作业成本法应用的趋势，认为在作业成本法中综合计量信息能够帮助企业做出正确的决策，指出大学企业可以利用作业成本法的信息解决较为复杂的决策问题。Silvola Hanna(2012)分析了中小企业应用作业成本法的延迟效应，通过实证研究指出中小企业通过使用作业成本法可以提高企业的财务运作水平。

Salawu、Ayoola(2012)分析了尼日利亚企业运用作业成本法核算成本后的经营状况，认为作业成本法更能准确反映产品的成本，有 65%的受调查者认为使用作业成本法能够提高企业的运营绩效。

Mansor、Tayles(2012)通过调查研究指出，作业成本法的使用可以使企业更好地了解自身的成本流动信息，并且更加有效地促进企业内部信息的透明度，最终实现企业决策的最优化。

链接 2：作业成本法国内研究的现状

我国对作业成本法的研究是在国外研究的基础上发展起来的，主要起步于 20 世纪 90 年代，余绪缨教授在 1995 年的《会计研究》杂志上介绍了作业成本法。之后，国内的一些学者开始对作业成本法进行系统的研究，并于 2000 年以后在许多国内企业中进行实施。目前，国内关于作业成本法的研究已经逐渐成熟。王平心(2007)等学者通过在机械制造企业开展作业成本法研究，结果显示我国企业具有实施作业成本法的可行性。

练惠敏(2005)提出，企业要应用作业成本法，必须具备科学、高效的成本计算和生产管理系统，拥有强大的管理会计师队伍，企业内部作业中心必须相对独立，主张作业成本法先在个别自动化程度高、管理水平较好的企业或企业中的某一部门实践，待条件成熟，再全面实施。

尚志华(2010)认为：企业的成本和价值以作业为中介联系起来，而价值体现在产品上，产品的产生是由于成本的发生，成本的发生是由一系列的作业所引起的。因此，企业应该把重心放在成本发生的前因后果上，实现成本的全方位核算与控制。

实业界高管祝亚军、雷舰(2010)在文章中指出：目前，我国企业主要采用目标成本管理方法，以目标成本为标准对实际成本进行衡量，这种方法对产品的后期成本不能起到应有的控制作用。而作业成本法是以成本动因为依据，对产品成本进行核算和控制，涵盖了产品成本的各个时期，能够弥补目标成本管理法的缺陷，突破了传统静态的成本管理。

刘献娟、余元全(2011)认为：成本动因是作业成本核算方法的核心，成本的来源就是成本动因，企业一方面应该将成本分配的重心转移到确定企业成本来源上，另一方面应该把成本来源与成本的分配联系在一起，通过成本的来源准确地对成本进行计算。

李艳芳、朱辉(2012)在文章《浅谈作业成本管理在企业中的应用》认为作业成本管理有利于选择低成本供应商、推进业务流程再造、选择优质客户，有利于增强实力应对市场竞争、提高科学决策。

宁亚平(2012)通过实证研究发现，作业成本法适用的企业应具有产品差异性大、间接成本比重大和市场竞争力强的特点。

冯丽霞、杨军波(2012)采用配对比较法对作业成本法与企业绩效之间的关系进行了实证研究，结果表明作业成本法的实施与企业盈利能力有显著的正相关关系。

自 测 题

1. 资料：某企业生产甲、乙两种产品，其中甲产品 900 件，乙产品 300 件，其作业情况数据如表 9-7 所示。

表9-7　某企业作业行情数据表

作业中心	资源耗用(元)	动因	动因量(甲产品)	动因量(乙产品)	合计
材料处理	18 000	移动次数	400	200	600
材料采购	25 000	订单件数	350	150	500
使用机器	35 000	机器小时	1 200	800	2 000
设备维修	22 000	维修小时	700	400	1 100
质量控制	20 000	质检次数	250	150	400
产品运输	16 000	运输次数	50	30	80
合计	136 000				

要求：按作业成本法计算甲、乙两种产品的成本，并填制表9-8。

表9-8　填制表

作业中心	成本库(元)	动因量	动因率	甲产品	乙产品
材料处理	18 000	600			
材料采购	25 000	500			
使用机器	35 000	2 000			
设备维修	22 000	1 100			
质量控制	20 000	400			
产品运输	16 000	80			
合计总成本	136 000				
单位成本					

2. 资料：某钟表制造公司采用作业基础成本法计算分配间接费用，20××年5月份，该企业有关资料如表9-9所示。

表9-9　某企业有关资料表

作业	成本动因	成本(元)	作业水平	
			时钟	手表
生产准备	准备次数	70 000	30	20
材料管理	零件数	20 000	15	25
包装与运输	运输数量	45 000	5 000	7 000
间接费用合计		135 000		

要求：

(1) 用作业基础成本法计算分配每种产品的间接费用总额。

(2) 以人工工时作为分配基础计算分配各产品的间接费用总额。假定装配每只时钟的小时数是0.5小时，装配每只手表的小时数是1小时。时钟的生产量为5 000只，手表为7 000只。

3. 某制造厂生产甲、乙两种产品，有关资料如下。

(1) 甲、乙两种产品20××年1月份有关成本资料如表9-10所示。

表9-10 某制造厂产品有关资料表

产品名称	甲	乙
产量(件)	100	200
直接材料单位产品成本	50	80
直接人工单位产品成本	40	30

(2) 月初甲产品在产品制造费用(作业成本)为3 600元,乙产品在产品制造费用(作业成本)为4 600元;月末在产品数量,甲为40件,乙为60件,总体完工率均为50%;按照约当产量法在完工产品和在产品之间分配制造费用(作业成本),本月发生的制造费用(作业成本)总额为50 000元,相关作业有4个,有关资料如表9-11所示。

表9-11 产品资料表

作业名称	质量检验	订单处理	机器运行	设备调整准备
成本动因	检验次数	生产订单份数	机器小时数	调整准备次数
作业成本(元)	4 000	4 000	40 000	2 000
甲耗用作业量	5	30	200	6
乙耗用作业量	15	10	800	4

要求:

(1) 用作业成本法计算甲、乙两种产品的单位成本;

(2) 以机器小时作为制造费用的分配标准,采用传统成本计算法计算甲、乙两种产品的单位成本;

(3) 假设决策者计划让单位售价高于单位成本10元,根据第(2)问的结果确定甲和乙的销售单价,试分析可能造成的损失。

第十章

成本报表与成本分析

【学习要点及目标】

- 理解成本报表的概念、作用和种类;
- 理解成本报表的意义与编制要求;
- 掌握产品生产成本表、主要产品单位成本表和各种费用报表的编制和分析。

【核心概念】

成本报表　成本报表编制分析　产品生产成本表　单位成本表　费用报表

【引导案例】

华旭文教用品股份有限公司是一家中型文教用品生产制造企业，同时面向国内市场和国际市场进行生产销售。近年来由于国际经济危机的影响，该企业从国外市场取得的订单日益下滑，同时国内市场竞争日趋激烈，企业的经营业绩受到了很大的影响。公司董事会经过研究做出如下应对策略：加大产品研发投入，推出新产品；进行营销推广树立品牌形象，联合地区销售商抢占市场份额。经过一段时间的努力，华旭公司的营业收入有较大幅度提高。但是提交给董事会的近期财务报告中，显示企业的利润并未提高，而是持续下滑。董事会经过分析，认为是近来的成本水平变动影响了企业的财务状况和经营成果。但在对外披露的财务报告中并没有提供详尽的企业成本资料。于是董事会就此事向财务主管询问，财务经理解释说成本信息是企业的内部机密，直接决定着企业的生命线，不属于对外披露财务信息的范畴，会计准则也并不要求企业向外部披露成本报表及相关信息。华旭公司一贯很重视产品成本的核算工作，但并没有进行系统的成本报表编制和分析工作。董事会认为，企业内部经营决策者在了解企业财务状况和经营成果的基础上，还需要对本公司的成本信息有充分认识，应定期编制成本报表，及时揭示成本信息，并进行有效的成本分析工作，完善企业成本管理模式。

董事会要求财务经理思考和回答如下问题：(1)企业的成本报表体系通常包括哪些内容？(2)对成本报表进行分析需要考虑哪些方面？(3)成本分析都可以使用什么方法？

(资料来源：周航，孟岩. 成本会计[M]. 哈尔滨：哈尔滨工业大学出版社，2012.)

第一节 成本报表概述

一、成本报表的概念

会计报表是根据日常会计核算资料定期编制的、综合反映企业某一特定日期财务状况和某一会计期间经营成果、现金流量的总结性书面文件。企业会计报表按照服务对象可以划分为两类：一类是向外报送的会计报表，如资产负债表、利润表、现金流量表、所有者权益变动表等；另一类是企业内部管理需要的报表，如成本报表等。

成本报表是根据日常成本核算资料定期编制、反映企业耗费和产品成本的构成及其升降变动情况，用以考核和分析企业成本费用计划执行结果的书面报告。编制成本报表是成本会计的一项重要内容。如前所述，成本报表是企业内部管理需要的报表，其所反映的成本信息是企业的商业秘密，一般不对外报送，只作为向企业经营管理者提供信息、进行成本分析的一种内部管理报表。

二、成本报表的作用

成本报表是为企业内部管理需要而编制，对加强企业成本管理、提高企业经济效益有着重要的作用。成本报表的主要作用有如下方面。

(1) 综合反映报告期内的产品成本实际耗费水平。

通过成本报表资料,将其与成本计划相比较,可以反映成本计划的执行情况,能够及时发现在生产、技术、质量和管理等方面取得的成绩及存在的问题,进一步挖掘降低成本的潜力。

(2) 评价和考核各成本环节成本管理的业绩。

企业相关人员利用成本报表上所提供的资料,经过有关指标的计算和对比,可以明确各有关部门和人员在执行成本计划和费用预算过程中的成绩、问题和差距,便于总结工作经验和教训,落实奖惩措施,奖励先进、鞭策落后,调动广大职工的积极性,促进降低成本战略和措施的实施。

(3) 利用成本资料进行成本分析。

通过成本报表资料的分析,经过有关指标的计算和对比,可以揭示产品总成本对具体成本项目的敏感度,发现产生差异的原因,落实差异的责任,从而可以针对性地采取措施,加强日常成本的控制。

(4) 成本报表是企业进行成本和利润的预测及决策的重要依据,也是编制产品成本计划、各项费用计划以及制定产品价格的重要依据。

企业制订成本计划,需要建立在前期报告年度产品成本实际水平的基础上,也就是说本期成本报表所提供的资料,是制订下期成本计划的重要参考资料。同时,管理部门也可以根据成本预测,加强成本控制,为企业制定正确的经营决策。

三、成本报表的种类

成本报表属于对内报表,主要是为企业内部经营管理的需要而编制,因而其种类格式是由企业根据成本管理要求自行设计确定的,国家没有强制的同一要求。一般可做如下分类。

1. 按照报送对象分类

按照报送对象可分为对外报送成本报表和对内报送成本报表。

对外报送成本报表是指企业向外部单位(如上级主管部门和联营主管单位)报送的成本报表。主管部门需要通过成本报表监督和控制企业的成本费用,了解企业目标成本的完成情况,进行行业对比分析,为成本预测和成本决策提供依据。另外,投资者需要了解企业经营状况和效益,也可能要求企业提供成本资料。

对内报送成本报表是指为了本企业单位内部经营管理的需要而编制的各种成本报表。对内报送成本报表,由企业根据自己生产经营和管理的需要来确定其内容、种类、格式、编制方法和程序、编制时间和报送对象。

2. 按照编报的时间分类

按照编报的时间可分为年报、季报和月报。

成本报表根据管理上的要求一般可按月、季、年编制。如果对内部管理有特殊需要,也可以按旬、周、甚至按工作日来编制,目的在于满足日常、临时及各种特殊任务的需要,使成本报表资料及时服务于企业生产经营的全过程。

3. 按照反映的内容分类

按照反映的内容可分为反映产品成本情况的报表、反映费用支出情况的报表和其他成本报表。

(1) 反映产品成本情况的报表有：全部产品生产成本表、主要产品单位成本表。此类报表主要反映企业为生产一定种类和数量产品所花费的成本及其构成是否与预定目标相一致，通过分析比较，找出差距，明确薄弱环节，进一步采取有效措施，为挖掘降低成本的内部潜力提供有效的资料。

(2) 反映费用情况的报表有：制造费用明细表、销售费用明细表、管理费用明细表、财务费用明细表等。此类报表主要反映企业在一定期间内费用支出总额及其构成情况。通过此类报表企业可以测算费用支出合理性以及支出变动的趋势，有利于正确制定财务预算，控制费用支出，考核费用支出指标的合理性，明确有关部门和相关人员的经济责任，防止随意扩大费用开支范围。

(3) 其他成本报表。其他成本报表是指企业根据自身的生产特点和管理要求编制的除上述成本报表以外的成本报表。这里成本报表可依据企业的实际需要灵活设置，主要包括：质量成本报表、环境成本报表、生产成本及销售成本报表、责任成本报表等。

第二节　成本报表的编制

一、成本报表的编制要求

为了提高成本信息的质量，充分发挥成本报表的作用，成本报表的编制应符合下列要求。

(一)遵循可靠性原则，编报信息真实、内容完整

成本报表所反映的信息是否有效，取决于所提供信息的质量。成本报表的指标数字必须真实可靠，才能如实地集中反映企业实际发生的成本费用。编表前，应保证所有经济业务都登记入账，既不可推迟确认已发生的费用，也不可提前确认尚未发生的费用。成本报表的指标数字要计算正确；各种成本报表之间、主表与附表之间、各项目之间，凡是有钩稽关系的数字，应相互一致；本期报表与上期报表之间有关的数字应相互衔接。应编制的各种成本报表齐全，应填列的指标和文字说明全面，表内项目和表外补充资料应当准确无缺，不得随意取舍。

(二)编制报表要及时、相关

按规定日期报送成本报表，保证成本报表的及时性，以便各方面利用和分析成本报表，充分发挥成本报表的应有作用。对于重要的项目(如重要的成本、费用项目)，在成本报表中应单独列示，以显示其重要性；对于次要的项目，可以合并反映。

(三)编制报表指标明晰并具有可比性

成本报表所提供的有关指标及文字说明，必须能简单明了地反映企业的成本状况，反

映出成本变动的原因和提出的改进措施。在会计计量和填报方法上，应保持前后会计期间的一致性，以便成本信息使用者正确利用。

二、成本报表的编制方法

(一)全部产品生产成本表的编制

全部产品生产成本报表是反映企业在报告期内所生产的全部产品总成本和各种主要产品单位成本和总成本的一种成本报表，它可以从两个不同的角度进行编制和分析。

一种是按产品种类编制全部产品生产成本报表，反映企业在报告期内所生产的全部产品总成本和各种主要产品(包含可比产品和不可比产品)的单位成本和总成本。

另一种是按照成本项目编制全部产品生产成本报表，反映企业在报告期内所生产的全部生产费用和全部生产总成本。

1. 按产品种类编制全部产品生产成本报表

按产品种类编制全部产品生产成本报表，可以考核成本计划的执行情况和成本，降低任务的完成情况，以便分析企业成本增减变化的原因，指出降低成本的途径。其格式如表 10-1 所示。

本表通常由三大部分组成：可比产品成本、不可比产品成本和补充资料。其编制方法如下。

编制按产品种类反映的全部产品生产成本报表时，要将企业的全部产品划分为可比产品和不可比产品两大类，在"产品名称"栏内填列。可比产品，是指企业在以前年度正式生产过，具有前期成本资料可供比较的产品。不可比产品，是指企业在以前年度没有正式生产过，没有前期成本资料可供比较的产品。

"本年计划产量(第①栏)"栏，根据本年成本计划的有关数据填列，用以反映各种产品的本年计划产量。

"实际产量"一栏，分为"本月(第②栏)"和"本年累计(第③栏)"两小栏，分别填列本月和从年初至本月末止各种产品的实际产量。"本月(第②栏)"根据"成本计算单"或"库存商品明细账"的记录计算填列；"本年累计(第③栏)"根据本月数加上上月本表的该栏累计数计算填列。

"单位成本"一栏，分为四小栏："上年实际平均(第④栏)"栏，根据上年度 12 月份本表所列的"本年累计实际平均单位成本(第⑦栏)"资料填列，用以反映可比产品上年实际平均单位成本，不可比产品由于过去没有正式生产过，没有成本资料可以比较，因而此栏不必填列；"本年计划(第⑤栏)"栏应根据本年成本计划的有关数据填列，用以反映各商品产品的本年计划单位成本；"本月实际(第⑥栏)"栏，可直接根据各产品的本月"成本计算单"填列或按表 10-1 中所列公式⑥=⑩/②计算填列，用以反映产品本月实际的单位成本；"本年累计实际平均(第⑦栏)"栏，应根据表 10-1 所列公式⑦=⑬/③计算填列。

表 10-1　全部产品生产成本表(按产品种类反映)

单位：元

产品名称	计量单位	本年计划产量	实际产量		单位成本			本月总成本			本年累计总成本		
			本月	本年累积	上年实际平均	本年计划	本月实际	本年累计实际平均	按上年实际平均单位成本计算	按本年计划单位成本计算	本月实际	按上年实际平均单位成本计算	按本年计划单位成本计算	本年实际
		①	②	③	④	⑤	⑥=⑩/②	⑦=⑬/③	⑧=②×④	⑨=②×⑤	⑩	⑪=③×④	⑫=③×⑤	⑬
可比产品														
甲产品														
乙产品														
小计														
全部商品产品成本														

补充资料：
1. 可比产品成本降低额　　元(本年计划降低额为　　　元)。
2. 可比产品成本降低率为　　%(本年计划降低率为　　%)。
3. 按现行价格计算的商品产值为　　元。
4. 产值成本率为　　元/百元(本年计划产值成本率为　　元/百元)。

"本月总成本"一栏,分为三小栏:"按上年实际平均单位成本计算(第⑧栏)"栏,应根据表 10-1 所列公式②×④计算填列,即将各可比产品的上年实际平均单位成本乘以本月实际产量计算填列,用以反映按上年实际平均单位成本计算的本月总成本;"按本年计划单位成本计算(第⑨栏)"栏,可按照表 10-1 所列公式②×⑤计算填列,即将各产品的本年计划单位成本乘以本月实际产量计算填列,反映本月各产品的计划总成本;"本月实际总成本(第⑩栏)"栏,可根据本月各产品"成本计算单"或"库存商品明细账"资料填列。

"本年累计总成本"栏,可分为三小栏:"按上年实际平均单位成本计算 ⑪"栏,可按照表 10-1 所列公式③×④计算填列,即将本年计划单位成本乘以本年累计实际产量计算填列;"按本年计划单位成本计算 ⑫"栏,可按照表 10-1 所列公式③×⑤计算填列,即将上年实际平均单位成本乘以本年累计实际产量计算填列;"本年实际 ⑬"栏,应根据上月本表的"本年实际 ⑬"栏与本月本表的"本月实际(第⑩栏)"栏相加之和填列,反映本年实际累计成本。

补充资料只填列本年实际累计数。其中:

(1) 可比产品降低额。可比产品按上年实际平均单价成本计算的总成本减去可比产品本年累计实际总成本,超支用负数表示。

(2) 可比产品成本降低率。可比产品成本降低额与可比产品按上年实际平均单位成本计算的本年累计总成本的比率。

(3) 按现行价格计算的商品产值。根据有关统计资料填列。

(4) 产值成本率。产品总成本与商品产值的比率,通常以每百元商品产值总成本表示。

2. 按照成本项目编制全部产品生产成本报表

该表是按产品成本项目的汇总反映企业在报告期内发生的全部生产费用以及商品产品生产总成本的报表。该成本报表的项目一般为分两部分:生产费用和商品产品生产成本。生产费用部分分为直接材料费用、直接人工费用和制造费用三部分,用来按照产品成本项目分别反映报告期内耗用的直接材料费用、直接人工费用和制造费用。在生产费用合计数的基础上,加上在产品和自制半成品的期初余额,减去在产品和自制半成品的期末余额,计算商品产品生产成本合计数。其格式如表 10-2 所示。

表 10-2 全部产品生产成本表(按成本项目反映)

单位:元

成本项目	上年实际	本年计划	本月实际	本年累计实际
生产费用				
直接材料费用				
直接人工费用				
制造费用				
生产费用合计				
加:				
在产品、自制半成品期初余额				
减:				
在产品、自制半成品期初余额				
商品产品生产成本合计				

本报表的栏目共四栏:"上年实际""本年计划""本月实际"和"本年累计实际",编制方法如下。

"上年实际"栏根据本表上年 12 月份的"本年累计实际"栏填列;"本年计划"栏根据相应的计划资料填列;"本月实际"栏根据本月各产品成本计算单中各相应的产品成本项目汇总填列;"本年累计实际"栏根据上月本表的"本年累计实际"数据加上"本月实际"相应数据之和填列。

(二)主要产品单位成本表的编制

主要产品单位成本表是反映企业在报告期内生产的各种主要商品单位成本水平和构成情况的报表。该报表按照企业生产的主要产品分别编制,是对全部产品生产成本表中各种主要产品成本的进一步补充说明。

该报表通常分为两部分:按成本项目反映的单位成本和主要技术经济指标。其中,按成本项目反映的单位成本部分是最主要的组成部分,具体反映直接材料、直接人工和制造费用的消耗情况,从历史先进水平、上年实际平均、本年计划、本月实际和本年累计实际平均五个方面列示各种产品的单位成本资料,便于多角度分析比较。该报表的技术经济指标部分,主要反映原料、主要材料、燃料和动力的消耗数量,同时也通过历史先进水平、上年实际平均、本年计划、本月实际和本年累计实际平均五个方面列示。具体格式如表 10-3 所示。

表 10-3　主要产品单位成本表

年　　月

本月计划产量:
本月实际产量:
产品名称:　　　　　计量单位:　　　　　本年累计计划产量:
产品规格:　　　　　销售单价:　　　　　本年累计实际产量:

单位成本项目	历史先进水平	上年实际平均	本年计划	本月实际	本年累计实际平均
直接材料(元)					
直接人工(元)					
制造费用(元)					
单位生产成本合计					
主要技术经济指标	用量(千克)	用量(千克)	用量(千克)	用量(千克)	用量(千克)
1.原料					
2.主要材料					
3.燃料					

本表的编制方法如下。

本表的首部:"本月实际产量"应根据"产品成本明细账"或"库存商品成本汇总表"填列;"本年累计实际产量"应根据上月本表的"本年累计实际产量"加上"本月实际产

量"计算填列,销售单价应根据"商品定价表"资料填列。"本月计划产量"和"本年累计计划产量"应根据本年度的成本计划表填写。

表中基本部分,"历史先进水平"栏应根据本企业历史上该种商品产品成本最低年度本表的"本年累计实际平均"填列;"上年实际平均"栏应根据上年度本表的"本年累计实际平均"填列;"本年计划"栏应根据本年度的成本计划表填列;"本月实际"栏应根据该种产品的"成本明细账"或"库存商品成本汇总表"中有关本月的资料填列;"本年累计实际平均"栏应根据该产品的"成本明细账"所记录的自年初起至报告期末止完工入库总成本除以本年累计实际产量计算填列。且上述除"历史先进水平"外,其余各栏目的"生产成本合计"应与"全部商品产品成本表(按产品种类反映)"即表 10-1 中相应的单位成本一栏相符。

(三)各种费用报表的编制

1. 制造费用明细表的结构和编制方法

制造费用是企业基本生产车间为组织和管理生产而发生的各项费用,根据《企业会计制度》的规定,可以计入制造费用核算的包括工资和福利费、修理费、折旧费、办公费、水电费、劳动保护费、机物料消耗、季节性和修理期间的停工损失等。

如果该基本生产车间生产多种产品,制造费用不能直接计入产品成本,需要采用一定的分配方法在不同的产品之间进行分配,然后计入各产品的生产成本。制造费用明细表就是反映企业在一定时期内发生的制造费用及其构成情况的报表。该表一般按车间分别编制,然后加以汇总。具体格式如表 10-4 所示。

表 10-4 制造费用明细表

年   月   单位:元

项目	本年计划数	上年同期实际数	本月实际数	本年累计实际数
工资及福利费				
折旧费				
修理费				
水电费				
办公费				
保险费				
机物料消耗				
低值易耗品摊销				
劳动保护费				
在产品盘亏毁损				
停工损失				
其他				
合计				

2. 管理费用明细表的结构和编制方法

管理费用是企业行政管理部门为组织和管理生产经营活动而发生的各项费用。根据《企业会计制度》的规定,可以计入管理费用核算的包括行政管理部门的职工工资和福利费、折旧费、低值易耗品摊销、工会经费、修理费、物料消耗、办公费、差旅费、待业保险费、劳动保险费、咨询费(含顾问费)、董事会费(包括董事会成员津贴、会议费和差旅费等)、聘请中介机构费、诉讼费、业务招待费、土地使用税、房产税、车船使用税、印花税、技术转让费、矿产资源补偿费、无形资产摊销、职工教育经费、研究与开发费、排污费、存货盘亏或盘盈(不包括应计入营业外支出的存货损失)等。管理费用与产品生产没有直接关系，因此不计入产品生产成本，而是按发生的期间进行归集，将当期的实际发生数直接计入当期损益。管理费用明细表就是反映企业在一定时期内发生的管理费用及其构成情况的报表。该表应该按月编制。具体格式如表10-5所示。

表10-5 管理费用明细表

年　　月　　　　　　　　　　　　　　　　　　　　　　　单位：元

项目	本年计划数	上年同期实际数	本月实际数	本年累计实际数
工资及福利费				
折旧费				
办公费				
运输费				
保险费				
咨询费				
租赁费				
差旅费				
修理费				
诉讼费				
排污费				
绿化费				
物料消耗				
技术转让费				
低值易耗品摊销				
无形资产摊销				
待业保险费				
研究开发费				
业务招待费				
工会经费				
职工教育经费				
劳动保险费				
税金				
印花税				
房产税				
车船使用税				
土地使用税				
材料、产成品盘亏和毁损净损失				
其他				
合计				

3. 销售费用明细表的结构和编制方法

销售费用是企业在商品销售过程中发生的各项费用。根据《企业会计制度》的规定，可以计入销售费用核算的包括运输费、装卸费、保险费、包装费、展览费和广告费，以及为销售本企业商品而专设的销售机构(含销售网点、售后服务网点等)的职工薪酬等经营费用。商品流通企业在购买商品过程中发生的运输费、保险费、装卸费、包装费、运输途中的合理损耗和入库前的整理挑选费等，也列入销售费用核算。销售费用与产品生产也没有直接关系，不计入产品生产成本，按发生的期间进行归集，将当期的实际发生数直接计入当期损益。它的高低也不影响产品成本，但直接影响当期利润。销售费用明细表就是反映企业在一定时期内发生的销售费用及其构成情况的报表。该表应该按月编制。具体格式如表 10-6 所示。

表 10-6 销售费用明细表

年　　月　　　　　　　　　　　　　　　　　　单位：元

项目	本年计划数	上年同期实际数	本月实际数	本年累计实际数
工资及福利费				
业务费				
运输费				
差旅费				
折旧费				
装卸费				
包装费				
保险费				
销售服务费				
展览费				
广告费				
租赁费				
低值易耗品摊销				
专设销售机构办公费				
委托代销手续费				
其他				
合计				

4. 财务费用明细表的结构和编制方法

财务费用指是企业为筹集生产经营所需的资金而发生的各项费用。根据《企业会计制度》的规定，应当计入财务费用核算的包括：利息支出(减利息收入)、汇兑损失(减汇兑收益)以及相关的手续费等。财务费用同管理费用一样，与产品生产也没有直接关系，不计入产品生产成本，不影响产品成本，而是按发生的期间进行归集，将当期的实际发生数直接计入当期损益，直接影响当期利润。财务费用明细表就是反映企业在一定时期内发生的财务费用及其构成情况的报表。该表应该按月编制。具体格式如表 10-7 所示。

表 10-7 财务费用明细表

年　月　　　　　　　　　　　　　　　　　　　　　　　单位：元

项目	本年计划数	上年同期实际数	本月实际数	本年累计实际数
利息支出(减利息收入)				
汇兑损失(减汇兑收益)				
金融机构手续费				
其他				
合计				

第三节　成　本　分　析

成本分析是利用成本核算及其他相关资料，对成本水平及其构成的变动情况进行分析和评价，以揭示影响成本升降的各种因素及其变动的原因，寻找降低成本的潜力。

一、成本分析的一般程序

成本分析的程序是进行成本分析的基本步骤。要得出正确的成本分析结论，必须按照一定的程序进行成本分析。成本分析的一般程序，可以概括为以下几个步骤。

(1) 确定目标，明确要求，制订分析计划。

确定成本分析的目标、要求、范围以及需要解决的问题是进行成本分析的起点。企业在日常成本管理中发现的问题以及根据企业经营管理的需要而确定的成本分析对象，是成本分析要解决的问题。成本分析要根据这些问题确定分析目标、制订成本分析计划、合理进行组织分工、安排成本分析进度，以提高成本分析工作的效率和工作质量，保证成本分析工作的顺利进行。

(2) 收集资料，掌握企业实际情况。

要系统、全面地分析成本报表，必须有详细的资料，包括成本报表资料和其他有关的计划、统计资料等。同时，还要深入实际调查研究，掌握第一手资料，并进行必要的审核和整理，去粗取精、去伪存真。只有根据客观的、相关的资料进行分析，才能得出正确的、有指导意义的结论。

(3) 从全部产品成本计划和各种费用计划(预算)完成情况的总评价开始分析，确定影响成本指标变动的各因素，找出起决定作用的主要因素。

进行成本报表分析，首先从全部产品成本计划和各种费用计划(预算)完成情况的总评价开始，然后按照影响计划完成情况的因素逐步深入、具体地分析，以从复杂的影响因素，找出进一步分析的问题。重点产品的单位成本、重点成本项目或费用项目，进行深入具体的分析。

在分析成本指标实际脱离计划差异的过程中，要研究确定影响成本指标变动的各种因素，将其按照不同特征归类，并采取数量分析方法，从量上确定各类因素的影响程度，然后通过比较，从中找出起决定作用的主要因素。

(4) 查明各因素变动的真正原因，采取措施降低成本。

深入研究企业内部条件和外部环境的变化，如生产技术、生产组织和经营管理等方面的情况，查明各种因素变动的真正原因，以便采取措施挖掘降低成本、提高经济效益的潜力。

(5) 以战略、发展的观点，对企业工作进行评价。

在市场经济下，评价一个企业工作的优劣，不能只分析企业是否达到本身的目的，还要看竞争对手，分析企业在市场竞争中是否具有优势。

另外，企业的生产经营过程是一个持续不断的运动过程，因此不能用静止的观点进行分析，而要用发展的观点进行分析。企业既要立足现在，又要放眼未来，要正确处理短期经济利益与长期经济利益的关系，防止只追求近期经济利益的短期行为。

二、成本分析方法

成本分析方法是完成成本分析目标的重要手段，成本分析方法是多种多样的，具体采用哪种方法要根据分析目的、分析对象的特点以及所掌握的资料来决定。通常采用的成本分析方法有比较分析法、比率分析法、连环替代法、差额计算法等。

(一)比较分析法

比较分析法是一种应用范围十分广泛的成本分析方法，该方法的基本思路是从相对差异和绝对差异两个方面对比两个同质指标，以数量确定二者的差异，目的在于揭示客观事实，明确解决问题的方向。

由于各企业有不同的分析目的和要求，比较分析法在实际工作的运用中有以下三种形式。

(1) 实际成本与计划成本对比。

找出实际成本与计划成本的差异，检查成本计划或定额的完成情况。二者存在差异时，应主要看成本的制定是否缺乏科学性和先进性。其分析公式为

实际成本与计划成本的相对差异=实际成本/计划成本×100%

实际成本与计划成本的绝对差异=实际成本-计划成本

(2) 本期(分析期)的实际成本与前期(上月、上季度、上年、上年同期、本企业历史上最好水平)的实际成本资料对比。

揭示企业成本指标的变动情况和变动趋势，了解企业生产经营水平、管理水平等的改进情况。其分析公式为

相对差异=本期实际成本/上期实际成本×100%

绝对差异=本期实际成本-上期实际成本

(3) 本期(本企业)的实际成本与国内外同行业的先进成本指标对比。

可以从深度和广度上找出差距，吸收先进经验，推动企业的经营管理，提高经济效益，其分析公式为

相对差异=本期(本企业)实际成本/国内外同行业先进成本×100%

绝对差异=本期(本企业)实际成本-国内外同行业先进成本

采用此种分析方法的前提条件是用来进行对比的两个指标之间应具可比性：一是指指标间的计算方法、计算单位、计算价格和时间可比，二是指同行业间进行横向比较的企业规模、技术经济特点可比。

(二)比率分析法

比率分析法是指通过计算和对比有关经济指标的相对数及比率来进行数量分析的一种方法。采用这种方法要先求出相关比率，再进行对比分析。根据分析的内容和分析要求的不同，比率分析法的具体形式有以下几种。

1. 相关指标比率分析

相关指标比率分析是指将两个性质不同但又相关的指标对比求出比率，然后再与实际数和计划数(或前期实际数)进行对比分析，以便从经济活动的客观联系中更深入地认识企业的生产经营情况，例如将利润指标和销售成本指标对比，可以求出成本费用利润率指标，可以分析和比较企业成本效益水平的高低。

2. 构成比率分析

构成比率法又称比重分析法或结构对比分析法，是计算某项指标的各个组成部分占总体的比重，即部分与总体的比率，进行数量分析的一种方法。通过构成比率，可以考察成本总量的构成情况及各成本项目占成本总量的比重，同时也可看出量、本、利的比例关系。(即预算成本、实际成本和降低成本的比例关系)，从而为寻求降低成本的途径指明方向。

3. 动态比率分析

动态比率分析，又称趋势比率分析，是指对某项经济指标不同时期的数值进行对比，求出比率，分析其增减速度和发展趋势的一种方法。动态比率又分为定基比率和环比比率。

(1) 定基比率，是以某一时期的数额为固定基期数值而计算出来的动态比率。其计算公式为

$$定基比率=\frac{比较期数值}{固定基期数值}\times 100\%$$

(2) 环比比率，是以每一比较期的前期数为基期数值计算动态比率的一种方法。其计算公式为

$$环比比率=\frac{比较期数值}{前期数值}\times 100\%$$

【例10-1】 假定某企业A产品20×7年四个季度的实际单位成本分别为200元、204元、208元、212元。

① 定基比率计算：

如果以第一季度为基期，则其他季度A产品单位成本的定基比率如下：

$$第二季度=\frac{204}{200}\times 100\%=102\%$$

$$第三季度 = \frac{208}{200} \times 100\% = 104\%$$

$$第四季度 = \frac{212}{200} \times 100\% = 106\%$$

通过计算可以看出，A产品的单位成本20×7年第二、三、四季度比第一季度均有所上升。

② 环比比率计算：

$$第二季度比第一季度 = \frac{204}{200} \times 100\% = 102\%$$

$$第三季度比第二季度 = \frac{208}{204} \times 100\% = 101.96\%$$

$$第四季度比第三季度 = \frac{212}{208} \times 100\% = 101.92\%$$

通过计算可以看出，A产品的单位成本20×7年第二、三、四季度均呈上升趋势。

(三)连环替代法

连环替代法是根据因素之间的内在依存关系，依次测定各因素变动对经济指标差异影响的一种分析方法，其主要作用在于分析计算综合经济指标变动的原因及其各因素的影响程度。

连环替代法的基本原理是从基期水平(或计划水平)出发，把成本指标分解成的各影响因素的基期数(或计划数)顺次地用实际数(即报告期数)逐个替代，每替代一次均与替代之前做比较，从而说明被替代的这个因素对成本指标的影响程度。这样按一定的顺序逐个替代，好像构成链子的环节一样，一环扣着一环，形成一个连环替代，连环相减。

连环替代法进行因素分析的一般程序如下：

(1) 确定成本指标的影响因素以及各影响因素的替代顺序。

(2) 用要替换的影响因素的实际数值(报告期数值)替代基期数值(计划数值)，计算出替代值。

(3) 将替代值与替代前的指标数值相比较确定该因素对成本指标增量的影响程度。

(4) 将各个影响因素的影响值相加，计算出成本指标的增量，该数值等同于该成本指标的实际数与基数之间的总差异数。

用代数式描述连环替代法的应用过程：

基期指标：$N = A \times B \times C$（A、B、C之间也可以是加减乘除关系）

实际期指标：$N' = A' \times B' \times C'$

差额：$N' - N$

我们假定替换的顺序是：先换A，再换B，最后换C。

计算程序如下：

基期指标：$N = A \times B \times C$

第一次替代：替换A因素，得到$N_1 = A'BC$，产生了新的经济指标N_1，它是在基期水平上由于A因素的变动而出现的。则A因素单独变动带来的影响数：$N_A = N_1 - N$。

第二次替代：替换B因素，得到$N_2 = A'B'C$，产生了新的经济指标N_2，它是在N_1水平上

由于 B 因素的变动而出现的。则 B 因素单独变动带来的影响数：$N_B=N_2-N_1$。

第三次替代：替换 C 因素，得到 $N_3=N'=A'B'C'$，产生了新的经济指标 N_3，它是在 N_2 水平上由于 C 因素的变动而出现的。现 C 因素单独变动带来的影响数：$N_C=N_3-N_2$。

以上三个因素变动产生的影响的总和为：$N_A+N_B+N_C=N'-N$

下面以材料费用总额变动分析为例，说明连环替代法的特点。

影响材料费用总额的因素很多，可以归纳为产品产量、单位产品材料消耗量、材料单价三个影响因素，并有下列经济关系存在：

材料费用总额=产品产量×单位产品材料消耗量×材料单价

【例10-2】某企业甲产品的直接材料成本如表10-8所示。

表10-8　甲产品的直接材料成本

项目	单位	计划数	实际数	差异
产品产量	件	20	21	+1
单位产品材料消耗量	斤	32	30	-2
材料单价	元	16	18	+2
材料费用总额	元	10 240	11 340	+1 100

由资料可知，材料费用总额的实际数比计划数增加1 100元(11 340-10 240)，这一差异的产生，是因为产量、单位产品材料消耗量、材料单价三个因素综合影响的结果。分析过程计算如表10-9所示。

表10-9　材料费用总额计算分析表

①以计划数为基数，材料费用总额 = 20 × 32 × 16 = 10 240(元)
②第一次替换替换因素：产品产量
21 × 32 × 16 = 10 752(元)
②-①影响值 10 752 - 10 240 = 512(元)
③第二次替换替换因素：单位产品材料消耗量
21 × 30 × 16 = 10 080(元)
③-②影响值 10 080 - 10 752 = -672(元)
④第三次替换替换因素：材料单价
21 × 30 × 18 = 11 340(元)
④-③影响值 11 340 - 10 080 = 1 260(元)
各因素影响值之和 512 + (- 672) + 1 260 = 1 100(元)

(四)差额计算法

差额计算法是连环替代法的一种简化形式，是先计算出综合指标的各影响因素的实际值与计划数之间的差异，然后按事先的替代顺序依次计算出各因素变动对综合指标的影响的一种方法。其计算程序如下：

(1) 确定分析因素。

(2) 测定各因素影响值。

首先，确定各因素的实际数与基数的差额。然后，用各个因素的差额乘以计算公式中该因素前面因素的实际数，以及后面因素的基数，得到各因素的影响值。

(3) 加总各个因素的影响值。该值应与该项成本指标的实际数与基数之差相同。

【例10-3】仍用例10-2的资料，用差额计算法测定各个因素的影响程度，如表10-10所示。

表10-10　差额计算法下各因素的影响程度

①实际材料费用总额-计划材料费用总额 11 340 – 10 240 = 1 100(元)
②测定各因素影响
产量变动的影响 = (+ 1) × 32 × 16 = +512(元)
单位产品材料消耗量的影响=21 × (- 2) × 16 = -672(元)
材料单价变动的影响 = 21 × 30 × (+2) = +1 260(元)
③各因素影响值之和 512 + (- 672) + 1 260 = 1 100(元)

差额计算法由于计算简便，所以在影响因素较少时，有广泛的使用价值。

以上是四种比较常用的数量分析方法。此外，企业还可以根据分析的目的和要求采用因素分解法、因素分摊法等其他方法。

三、产品成本分析

(一)全部产品成本分析

1. 全部产品成本计划完成情况的分析

全部产品成本分析将全部产品按本年实际产量调整的上年(或计划)总成本与实际总成本进行比较，计算出成本降低额率，借以评价全部产品成本的升降情况，属于成本事后分析和成本定期分析，是一种总括性的分析。

1) 按产品种类进行全部产品成本的分析

按产品种类进行成本分析既可以确定产品成本升降究竟是由哪种产品引起的，也便于具体研究全部产品成本水平的变动情况。

【例10-4】某企业20××年度产品成本表(节选)如表10-11所示。

表10-11　全部产品成本表(按产品种类)

单位：万元

商品名称	计划总成本①	实际总成本②
可比产品		
甲	20 000	19 840
乙	16 050	16 000
合计	36 050	35 840
不可比产品		
丙	5 000	5 200
全部商品产品	41 050	41 040

根据表 10-11 的资料编制产品成本计划完成情况分析表,如表 10-12 所示。

表 10-12　产品成本分析表(按产品种类)

单位:万元

商品名称	计划总成本	实际总成本	实际比计划升降额	实际比计划升降率(%)
可比产品				
甲	20 000	19 840	-160	-0.8
乙	16 050	16 000	-50	-0.31
合计	36 050	35 840	-210	-0.58
不可比产品				
丙	5 000	5 200	+200	+4.00
全部商品产品	41 050	41 040	-10	-0.02

表 10-12 中的数据计算公式如下:

成本降低额 = 实际产量的计划(或上年)总成本 - 实际产量的实际总成本
$$= \sum [实际产量 \times (计划或上年单位成本 - 实际单位成本)]$$

$$成本降低率 = \frac{成本降低额}{实际产量的计划(或上年)总成本} \times 100\%$$

$$= \frac{成本降低额}{\sum (实际产量 \times 计划(或上年)单位成本)} \times 100\%$$

通过上述分析可以看出,本年全部产品累计实际总成本低于计划总成本 10 万元,节约 0.02%。其中,可比产品成本实际比计划节约 210 万元,甲产品和乙产品均节约;不可比产品实际比计划超支 200 万元。显然,进一步分析的重点应查明丙产品成本超支的原因。可见,按产品种类来分析全部产品成本既可使全部产品的计划执行情况一目了然,也指明了以后的分析方向,突出了管理重点。

2) 按成本项目进行全部产品成本的分析

按成本项目进行分析,就是将全部产品的总成本按成本项目进行实际总成本与计划总成本对比,然后来确定每个成本项目的降低额和降低率。通过按成本项目的分析,可以确定全部产品成本实际与计划(或上年)的差异主要是因哪些成本项目变动产生的结果,从而进一步抓住重点项目来研究成本升降的原因,以便企业在日后的成本管理工作中抓住关键,确定主攻方向。

【例 10-5】某企业 20××年度产品成本表(节选)如表 10-13 所示。

表 10-13　全部产品成本表(按成本项目)

单位:万元

成本项目	计划总成本①	实际总成本②
直接材料	26 500	26 400
直接工资	4 590	5 006.2
制造费用	9 960	9 633.8
全部产品	41 050	41 040

根据表 10-13 的资料编制产品成本计划完成情况分析表，如表 10-14 所示。

表 10-14　产品成本分析表(按成本项目)

单位：万元

商品名称	计划总成本	实际总成本	实际比计划升降额	实际比计划升降率(%)
直接材料	26 500	26 400	100	0.38
直接工资	4 590	5 006.2	-416.2	-9.07
制造费用	9 960	9 633.8	326.2	3.28
全部产品	41 050	41 040	10	0.02

表 10-14 的计算公式为：

成本降低额=实际产量的计划(或上年)总成本-实际产量的实际总成本

$\qquad$ =∑[实际产量×(某产品该成本项目的计划(或上年)单位成本-实际单位成本)]

$$成本降低率=\frac{成本降低额}{实际产量的计划(或上年)总成本}\times100\%$$

$$=\frac{成本降低额}{\sum(实际产量\times 某产品该成本项目的计划(或上年)单位成本)}\times100\%$$

分析结果表明，该企业全部商品产品制造成本实际比计划降低主要是由原材料和制造费用降低引起的，这些变动是有利的。对工资项目的超支，企业应该进一步分析了解其变动是由主观因素造成还是客观原因所致，以便采取相应的措施。

2. 可比产品成本降低任务完成情况的分析

可比产品成本降低任务是在编制成本计划时确定的，它主要是反映本年计划成本与上年成本的差异，该差异可以用绝对数和相对数表示，可分别称为计划降低额和计划降低率，其计算公式如下：

可比产品成本计划降低额=∑[计划产量×(上年实际单位成本-本年计划单位成本)]

$$可比产品成本计划降低率=\frac{可比产品成本计划降低额}{\sum(计划产量\times 上年实际单位成本)}\times100\%$$

可比产品成本实际完成情况是通过实际核算资料来确定的，它主要是反映本年实际成本与上年成本的差异，该差异也可以用绝对数和相对数表示，可分别称为实际降低额和实际降低率。其计算公式如下：

可比产品成本实际降低额
=∑[实际产量×(上年实际单位成本-本年实际单位成本)]

$$可比产品成本实际降低率=\frac{可比产品成本实际降低额}{\sum(实际产量\times 上年实际单位成本)}\times100\%$$

【例 10-6】假定企业 20××年度的产品成本表及有关资料如表 10-15 所示。

表 10-15 产品成本表

20××年

产品名称	计量单位	产量		单位成本			计划成本		本年总成本		
		计划	实际	上年实际	本年计划	本年实际	按上年实际单位成本计算	按本年计划单位成本计算	按上年实际单位成本计算	按本年计划单位成本计算	本年实际成本
		(1)	(2)	(3)	(4)	(5)	(6)	(7)	(8)	(9)	(10)
可比产品											
其中：甲	件	100	80	100	95	93	10 000	9 500	8 000	7 600	7 440
乙	件	300	350	60	50	52	18 000	15 000	21 000	17 500	18 200
小计							28 000	24 540	29 000	25 100	25 640
不可比产品											
其中：丙	件		20	18		80	85		1 600		1 440	1 530
全部商品产品							28 000	26 140	29 000	2 654	27 170

可比产品成本降低指标计算如下：

可比产品成本计划降低额 = $100 \times (100 - 95) + 300 \times (60 - 50) = 3\,500$(元)

可比产品成本计划降低率 = $\dfrac{3\,500}{100 \times 100 + 300 \times 60} \times 100\% = 12.5\%$

可比产品成本实际降低额 = $80 \times (100 - 93) + 350 \times (60 - 52) = 3\,360$(元)

可比产品成本实际降低率 = $\dfrac{3\,360}{80 \times 100 + 350 \times 60} \times 100\% = 11.59\%$

成本降低总差异 = $3\,360 - 3\,500 = -140$(元)

成本降低率差异 = $11.59\% - 12.5\% = -0.91\%$

可见，可比产品的降低额和降低率的实际指标都达不到计划的要求，这就需要进一步分析影响可比产品成本降低任务完成情况的主要因素，以便做出正确评价，提出有效的改进措施。

影响可比产品成本降低任务完成情况的因素，概括起来有以下三个。

(1) 产品产量因素。因为可比产品成本降低任务是根据各可比产品的计划产量分别乘以该产品的单位成本与计划单位成本的差额计算的，可比产品成本的实际完成情况是根据各可比产品的实际产量分别乘以该产品的上年单位成本与实际单位成本的差额计算的。因此，在品种构成不变、单位成本不变的情况下，产品产量的变动就会引起成本降低额发生同比例的变动，但不会影响成本降低率的变动。

(2) 品种构成因素。所谓品种构成，也称品种结构，它是指各种产品数量在全部产品数量总和中所占的比重。当企业生产两种或两种以上产品时，如果各种产品产量变化不是同比例的，就会引起品种构成变动。一般来说，各种产品的成本降低率是不同的，有高有低，企业如果增大降低率较高的产品生产比重，或减少降低率较低的产品生产比重，企业可比产品平均降低率就会比原来提高，降低额也随之提高；反之，则会使降低率和降低额下降。企业可比产品成本降低率,实际上是一个加权平均数,它是以各种产品成本降低率为基础,各种产品比重为权数计算出来的平均降低率。所以,它的变动除受各种产品降低率影响之外,同时还受产品品种结构变动的影响。

(3) 单位成本因素。可比产品成本计划降低额是以本年计划单位成本和上年实际单位成本相比较来确定的;可比产品实际降低额是以本年实际单位成本与上年实际单位成本相比较来确定的。因此,本年实际单位成本较计划单位成本降低或提高时,必然会引起可比产品成本降低额和降低率的变动。也就是说,实际单位成本越低,降低额和降低率完成计划情况越好。

【例 10-7】根据例 10-6 的资料,确定各因素变动的影响程度。按照连环替代法的计算程序,在确定各因素变动对成本降低计划完成情况的影响程度时,应以在计划产量计划品种构成和计划单位成本情况下的成本降低计划为基础,然后用各个因素的实际数逐次替换计划数。如表 10-16 所示。

表 10-16 可比产品降低任务完成情况分析表(连环替代法)

单位:元

顺序	影响因素			计算方法	
	产量	品种构成	单位成本	降低额	降低率
(1)	计划	计划	计划	计划降低额 3 500	计划降低率 12.5%
(2)	实际	计划	计划	实际产量的上年总成本 × 计划上年总成本降低率 29 000 × 12.5% = 3 625	计划降低率 12.5%
(3)	实际	实际	计划	实际产量的上年总成本 - 计划总成本 29 000 - 25 100 = 3 900	$\dfrac{本步骤的计划降低额}{实际产量的上年总成本} \times 100\%$ $\dfrac{3\,900}{29\,000} \times 100\% = 13.45\%$
(4)	实际	实际	实际	实际降低额 29 000 - 25 640 = 3 360	实际降低率 $\dfrac{3\,360}{29\,000} \times 100\% = 11.59\%$
各因素影响 产量影响:(2) - (1) 品种构成影响:(3) - (2) 单位成本影响:(4) - (3)				3 625 - 3 500 = 125 3 900 - 3 625 = 275 3 360 - 3 900 = -540	0 13.45% - 12.5% = 0.95% 11.59% - 13.45% = -1.86%
合计				-140	-0.91%

上述各因素影响程度分析表明,该企业该年度可比产品成本没有完成降低计划的主要原因是,产品单位成本变动,即单位成本提高。但本年实际与本年计划相比并不是所有可比产品单位成本都提高,因此还需要对各主要产品进行更具体的分析。

(二) 主要产品单位成本分析

主要产品单位成本表中列示了企业产品成本的历史先进水平、上年实际平均、本年计划和本期实际等资料，在对各项成本项目进行分析时，可以视分析的目的，选择其中某项为基数，将本期实际与基数进行对比，分析的重点是各个项目本期实际与对比基数的差异，差异分为量差和价差两个方面。这样分析的目的，是要找出影响成本的主要因素。

1. 主要产品单位成本的一般分析

【例 10-8】某企业甲产品单位成本表如表 10-17 所示。

表 10-17　主要产品单位成本表

产品名称：　　　　　　　　×××产品销售单价：××元
产品规格：　　　　　　　　×××本月实际产量：××件
计量单位：件　　　　　　　本年累计实际产量：×××件

成本项目	历史先进水平	上年实际平均	本年计划	本月实际	本年累计实际平均
直接材料	60	81	80	82	82
直接人工	28	38	36	35.5	35
制造费用	25	45	46	46.8	47
生产成本	113	164	162	164.3	164
主要技术经济指标					
1.主要材料(用量)	—	—	4.8 千克	4.5 千克	4.1 千克
2.	—	—	—	—	—

编制甲产品单位成本分析表如表 10-18 所示。

表 10-18　主要产品单位成本分析表

产品名称：　　　　　　　　×××产品销售单价：××元
产品规格：　　　　　　　　×××本月实际产量：×××件
计量单位：件　　　　　　　本年累计实际产量：××件

成本项目	历史先进水平	上年实际平均	本年计划	本年实际	比历史先进水平		比上年实际水平		比本年计划	
					降低额	降低率	降低额	降低率	降低额	降低率
直接材料	60	81	80	82	-22	-36.67%	-1	-1.23%	-2	-2.5%
直接人工	28	38	36	35	-7	-25%	3	7.89%	1	2.78%
制造费用	25	45	46	47	-22	-88%	-2	-4.44%	-1	-4.35%
合计	113	164	162	164	-51	-45.13%	0	0	-2	1.23%

从表 10-18 来看，甲产品实际单位成本与上年实际水平持平，比本年计划水平降低，距离历史先进水平相差较大。为了具体分析单位成本的升降原因，还需要分别对成本项目进行具体分析。

2. 主要产品单位成本的分项目分析

1) 直接材料费用分析

直接材料费用变动主要受单位产品原材料耗费数量和原材料价格两个因素的变动影响。计算公式如下：

材料耗用量变动影响=(实际单位耗用量-计划单位耗用量)×计划单价

材料价格变动影响=(实际单价-计划单价)×实际单位耗用量

【例10-9】沿用例10-8中表10-17的资料，其他资料如表10-19所示。

表10-19 主要产品单位成本表

产品名称： ×××产品销售单价：××元
产品规格： ×××本月实际产量：××件
计量单位：件 本年累计实际产量：×××件

成本项目	直接材料	直接人工		制造费用	
	单价	生产工时	小时工资率	生产工时	小时费用率
本年计划	16.67	16	2.25	16	2.875
本年累计实际平均	20	14	2.5	14	3.357

材料耗用量变动影响 = $(4.1 - 4.8) \times 16.67 = -11.67$(元)

材料价格变动影响 = $4.1 \times (20 - 16.67) = 13.65$(元)

本期实际与本期计划的差异额：$82 - 80 = 2$(元)(超支2元)

从上述计算可以看出，单位产品的直接材料费用超支2元，其原因是：由于实际消耗量降低，单位成本中的直接材料费实际比计划节约11.67元；而由于直接材料的单价升高，单位成本中的直接材料费实际比计划超支13.65元，二者综合作用的结果，单位产品中的直接材料费用超支2元。很明显，直接材料费用的超支，是由于单价升高导致的，直接材料的单价是影响成本的一个主要因素。

分析一些关键性的材料成本，还要进一步分析材料消耗量和材料价格的差异原因，借以查明降低成本的具体途径。

2) 直接人工费用分析

直接人工成本差异是指在实际产量下直接人工实际成本与实际产量下标准成本之间的差异。可分解为直接人工效率差异和工资率差异。直接人工效率差异产生的原因为工人技术状况、工作环境和设备条件的好坏等，其主要责任部门是生产部门。工资率差异产生的原因为工资制度的变动、工人的升降级、加班或临时工的增减等，其主要责任部门是劳动人事部门。

直接人工效率差异(用量差异)

=(实际产量下实际人工工时 − 实际产量下标准人工工时)×标准工资率

直接人工工资差异(价格差异)

=(实际工资率 − 标准工资率)×实际产量下实际人工工时

【例10-10】根据例10-9的资料，可以计算出甲产品直接人工变动。

直接人工效率差异(用量差异) = $(14 - 16) \times 2.25 = -4.5$(元)

直接人工工资差异(价格差异) = 14 × (2.5 - 2.25) = 3.5(元)

本期实际与本期计划的差异额：3.5 - 4.5 = -1(元)(节约 1 元)

从上述计算可以看出，单位产品的直接人工费用节约 1 元，其原因是：由于单位产品生产工时降低，单位成本中的直接人工费实际比计划节约 4.5 元；而由于小时工资率升高，单位成本中的直接人工费实际比计划超支 3.5 元，二者综合作用的结果，单位产品中的直接人工费用节约 1 元。人工费用虽然节约了 1 元，但是，可以很明显地看到，直接人工费用中，由于生产工时降低带来的节约，几乎被小时工资率的升高抵消了。应将小时工资率的控制作为重点。

3) 制造费用分析

制造费用差异是指实际产量下实际发生的变动制造费用与实际产量下的标准变动制造费用的差异，可以分解为效率差异和耗费差异两部分。效率差异产生的原因为工人技术状况、工作环境和设备条件的好坏等，主要责任部门是生产部门。耗费差异产生的原因为预算或标准估计有误、实际变动制造费用的发生额与预计数发生偏差、间接材料价格的变化、间接人工工资的调整、间接材料质量的低劣、其他各项费用控制不当等，由部门经理负责。

制造费用效率差异(用量差异)
=(实际产量下实际工时 - 实际产量下标准工时) × 变动制造费用标准分配率

制造费用耗费差异(价格差异)
=(制造费用实际分配率 - 制造费用标准分配率) × 实际产量下实际工时

【例 10-11】根据例 10-9 的资料，可以计算出甲产品制造费用的变动。

制造费用效率差异(用量差异) = (14 - 16) × 2.875 = -5.75(元)

制造费用耗费差异(价格差异) = 14 × (3.357 - 2.875) = 6.75(元)

本期实际与本期计划的差异额：47 - 46 = 1(元)(超支 1 元)

从上述计算可以看出，单位产品的制造费用超支 1 元，其原因是：由于单位产品生产工时降低，单位成本中的制造费用实际比计划节约 5.75 元；而由于小时费用率升高，单位成本中的制造费用实际比计划超支 6.75 元，二者综合作用的结果，单位产品中的制造费用超支 1 元。很明显，制造费用的超支，是由于小时费用率升高导致的，小时费用率是影响成本的一个主要因素。

(三)技术经济指标分析

技术经济指标变动对产品成本影响的分析。技术经济指标如材料利用率、劳动生产率、设备利用率、产量增长率、产品合格率等的提高，反映了生产技术的进步，必然会直接或间接地影响到产品成本的高低。结合技术经济指标进行成本分析，就是研究这些指标的变动对成本的影响程度，以利于产品成本的不断降低。产品成本技术经济分析主要包括以下内容。

(1) 材料利用率的变动对成本的影响。材料利用率是投入材料的数量和实际利用材料的数量之间的比例。提高材料利用率就是每单位产品材料消耗的降低，从而降低产品成本。

(2) 劳动生产率的变动对成本的影响。劳动生产率提高意味着单位产品所耗工时的减少，从而降低所负担的人工成本。但劳动生产率的提高往往伴随着工资率的增长，从而使单位产品成本提高。因此，要计算劳动生产率增长对成本的影响，要看劳动生产率的增长速度是否快于工资率增长的速度。

(3) 产品质量的变动对成本的影响。在生产耗费水平不变的前提下，产品质量提高必然会降低单位产品成本。质量指标较多，包括合格品率、废品率、等级品率等。以合格品率为例说明其变动对成本的影响程度。

(4) 产量的变动对成本的影响。材料利用率、设备利用率、劳动生产率以及产品合格率等的变动，都会影响产品的产量，而产量的变动又会使固定成本相对节约或超支，从而间接地影响单位产品的成本。

【知识链接】

会计报表是企业依据日常核算资料进行归集、汇总、加工而成的一个完整的报告体系。通过这一报告体系可反映企业一定时期的经营成果和财务状况信息，从而满足企业内外各方了解、分析、考核企业经济效益的需要。企业会计报表分为两大类，一类是对外报送的会计报表，如资产负债表、损益表、现金流量表等。这类报表除了要满足企业内部经营管理需要外，还需要满足企业外部相关利益人的需要，所以这类报表必须按照会计制度的统一要求进行编报。同时为保证所提供会计信息的真实有效，一般需要经过会计师事务所的审计并出具相应的审计报告。另一类是为企业内部管理需要的报表，如成本报表、管理会计报表等，此类报表仅满足企业内部经营管理需要，不需要对外报送，因此其种类、格式没有统一要求，由企业根据具体情况自行规定，成本报表是企业主要的内部报表之一。

自 测 题

1. 某企业本年度各种产品计划成本和实际成本资料如表 10-20 所示。

表 10-20 成本对比分析表

项 目	本年计划成本	本年实际成本	成本差异额	成本差异率
A 产品	1 000 000	980 000		
B 产品	2 500 000	2 600 000		
C 产品	3 800 000	4 000 000		
合计				

要求：根据上述资料，采用对比分析法，分析各种产品的成本差额和成本差异率并将计算结果填入表 10-20 中。

2. 某企业生产的 A 产品，本月份产量及其他有关材料费用的资料如表 10-21 所示。

表 10-21 产量及其他有关资料

项 目	计划数	实际数
产品产量(件)	200	220
单位产品材料消耗量(千克)	30	28
材料单价	500	480
材料费用		

要求：根据上述资料，采用因素分析法分析各种因素变动对材料费用的影响程度。

3. 某企业本年度生产五种产品，有关产品产量及单位成本资料如表 10-22 所示。

表 10-22　产量及单位成本资料

金额单位：元

产品类别		实际产量(件)	计划单位成本	实际单位成本
可比产品	A 产品	200	150	162
	B 产品	300	200	180
	C 产品	800	1 200	1 150
不可比产品	D 产品	260	380	400
	E 产品	400	760	750

要求：根据上述资料，按产品分别计算企业全部商品产品成本计划的完成情况，并将计算结果填入表 10-23 中。

表 10-23　全部商品产品成本计划完成情况分析表

产品名称		总成本		差异	
		按计划计算	按实际计算	降低额(元)	降低率
	A 产品				
	B 产品				
	C 产品				
	小计				
	D 产品				
	E 产品				
	小计				
合计					

参 考 文 献

[1] (美)威廉·莱恩,香农·安德森,迈克尔·马厄. 成本会计精要习题集[M]. 北京：人民邮电出版社，2012.
[2] 罗飞. 成本会计[M]. 北京：高等教育出版社，2000.
[3] 任月君. 成本会计[M]. 北京：清华大学出版社，2014.
[4] 王立彦，徐浩萍. 成本会计[M]. 上海：复旦大学出版社，2005.
[5] 侯晓红，林爱梅. 成本会计学[M]. 北京：机械工业出版社，2004.
[6] 万寿义，任月君. 成本会计[M]. 大连：东北财经大学出版社，2016.
[7] 胡玉明，潘敏虹. 成本会计[M]. 厦门：厦门大学出版社，2006.
[8] 甘兆志. 成本会计[M]. 上海：上海财经大学出版社，2007.
[9] 陈良华，韩静. 成本会计习题与案例[M]. 大连：东北财经大学出版社，2009.
[10] 胡秀群，曾春华. 新编成本会计[M]. 北京：对外经济贸易大学出版社，2006.
[11] 冯巧根. 成本会计[M]. 北京：北京师范大学出版社，2007.
[12] 于富生，黎来芳，张敏. 成本会计学[M]. 北京：中国人民大学出版社，2017.
[13] 乐艳芬. 成本会计[M]. 上海：上海财经大学出版社，2006.
[14] 周云凌. 成本会计——原理、实务、案例、实训[M]. 大连：东北财经大学出版社，2015.
[15] 周国华. 成本会计实务模拟实训[M]. 北京：高等教育出版社，2015.
[16] 财政部. 企业产品成本核算制度(试行)[S]. 财会(2013)17号，2013.
[17] 崔国萍. 成本管理会计[M]. 北京：机械工业出版社，2015.
[18] 韩庆兰，骆从艳. 成本会计学[M]. 北京：机械工业出版社，2015.
[19] 赵书和. 成本与管理会计[M]. 北京：机械工业出版社，2013.
[20] 国家精品课程资源网，http://www.jingpinke.com/.